Narcisismo e vínculos

Ensaios reunidos

Narcisismo e vínculos
Ensaios reunidos

Lucía Barbero Fuks

c coleção
c clínica
p psicanalítica

Artesã

Narcisismo e vínculos. Ensaios reunidos

COORDENAÇÃO EDITORIAL
Karol Oliveira

DIREÇÃO DE ARTE
Tiago Rabello

REVISÃO
Aline Pereira de Barros

CAPA
Karol Oliveira

DIAGRAMAÇÃO
Conrado Esteves

F961 Fuks, Lucía Barbero.

Narcisismo e vínculos : ensaios reunidos / Lucía Barbero Fuks . – 2. ed. – Belo Horizonte : Artesã, 2019. – (Clínica psicanalítica)

304 p. ; 21 cm.

ISBN: 978-85-7074-041-0

1. Psicanálise. 2. Narcisismo. I. Título.

CDU 159.964

Catalogação: Aline M. Sima CRB-6/2645

IMPRESSO NO BRASIL
Printed in Brazil

(31)2511-2040 (31)99403-2227
www.artesaeditora.com.br
Rua Rio Pomba 455, Carlos Prates - Cep: 30720-290 | Belo Horizonte - MG
/artesaeditora

Agradecimentos

Em primeiro lugar, a Flávio Carvalho Ferraz, pela idealização e pela realização prática deste livro, que acabou se tornando algo muito importante para mim, e por esta nova afirmação de nossa boa parceria de trabalho, confirmando o que já se antevia na organização conjunta de quatro livros do Departamento de Psicanálise do Instituto Sedes Sapientiae.

Aos professores do Curso de Psicanálise do Instituto Sedes Sapientiae, companheiros de longa data, com os quais temos realizado muitos projetos coletivos, tanto na formação de psicanalistas quanto na relação sempre rica e trabalhosa com a escrita, o que nos conduziu a um significativo crescimento conjunto.

Aos colegas do Curso "Clínica Psicanalítica: Conflito e Sintoma", pelo projeto compartilhado e por serem disparadores de várias inquietações teóricas que se refletem neste livro.

Aos membros do Departamento de Psicanálise do Instituto Sedes Sapientiae, com os quais engendramos um lugar de pertencimento e de formação de psicanalistas, projeto muito querido e importante para todos nós.

A Ana Maria Sigal e Silvia Leonor Alonso, amigas e colegas desde o início da constituição do nosso projeto institucional, com as quais tenho dialogado na vida e durante a escrita de vários destes textos.

A meus supervisionandos, alunos e pacientes, com os quais aprendo e empreendo diariamente uma troca enriquecedora.

A meu irmão, Miguel, com quem continuo vivenciando no cotidiano a mesma intimidade da infância.

A meus filhos, Emiliano, Florencia e Julián, que preencheram nossa vida de felicidade, aos quais agradeço com amor. A Luiz Guilherme, Fernanda e Cristiane, que compuseram com carinho e alegria o quadro familiar. E àqueles que multiplicam diariamente todos esses bons sentimentos: meus netos Miguel, Elisa, Tulipa e Thomas, fontes de novas e vivas experiências.

A Julián, um reconhecimento especial por ter sido um perseverante tradutor de textos em idioma híbrido (indiretamente posso ter colaborado para seu trânsito fluido no universo das palavras).

A Mario, pela cuidadosa leitura e pelas valiosas sugestões que acompanharam minha escrita; e por ser, desde sempre, um companheiro dedicado e compreensivo, com quem sou unida por uma longa história de amor que perfaz todas as experiências de nossas vidas.

Nota: À edição original deste livro, feita pela Editora Casa do Psicólogo, em 2008, foram acrescentados agora quatro novos capítulos, resultantes de trabalhos posteriormente realizados pela autora, em que foram se aprofundando algumas das demandas teóricas da nossa época, como a depressão e a pedofilia.

Prefácio

Apresentar os trabalhos de Lucía Barbero Fuks, agora reunidos em livro, é para mim uma incumbência particularmente grata: há 26 anos convivemos no Instituto Sedes Sapientiae, e – por uma dessas coincidências da vida – foi para substituí-la que no segundo semestre de 1981 comecei a lecionar no Curso de Psicanálise. Lembro-me bem dela, já no final de uma gestação, sentada na primeira fila e acompanhando com um misto de curiosidade e apreensão o que aquele jovem professor chegado há pouco da França ia dizendo aos "seus" alunos. Devo ter passado no teste, pois na semana seguinte ela não veio mais: com a elegância discreta que a caracteriza, a carteira vazia indicava que eu passara a gozar da sua confiança.

O percurso que a trouxe até o Sedes Sapientiae não foi isento de turbulências. Nascida em uma família tradicional da Argentina, estudou medicina em Rosario, mas foi no Serviço de Psicopatologia do Hospital Gregorio Aráoz Alfaro, de Lanús – então dirigido por Mauricio Goldenberg – que veio a entrar em contato com a psicanálise. Lucía trabalhou no setor de adolescentes daquele hospital, vindo a tornar-se chefe do serviço. Pela mesma época – final da década de 60 – iniciou sua análise pessoal com Isabel Siquier de Faillá, em cujo divã passaria sete anos, e conheceu Mario Pablo Fuks, com quem viria a se casar.

Eram tempos conturbados: a política permeava todos os setores da vida argentina, e particularmente o campo dito da *salud mental*. O clima foi se radicalizando, até desaguar no golpe de 1976. Pouco depois de instalada a ditadura, o novo diretor do hospital, Valentín Barenblitt, foi sequestrado por um grupo armado de direita, e coube a Lucía sucedê-lo. Também fez parte da diretoria do Centro de Docência e Investigação da Coordenadoria de Trabalhadores em Saúde Mental, na qual se reuniam psicólogos, psiquiatras e psicanalistas sensibilizados para as dimensões sociais do trabalho clínico.

Embora pessoalmente não fosse uma militante, o ambiente no qual circulava ia ficando dia a dia mais irrespirável. Colegas raptados e desaparecidos, seu marido demitido da Faculdade de Medicina, perseguição implacável a todos os suspeitos de "esquerdismo" – os fatos mostravam claramente que era necessário sair da Argentina. Lucía tinha um irmão em São Paulo – o cardiologista Miguel Barbero, que havia vindo estudar com o doutor Euryclides Zerbini – e isso determinou a escolha do refúgio para a família. Julgavam que a estadia seria breve; ela se prolongou, porém, e o casal aceitou o convite de Regina Chnaiderman para lecionar no Curso de Psicanálise, fundado no ano anterior (1976). O Instituto Sedes Sapientiae tornou-se sua segunda casa, e desde então – com um pequeno interregno em Buenos Aires, entre 1988 e 1990 – Lucía vem dedicando grande parte de suas energias à instituição fundada por Madre Cristina.

Como professora, contribuiu para formar sucessivas gerações de alunos, que depois se tornaram colegas; participou da fundação do Departamento de Psicanálise, no qual ocupou diversos cargos de responsabilidade; foi eleita duas vezes para a Diretoria do Sedes Sapientiae. Essas funções somam-se ao trabalho quotidiano no consultório e a uma importante atividade como supervisora, tanto durante a vigência do convênio entre o Sedes Sapientiae e a Secretaria da Saúde do Estado de São Paulo quanto no Centro de Estudos e Atendimentos Relativos ao Abuso Sexual (CEARAS) da Faculdade de Medicina da USP.

Horizontes da clínica: Freud, o social

Uma prática com tal variedade e alcance não pode deixar de suscitar questões, e o leitor as encontrará em abundância nos textos aqui reunidos. A maioria deles foi apresentada nos ciclos de conferências promovidos pelo Departamento de Psicanálise do Instituto Sedes Sapientiae; há falas em colóquios organizados por outras instituições, e também artigos escritos para a revista *Percurso*. Percorrendo-os, é impossível não perceber as marcas que a origem intelectual de Lucía imprimiu aos seus interesses e preocupações. Destaco duas delas: a tomada em consideração do social como horizonte da prática clínica e a permanente interlocução com a obra de Freud.

A primeira provém, sem dúvida, da peculiar combinação de circunstâncias que evoquei anteriormente, na qual era possível a um José Bleger ser ao mesmo tempo analista didata na IPA (International Psychoanalytic Association) e dirigente do Partido Comunista: ali se firmou a convicção de que os problemas de quem vem consultar um psicoterapeuta não brotam em um mundo interno desencarnado, mas estão relacionados com as exigências impostas pela sociedade na qual vivem ele e seus pacientes.

O diálogo com os escritos freudianos, por sua vez, tem sua origem distante no ensino de Lacan, que os recolocou na base da formação do psicanalista e mostrou que sua importância vai muito além da que lhes é conferida nos países de língua inglesa. Ali Freud é respeitado como fundador da psicanálise, mas os conceitos operacionais e a concepção geral do trabalho clínico provêm de seus sucessores – Melanie Klein, Winnicott, Kohut, etc. A revolução lacaniana – que chegou à América Latina na época em que Lucía estava se iniciando no *métier* – produziu efeitos mesmo entre os que não se tornaram seguidores do mestre francês: além de legitimar a contestação ao autoritarismo vigente nas instituições analíticas, mostrou que Freud ainda tinha, sim, muito a dizer – desde que se endereçassem ao seu legado as perguntas adequadas.

Estas duas posições – sensibilidade para a codeterminação do psíquico pelo social e a convicção de que Freud é muito mais do que uma relíquia superada pelos avanços dos que o sucederam – eram compartilhadas por alguns analistas brasileiros com os quais Lucía se encontrou em São Paulo, em especial por Regina Chnaiderman. E foi esta consonância que deu o tom ao Curso de Psicanálise do Instituto Sedes Sapientiae, o qual se propunha como "espaço alternativo de formação" – ou, talvez devesse dizer, "espaço de formação alternativa". Alternativa política – horizontalidade, gestão democrática, crítica aos privilégios detidos pelos didatas nas sociedades pertencentes à IPA – e alternativa científica – Freud como base para a formação do analista, sem prejuízo do estudo das escolas e autores pós-freudianos.

É por esse motivo que os trabalhos aqui coligidos incluem sistematicamente uma discussão do que ele tem a dizer sobre o tema abordado: quer se trate do trauma, da pulsão sexual, da agressividade ou da vida psíquica da criança, é em Freud que Lucía encontra os pontos de apoio para elaborar suas reflexões. Esse exame minucioso proporciona os instrumentos com os quais trabalha as questões suscitadas pela vida contemporânea – em especial, o custo psíquico de habitar um mundo competitivo, impiedoso, que descarta com velocidade estonteante aquilo que produz, e no qual ideais e valores parecem se esfarelar. O impacto devastador dessas condições sobre a subjetividade origina problemas específicos, tratados nos diversos textos que compõem o presente volume.

Alguns deles retornam com insistência: o empobrecimento das relações intersubjetivas, a perplexidade de homens e mulheres frente às mudanças nos papeis de gênero, as consequências da violência – particularmente do abuso sexual –, a aspiração à satisfação imediata dos desejos, vividos como necessidades imperiosas cuja frustração desencadeia atuações variadas, etc. Nesse esforço para desvendar as formas peculiares que hoje assumem as contradições inerentes ao humano, Lucía recorre a estudiosos da sociedade contemporânea, como Gilles Lipovetsky, Alain Bourdieu, Emiliano Galende, Paul Varhaeghe e outros.

O eixo do narcisismo

Mas quem lê esses estudos é uma psicanalista. O que lhe chama a atenção são os efeitos traumáticos que tais condições produzem na estruturação da subjetividade: uma das áreas em que se pode notar sua incidência é a autoimagem do sujeito – de onde vem o interesse por aquilo de que ela depende, a saber, o narcisismo. Note-se que o título do livro não é "Narcisismo *ou* Vínculos", e sim "Narcisismo *e* Vínculos": a conjunção aditiva indica que, para Lucía, os laços intersubjetivos infiltram-se à esfera narcísica, ou, o que dá na mesma, esta é conformada por aqueles.

Dito de outro modo: longe de se acantonar no setor "objetal" da psique, as relações interpessoais são para ela permeadas por elementos narcísicos. E não apenas na "escolha narcísica de objeto": ela se debruça igualmente sobre as angústias a que elas dão lugar, nas demandas que endereçamos aos nossos parceiros, na vontade de os controlar de modo onipotente, na fúria agressiva desencadeada pelas frustrações e feridas narcísicas, e assim por diante. Lucía toma a sério a descoberta freudiana de que o narcisismo é um sistema de reflexos e espelhos – eu me amo *porque* (e *como*) fui (ou não) amado, e amo (ou odeio) os outros segundo as determinações do campo assim estruturado. Autoimagem, anseios, temores, relações intrapsíquicas entre ego, superego e instâncias ideais vão se entrelaçando de diferentes maneiras, cujo desenho oferece um esquema de inteligibilidade para as dificuldades do viver atual.

A temática do narcisismo fornece assim o eixo em torno do qual se ordena todo um grupo de textos; correlativamente, a variedade de suas manifestações clínicas retém a atenção da autora, convicta como está de que somente uma metapsicologia sólida permite compreender as forças que estruturam as várias modalidades da psicopatologia. O retraimento para si mesmo, o paradoxo de que o módulo básico formado pela dupla mãe-bebê seja simultaneamente a matriz de todas as relações *e* uma mônada compacta, a fixação em um outro ao mesmo tempo temido/odiado e indispensável à sobrevivência psíquica, a delicada relojoaria das identificações, as defesas antepostas à ameaça do colapso narcísico, vão constituindo a trama conceitual na qual serão apreendidos fenômenos como as consequências do abuso sexual, a precariedade das relações amorosas, as insuportáveis tensões impostas a egos fragilizados pelas exigências de uma realidade em constante transformação, e outros do mesmo tipo.

A vasta experiência clínica de Lucía transparece não só na mão segura com que trabalha essas questões, mas igualmente em observações feitas quase de passagem, com a discrição tranquila que caracteriza seu estilo. Não espere o leitor arroubos retóricos ou frases barrocas: nossa autora conhece o valor das palavras, e as suas são contidas, objetivas, enxutas. Daí o valor dessas pequenas notações, sem dúvida preciosas para o analista iniciante.

Alguns exemplos: na anorexia, os transtornos alimentares recobrem outros, de índole narcísica, como não ser amado ou reconhecido; a importância da atenção imediata em casos de abuso sexual não deve obscurecer a da atenção "pós-imediata", que permitirá a colocação em palavras do vivido e abrirá vias para a sua elaboração; a necessidade de avaliar, nas entrevistas iniciais, a distância entre os desejos expressos pela pessoa e o que se pode adivinhar dos seus ideais; a distinção entre queixa e sintoma; e outros mais, que o leitor descobrirá ao longo do volume.

Sobriedade

Os últimos textos focalizam questões relativas à formação do psicanalista – não esqueçamos que é em um espaço dedicado a ela que Lucía ensina há 30 anos: as modalidades da supervisão, o que pode significar o fim de uma análise, os "ideais do analista", etc. O modo como aborda esses assuntos espinhosos reflete a posição que, a meu ver, norteia tanto sua prática quanto o que extrai dela; com característica concisão, uma das observações "marginais" a que me referi a expressa da seguinte forma: "*a psicanálise é uma prática com escolhas, permanentemente*". A simplicidade da formulação deixa transparecer uma visão do trabalho clínico na qual a aguda consciência das dificuldades não impede – antes estimula – o empenho em compreendê-las e agir no sentido de as minorar.

Essa sobriedade talvez seja a maior lição a retirar dos trabalhos de Lucía. Evocando certos movimentos que marcaram o século XX, como o expressionismo e o surrealismo, ela afirma no último parágrafo do seu livro:

> (Esses movimentos) alertam sobre modos totalizantes de representação da realidade e da história (...) a partir de uma ou de várias categorias colocadas fora desta totalidade, previamente recortada, que ilumina(m) e centraliza(m) toda compreensão. Trata-se de uma redução causal que tenta explicar as crises e os 'sem-sentidos' evidenciados por determinados acontecimentos, como se tivesse de sustentar à risca uma ideia de coerência previamente estabelecida.

Semelhante ilusão provém do nosso desejo de dominar o desconhecido, que precisamente por sua ubiquidade no mundo atual constitui uma perigosa armadilha para o trabalho clínico. Contra ela, os escritos de Lucía constituem um bem-vindo antídoto, como se nos lembrasse os versos da canção: "*Caminante, no hay camino: se hace camino al andar*".

Não é preciso tomar essa ideia como significando que sempre se começa do nada – a história e os processos de historicização da psique ocupam lugar de destaque entre os referenciais da nossa autora. Algo é aprendido com os caminhos que trilhamos anteriormente, com os conhecimentos acumulados em um século de psicanálise, com as descrições da sociedade contemporânea que encontramos nos textos dos filósofos e dos sociólogos: eis o que nos dizem em síntese os textos aqui reunidos. Mas *ojo!* – não os devemos tomar como dogmas, e sim como lanternas para iluminar os desafios à nossa frente.

Não é muito, mas é tudo o que temos. Boa leitura!

Renato Mezan

1
Leonardo e a sublimação[1]

Quero introduzir Leonardo, de quem tratarei neste trabalho, por meio de um parágrafo do próprio Freud (1910):

> Segundo a bela comparação de Merejkovsky, ele parecia um homem que acordou durante a noite e vela na escuridão enquanto os outros dormem. Sua liberdade intelectual levou-o a deixar-nos, numa atrevida frase, a justificativa de toda investigação intelectual: "Aquele que disputa alegando autoridade, usa mais da memória que da inteligência". Desse modo, *foi o primeiro investigador físico moderno (...) o primeiro homem que depois dos gregos teve a coragem de aproximar-se dos segredos da Natureza, apoiado unicamente na observação e no próprio juízo.* (p. 114)[2]

1 Publicado originalmente no livro *Freud: um ciclo de leituras*, organizado por Silvia Leonor Alonso & Ana Maria Siqueira Leal (São Paulo: Escuta / Fapesp, 1997, pp. 95-105).

2 Este trecho da obra de Freud, bem como os demais que se seguem citados neste livro, foi traduzido a partir da edição em espanhol pela autora.

A disposição pulsional

O anseio por saber havia se transformado, no caso de Leonardo, na pulsão dominante. Esse impulso agiu nele desde a infância e incorporou, como reforço, outras energias libidinais. Leonardo aplicou no estudo a mesma paixão que outros, em geral, empregam no amor, chegando sua atividade intelectual a ocupar o lugar de sua vida sexual.

Este predomínio é resultante de um determinado processamento de uma fase da infância que começa em torno dos três anos e que, com o nome de "período da investigação sexual infantil", já tinha sido descrito por Freud no trabalho sobre as "teorias sexuais infantis" (Freud, 1905) e no caso do pequeno Hans (Freud, 1918). Essa investigação, fruto da pulsão epistemofílica, recai principalmente no problema da origem dos bebês. Tal pulsão se desenvolve concomitantemente a uma outra pulsão parcial, qual seja, a pulsão de ver ou pulsão escopofílica (a pulsão dos voyeuristas), centrada na atração erótica de descobrir, no sentido visual, o genital materno. Como veremos mais adiante, Freud problematiza essa concomitância das duas atividades pulsionais em Leonardo.

Mas voltemos, por enquanto, ao anseio de saber e sua relação com a investigação sexual infantil. Como bem diz Laplanche (1987), "mostrar a ligação é uma coisa, demonstrar como se transforma uma na outra envolve dificuldades bem diferentes" (p. 81).

Esta questão dá lugar a uma das explicações metapsicológicas mais sistematizadas que Freud (1905) escreveu desde os "Três ensaios", com os recursos da primeira tópica, referida explicitamente, e com alguma extensão, ao tema da "sublimação". O desenvolvimento teórico que Freud faz sobre essa questão no texto sobre Leonardo antecipa, em certo sentido, "Pulsões e seus destinos" de cinco anos depois, para o qual pode oferecer uma significativa parceria na investigação da teoria das pulsões. Por isso nos ocuparemos deste fragmento teórico do texto sobre Leonardo com certa extensão.

Destinos da investigação sexual infantil

Freud descreve três destinos – ou três possibilidades – para essa curiosidade sexual torturante (formulá-lo dessa maneira já é conferir-lhe um destino intermediário ligado à pulsão parcial sádica e ao retorno sobre a própria pessoa):

1. No primeiro destino, o recalcamento da sexualidade arrasta com ela o próprio exercício intelectual, deteriorando-o: "A curiosidade sexual partilha do destino da sexualidade, permanece desde então inibida, e o livre exercício da inteligência fica limitado pelo resto da vida, ainda que logo, sob a influência da educação, entre em cena a força de coerção religiosa do pensamento. Esse é o tipo de inibição neurótica. Compreende-se que esse enfraquecimento adquirido do pensamento seja muito favorável à eclosão de uma neurose" (p. 74).
2. Em um segundo tipo, o desenvolvimento intelectual é suficientemente forte para resistir ao recalque sexual. Algum tempo depois do fracasso da investigação sexual infantil e quando a inteligência se fortalece, ela vem oferecer sua ajuda para contornar o recalque sexual. Aflora, então, do fundo do inconsciente, sob

a forma de um pensamento obsessivo, a curiosidade sexual abafada, porém suficientemente forte para sexualizar o próprio pensamento e colorir as operações intelectuais com o prazer e a angústia que caracterizam as coisas sexuais.

A investigação intelectual torna-se aqui "atividade sexual" muitas vezes exclusiva: a sensação do pensamento que se realiza e se resolve substitui a satisfação sexual. Mas o caráter universalmente presente da investigação sexual infantil, que é o de ficar inconclusa, é também repetido no fato de que tais especulações nunca terminam, e de que a sensação intelectual de solução tão procurada vai ficando cada vez mais distante à medida que a criança se aproxima dela.

3. O terceiro tipo, que é o mais raro e perfeito, escapa tanto à inibição (primeiro tipo) quanto à obsessão intelectual (segundo tipo). Nele também ocorre o recalque sexual, mas este não consegue transferir para o inconsciente uma pulsão parcial do desejo sexual (por conseguinte não há recalque total da sexualidade). Pelo contrário, a libido escapa do destino do recalque, sendo sublimada desde o início em curiosidade intelectual, e vem reforçar a pulsão de investigação, por si só intensa.

   Também aqui a pesquisa adquire um caráter compulsivo (vida sexual substitutiva), mas a diferença entre processo sublimatório e retorno neurótico por fracasso de um recalque prévio faz com que as características da neurose estejam ausentes, falte a fixação nos complexos primitivos da investigação sexual infantil (o caráter de "inconcluso", por exemplo). Assim, a pulsão pode agir livremente a serviço do interesse intelectual. Mas o recalque mostra geralmente sua marca ao evitar temas sexuais. Não foi o que aconteceu com Freud no plano da investigação científica da sexualidade, como campo específico do conhecimento, e sim com Leonardo, no qual o conflito se revela por meio de notáveis erros no desenho em que procura a representação anatômica do ato do coito.

Qual é a diferença exata entre essa "irrupção desde o fundo do inconsciente", que resulta em uma compulsão do pensamento e uma sublimação? No primeiro caso, teríamos a sexualização do pensamento e, no segundo, uma dessexualização da investigação sexual.

Algumas delimitações conceituais

Entre as formulações que tentam dar conta de toda essa problemática, encontra-se frequentemente o termo "inibição", o qual parece ter significados diferentes dependendo do contexto, prestando-se à confusão. Podemos, assim, fazer as seguintes delimitações:

1. No artigo sobre Leonardo (Freud, 1910), descrevem-se três destinos da investigação sexual infantil que costumeiramente são enunciados como: a inibição neurótica, a compulsão neurótica obsessiva do pensamento e a sublimação. "Inibição", como destino da investigação sexual infantil, refere-se aos efeitos sobre a investigação sexual, do recalque da sexualidade que inibe o desejo de saber e a livre atividade da inteligência. No plano dos efeitos ou manifestações

ocorre a inibição, equivalente, nesse sentido, a um sintoma neurótico. No plano da pulsão e de seus destinos, dá-se o recalque como causa ou mecanismo. A inibição é efeito do recalque.

2. Em "Pulsões e seus destinos", Freud (1915) postula e descreve quatro destinos da pulsão em geral, que são: a inversão no contrário, o retorno sobre a própria pessoa, o recalque e a sublimação. Nesse mesmo trabalho, quando discute os diferentes aspectos da pulsão em geral, ao referir-se à meta ou fim, explicita o seguinte: "A experiência nos permite falar de pulsões de meta inibida no caso de processos aos quais se permite avançar rumo à satisfação pulsional, mas que experimentam depois uma inibição ou um desvio" (p. 118). Freud fará, posteriormente, uso frequente desse conceito em diversos trabalhos, exemplificando-o com a transformação da atração erótica pela mãe em ternura.

3. Um autor como J.-D. Nasio (1990), enfatizando esta classificação que diferencia e articula destinos pulsionais e efeitos ou produtos resultantes, reordena-os da seguinte maneira:

    1. recalque > sintoma neurótico
    2. retorno sobre a própria pessoa[3] > fantasia

3 Vemos que nesses últimos casos o termo "inibição" mudou de plano, passando a ser utilizado para conceitualizar destinos de pulsão que, como apontamos anteriormente, Freud diferenciava em: "inversão no contrário" e "retorno sobre a própria pessoa". Vemos aqui como esse autor coloca o termo "inibição" no plano das causas, fazendo dele um destino da pulsão, o que não deve ser confundido com a inibição da investigação sexual infantil que acabamos de descrever. Esta corresponde ao plano dos efeitos, sendo uma consequência do recalque da pulsão sexual.

3. inibição > ternura

4. sublimação > obra artística, etc.

O "caso" Leonardo

As delimitações conceituais que vão sendo elaboradas por Freud no campo da teoria das pulsões permitem, por exemplo, reagrupar o conjunto de explicações metapsicológicas que ele desenvolve na sua "patografia" de Leonardo da Vinci. Consideremos, a título de exemplo, as relações com seus jovens discípulos.

Podemos perguntar-nos se a atenção e o cuidado que lhes dispensava, não estando permeados por nenhuma atividade erótico-amorosa concreta, não corresponderiam a uma expressão prática e paradigmática da libido homossexual sublimada.

A presença de um fim socialmente valorizado – o ensino das artes, na forma em que este se realizava nas oficinas do Renascimento – poderia induzir-nos a pensar no desvio sublimatório dos fins eróticos dirigidos a adolescentes do mesmo sexo.

Não parece ser este o ponto de vista de Freud, que mostra em detalhe as peculiaridades desse vínculo. Nota-se nisso que uma patografia deve ser quase ou integralmente uma investigação clínica e não a transposição em código psicanalítico do relato biográfico escrito em língua cotidiana.

Os discípulos não eram escolhidos pelo talento, mas pela beleza, e tampouco produziram grandes obras próprias. Parece tratar-se de escolhas narcísicas de objeto nas quais a idealização do mesmo (beleza) funciona como satisfação erótica parcial (permitida) e também como coadjuvante para o recalque de outros componentes dos impulsos eróticos.

Além do recalque propriamente psíquico, estava em jogo a repressão social. Lembremos da denúncia e do processo a que Leonardo foi submetido, do qual acabou sendo inocentado. De qualquer maneira, as condições ambientais possibilitavam-lhe uma expressão atenuada (inibição de meta sexual), por meio daqueles peculiares cuidados que evidenciavam uma identificação materna, resultado de uma potente fixação à mesma, própria de certas escolhas homossexuais de objeto. O controle obsessivo numérico dos gastos destinados a mantê-los e vesti-los – inclusive daqueles resultantes dos pequenos furtos de que era objeto – manifesta, de forma neurótica e caracteropática, componentes anais de sua disposição libidinal.

Será a própria pintura o campo de realização fundamental da sublimação dessas tendências sexuais apontadas. Seus primeiros estudos foram desenhos de cabeças de mulheres sorridentes e de belos rapazes. Por um tempo parece ter trabalhado livre de qualquer coerção neurótica. Mas a partir de um certo momento, começa a predominar o interesse científico, vendo-se a pintura globalmente reduzida e sofrendo sérias interferências de sintomas diversos, que se tornam uma ameaça para a própria possibilidade de receber encargos, visto que não terminava nada do que começava.

Por volta dos 50 anos, o acaso impõe um novo marco à sua existência. Ele irá encontrar, nas feições da Gioconda, o estímulo evocador da lembrança do sorriso da mãe de sua primeira infância, cuja sensualidade o marcou e capturou. Este encontro mobiliza todos os fluxos pulsionais que orientaram suas primeiras tentativas artísticas. E será a criação de um produto magnífico e singular, mas também repetível e transmissível, ou seja, o ato sublimatório culminante que agora marca para sempre sua pintura e a sensibilidade artística de seu tempo: aquele que passou a ser chamado de "sorriso leonardesco".

Não só é intensa e profunda a beleza literária com que Freud (1910) descreve essas obras, mas também a conclusão a que chega quanto à sua significação libidinal:

> Talvez Leonardo tenha superado a infelicidade de sua vida amorosa criando essas figuras em que a reunião bem-aventurada do ser masculino com o ser feminino representa a realização dos desejos da criança fascinada antes pela ternura maternal. (p. 110)

O que caberia sublinhar, voltando ao ponto de partida, é o quanto se mostra, por meio dessas obras pintadas por Leonardo e comentadas por Freud, o trabalho da sublimação, não só escapando do recalque como indo além, combatendo-o e operando seu "levantamento", com um alcance que supera os limites apontados no terceiro tipo de destino da investigação sexual, no qual são evitados os temas sexuais. Com esta descrição, não demonstra Freud que estava em andamento uma investigação sutil e profunda da vida erótica-amorosa?

Vasari (s/d) diz que o interesse de Leonardo pela ciência ajudou-o como pintor, mas que, à medida que envelhecia, os papeis começaram a se inverter. O que podia ser visível era inteligível, e o que podia ser representado provava sua própria existência. Foi desse modo que ele entendeu que a pintura era um instrumento para revelar as enigmáticas formas e forças da natureza. Dizia:

> Quem despreza a pintura, única arte a imitar todas as obras visíveis da natureza, despreza uma ciência de sutileza extrema, que examina com raciocínio filosófico todos os tipos de

formas na terra e no ar, todas ela banhadas em sombras e luz. Esta ciência é verdadeira filha da natureza. (p. 113)

Como cientista, buscou entender a anatomia humana, mas, como artista, sabia que o conhecimento anatômico não bastava, e que o artista tinha que ir mais longe, revelando a vida interior e o movimento da alma, capturando o espírito humano.

Ver e saber

O campo da sublimação se apresenta, aqui, como "essencialmente" complexo. Esta complexidade se deve, por um lado, à variedade e à combinação de fins socialmente valorizados que configuram a "oferta" cultural de cada época e lugar. Por outro, à multiplicidade de moções pulsionais "elementares" que integram o ponto de partida, mas, principalmente, à potencialidade de desvio, de maleabilidade, de possibilidade de alternativas, intrincamentos e desintrincamentos, dessexualizações e ressexualizações, etc.

No caso de Leonardo, isso aparece na dupla ver/saber como fins pulsionais combináveis, intercambiáveis, por momentos conflitantes, tendo a opção por um ou outro, consequências na economia libidinal, na produtividade ou criatividade, e na expansão ou estagnação da vida.

Ver: Trata-se de uma pulsão "elementar". Evidenciada no desejo de contemplação (global) e de esquadrinhamento (detalhada) do corpo materno. O próprio Leonardo tematiza em suas elucubrações teóricas o lugar central da "visão". "De todos os órgãos dos sentidos", diz Vasari (s/d), "a visão era o que mais interessava a Leonardo" (p. 115). O próprio Leonardo escrevia em seus cadernos: "Os olhos são as janelas do corpo humano, através das quais ele percebe seu caminho e desfruta da beleza do mundo. Graças à capacidade humana de ver, a alma se satisfaz em permanecer na sua prisão corpórea" (Da Vinci, 1935, p. 71).

A observação, inicialmente visual, é a base do conhecimento. Mas já percebemos nessas formulações como a finalidade de ver parece subordinar-se como "meio" à de saber, fim último. "Não se pode amar nem odiar nada sem antes conhecê-lo", afirmava, ao mesmo tempo em que parecia esgotar todo seu amor no próprio conhecimento.

Saber: Freud a considera uma pulsão já não elementar, mas "derivada", resultante da combinação entre: a pulsão "elementar" de domínio ou de "apropriar-se" que já experimentou uma sublimação, um desvio da fonte-fim mecânico-muscular, graças a uma conservação de uma ação abstrata e abstraída daquele contexto e o "apreender" – a pulsão de ver, anteriormente considerada, que contribui com essa função de "apreender" a carga energética libidinal.

As produções resultantes do predomínio de uma ou outra serão, na vida de Leonardo, a investigação científica (saber) e a pintura (ver). Elas não têm, para Freud, uma significação equivalente. A investigação científica parece conter um "coeficiente" de sublimação maior, que o conduz a abstrair-se de uma cotidianidade compartilhada, para submergi-lo em uma atividade puramente intelectual. A pintura, nesse sentido, como atividade sublimatória, estaria mais próxima das fontes, dos fins e objetos primários da pulsão. Expressaria ou realizaria mais que a outra, um "desejo de viver".

Ambas as atividades alternam-se em Leonardo. Mas o circuito, segundo Freud, parece seguir uma direção, um percurso. Da pintura, como ponto inicial, passando para a investigação em um segundo tempo, e voltando para a pintura em um terceiro. Surge aí um ponto de atrito. Parece que este retorno requereria uma certa dessublimação (ressexualização?) que Leonardo não consegue fazer, ficando impregnado por um modo de operar próprio de um campo que faz obstáculo no outro. Por exemplo, tender à adesão ao todo, à continuidade e à inclusão de cada região do conhecimento em uma teoria "unificada", em uma lei universal codificada em linguagem matemática, própria da elaboração científica. Segundo Leonardo, a própria visão "nascia" da matemática. Isso impedia-lhe o isolamento do "conjunto", necessário para produzir uma obra única, singular, como pintar "um" determinado quadro, ficando capturado numa espécie de lógica totalizante. Cada obra tendia a ser encarada como um problema ou conjunto de problemas a ser resolvido, o que atrasava indefinidamente sua execução. "O artista serviu-se no início do investigador como de um precioso auxiliar, mas este acabou tornando-se mais forte que seu senhor e chegou a dominá-lo" (Freud, 1910, p. 124).

Uma explicação dinâmica desse processo poderia formular-se nesses termos: a reaproximação desse sensível-sensual da pintura a ressexualizava, sendo a contaminação pelo técnico-científico um recurso defensivo ou até um instrumento do próprio recalque.

Leonardo vê sumir na frente de seus próprios olhos, de forma instantânea, o mural que acabara de pintar na sala do Conselho do *Palazzo Vecchio*, devido a uma infeliz combinação de solventes que estava investigando. Como não ver aí o triunfo mais completo, exemplar em certo sentido, de uma operação de recalque?

Em todas essas dificuldades de execução, assim como no frequente abandono das obras pictóricas, inacabadas, Freud vê a insistente repetição neurótica de um mesmo conteúdo inconsciente: a impossibilidade e o fracasso que determinam a precoce interrupção da investigação sexual infantil.

É nessa perspectiva que a investigação científica representa comparativamente um sucesso sublimatório maior. Ele é um adulto lúcido capaz de entrever desenvolvimentos futuros (como a revolução industrial, os avanços tecnológicos que permitirão voar como os pássaros e nadar como os peixes), e de sustentar a atividade investigativa apesar da insuficiência de recursos imediatos para obter resultados objetiváveis. Mas também podemos dizer que repete a criança envolvida na investigação sexual infantil no exato momento em que, alcançado ou intuído o conhecimento do ato sexual, se defronta com a insuficiência de sua condição infantil, com o recalque cultural e com as operações de contrainteligência dos adultos. Só que a reproduz e a supera, sendo, nesse sentido, uma realização sublimatória. Ele também é instado a desistir em função da inutilidade dessas pesquisas. Só uma parte, cada vez menor, é aplicável, mas Leonardo persiste tenazmente.

Isto conduz à questão do adaptativo e do criativo. A sublimação não é adaptativa porque não é conservadora. Nesse sentido continua a apoiar-se, mas também a "perverter", como diz Laplanche, a pulsão de autoconservação.

A pulsão de saber não se satisfaz com o saber adquirido, diz Horstein (1990). Procura menos as respostas já obtidas do que as perguntas por formular. Impulsa a desprender-se do instituído, do sistematizado, do sabido. Nesse ponto, toda sublimação é criativa.

> A sublimação se diferencia das atividades chamadas adaptativas por sua dimensão às vezes transgressiva e pelo compromisso subjetivo. O processo sublimatório não é simplesmente a colocação em cena da fantasia, mas sim uma reelaboração desta; não é uma mera expressão do conflito, mas um triunfo em oposição aos fracassos renovados do neurótico, já que as mesmas problemáticas que conduzem a um empobrecimento libidinal e narcisista levam quem é capaz de obter sublimações a transformar suas necessidades singulares em finalidades originais, e a transformar suas fraquezas em forças. (Horstein, 1990, p. 15)

2
A sublimação[4]

A sublimação é um processo postulado por Freud pelo qual se explicam as atividades humanas que não têm, aparentemente, nenhuma relação com a sexualidade, mas que encontram sua mola propulsora na pulsão sexual.

Ainda que tenha sido muitas vezes citada por ele – a sublimação aparece na obra freudiana desde as cartas a Fliess (1892-1899) até "O mal-estar na civilização", de 1930 – não se trata de um conceito plenamente elaborado, não havendo uma conceituação abrangente e desenvolvida do processo sublimatório. Vale lembrar que corresponderia a um dos 12 artigos que comporiam os "Preliminares a uma metapsicologia" que foram perdidos ou destruídos pelo próprio Freud.

Há momentos diferentes na teorização freudiana do processo sublimatório; num primeiro momento a sublimação se caracterizaria pela dessexualização pulsional, na qual

4 Apresentado na mesa *Destinos pulsionais, hoje*, promovida pela Sociedade de Psicanálise da cidade do Rio de Janeiro, no dia 4 de abril de 2016.

haveria uma modificação da meta da pulsão, de tal modo que os objetivos passariam de sexuais a não sexuais.

Em um segundo momento, em "Pulsões e destinos da pulsão", Freud (1915) define a sublimação como um dos quatro destinos pulsionais, que são: o recalque (sintoma neurótico), a inversão no contrário, o retorno sobre a própria pessoa (fantasia) e a sublimação. Freud postulou que, dentre esses destinos, a sublimação seria o mais evoluído; mais tarde afirmaria, na Conferência XXXII das "Novas conferências de introdução à psicanálise", "Angústia e vida pulsional" (Freud, 1932), que, paralelamente à mudança da meta na sublimação, haveria também uma mudança nos objetos.

A primeira postulação de Freud sobre a sublimação implica impasses no que diz respeito à sua caracterização, enquanto as outras duas permitem uma abertura maior do conceito, tanto no que diz respeito à metapsicologia quanto ao que diz respeito à clínica.

Entende-se que a primeira formulação freudiana tem como objetivo mostrar que a sexualidade está na origem das criações humanas – muito mais do que definir a sublimação em si mesma –, enquanto as duas últimas pretendem explicar mais detidamente o processo sublimatório.

Quando Freud formula a sublimação como um destino pulsional e quando fala da mudança do objeto na mesma, está em pauta um outro entendimento em torno da noção de sexualidade, possibilitando uma caracterização mais detalhada do processo sublimatório.

A sublimação é a única noção psicanalítica que permite explicar que as obras criadas pelo homem – tais como as realizações artísticas, científicas e, inclusive, esportivas, distantes de toda referência à vida sexual – sejam produzidas por uma força ou energia sexual que surge de uma fonte sexual. Isso quer dizer que sua origem é pulsionalmente sexual (pulsões parciais pré-genitais: orais, anais, fálicas) e, no entanto, o produto desse processo é uma realização não sexual, conforme aos ideais de época. Podemos dizer então que a sublimação dá conta da origem sexual do impulso criativo do homem. Permite transformar e elevar a energia das pulsões sexuais, que se convertem, assim, em uma força positiva e criativa.

Para Freud, a sublimação teria duas formas de ser vista: como a expressão mais positiva, mais elaborada e socializada da pulsão e também como uma via de defesa suscetível de diminuir os excessos e os transbordamentos da vida pulsional. A sede de conhecimento está relacionada à curiosidade em relação à sexualidade, como Freud o descobre em "Teorias sexuais infantis", de 1908. Ele assinala que as crianças constroem teorias a respeito dos enigmas da sexualidade, sendo que o tema a que mais se dedicam é a origem dos bebês. A partir de seu trabalho, sabemos ainda do papel que tem o período de latência na aquisição da capacidade de sublimar.

A sublimação também teria uma função de defesa que atenua e transforma o caráter insuportável das lembranças sexuais que o sujeito quer ignorar. A pulsão nesse caso opera um deslocamento de uma representação psíquica inconsciente ligada a um desejo incestuoso para outra representação psíquica aceitável para a consciência, ainda que produza sintomas e gere certo sofrimento.

Quando se coloca a sublimação das pulsões como o que possibilita o trabalho analítico, o que está em pauta é o aparecimento do sexual na transferência, e não sua suspensão – pois o que está suspenso é a descarga direta. Além disso, sublinhamos que aqui se apresenta o aspecto da sublimação que propicia uma criação, tal como podemos conceber que seja o trabalho analítico.

Poderíamos dizer, em relação à sublimação na transferência, que o vínculo amoroso de caráter passional, depois de um primeiro momento de investimento libidinal de um objeto erógeno – neste caso, o psicanalista – desenvolve-se como processo sublimatório tão lentamente como um trabalho de luto ou como o trabalho de elaboração que implica para o paciente integrar em si a interpretação feita pelo psicanalista.

A sublimação da paixão na transferência, do luto frente a uma perda de objeto, e a elaboração consecutiva ou posterior a uma interpretação requerem muito tempo, o tempo indispensável para permitir que as representações do pensamento inconsciente se encadeiem.

Consideramos que a pulsão é sublimada quando sua força é desviada de sua primeira finalidade, que seria obter uma satisfação sexual, para se pôr a serviço de uma finalidade social – sendo esta artística, intelectual ou moral. Precisa para isso de um objeto não sexual. Resumindo: a sublimação consiste em substituir o objeto e a finalidade sexual da pulsão por um objeto e uma finalidade não sexuais.

Finalmente, podemos dizer: uma pulsão sublimada será considerada *sexual* por sua origem e pela natureza de sua energia libidinal, e será considerada *não sexual* se pensamos no tipo de satisfação obtida e no objeto que a satisfaz.

Se considerarmos a curiosidade sexual infantil como expressão da pulsão voyeurista, e sua transformação posterior em sede de saber, teremos uma ideia desta substituição de uma finalidade sexual por outra dessexualizada.

A sublimação da pulsão voyeurística consiste na passagem de uma satisfação erótica e parcial ligada a um objeto erótico local (os genitais) por outra satisfação não sexual mais igualmente parcial, ligada a um objeto mais global e dessexualizado (o corpo inteiro como objeto de conhecimento científico).

A sublimação não seria uma satisfação, e sim a capacidade plástica da pulsão de mudar o objeto e achar novas satisfações. Essa outra força, a de conhecer e produzir, é a que leva o artista a realizar sua obra.

A sublimação requer a intervenção do eu narcisista para se produzir: primeiro, o eu retira a libido do objeto sexual, depois retorna sobre si mesmo, e, finalmente, designa a esta libido um novo fim, não sexual.

O ideal do eu inicia e orienta a sublimação; esta não poderia acontecer intrapsiquicamente sem o suporte dos ideais simbólicos e dos valores sociais da época.

Os objetos que facilitam a satisfação sublimada são objetos dessexualizados e sociais, quer dizer, que respondem a ideais sociais que exaltam a criação de novas formas significantes. O ideal do eu seria o desencadeante do processo, com a particularidade de que, uma vez iniciado o movimento de sublimação, o impulso criador da obra separa-se do ideal do eu, que o tinha estimulado no começo. O elemento que impõe esse desvio, portanto, não é a censura que leva ao recalque, senão o ideal do eu que exalta, guia e dá marco à capacidade plástica da pulsão.

Trata-se de imagens e de formas significantes, delineadas na forma da imagem inconsciente de nosso corpo, ou melhor, de nosso eu inconsciente narcisista. Essas obras produzem efeitos inconscientes no espectador, fascinação frente à representação artística e desejo de identificação com o criador da obra.

O objeto imaginário e narcisista é o resultado da condensação de três elementos: força pulsional, narcisismo do criador e forma acabada da obra, os quais produzem o impacto e a emoção intensa no espectador.

O conceito de narcisismo reaparece em *Leonardo* referido à escolha narcisista de objeto nos homossexuais. Nesse tipo de escolha o menino não abandona o vínculo inicial com a mãe. Ao invés disso, identifica-se com ela e escolhe, como objeto de amor, jovens que o representam.

A sublimação não é para Freud uma mera expressão do conflito, mas sim um triunfo em oposição aos renovados fracassos nos neuróticos, já que as mesmas problemáticas que o conduzem a um empobrecimento libidinal e narcísico o levam a ser capaz de obter sublimações, a transformar suas necessidades singulares em finalidades originais e a transformar suas fraquezas em forças.

A capacidade de transformar a vivência interior em algo representável e transmissível é o que diferencia a transmissão científica ou artística da produção de sintomas. A criação artística é uma forma de retorno do recalcado e, em função disso, produz efeitos. O dialeto da arte, diferentemente da inércia do sintoma, é comunicável em sentido amplo.

Na sublimação, a obra é necessária: é a possibilidade de responder aos ideais. O sofrimento do criador é a expressão de uma grande tensão determinada por um ideal de eu exigente.

O processo de sublimação permite ao sujeito autoinvestir-se e reinvestir a realidade. Há um esforço de representar o irrepresentável. Diferencia-se das atividades chamadas adaptativas, por sua dimensão transgressiva e pelo compromisso subjetivo. Pode opor-se ao discurso social, e transformar-se em algo apenas comunicável em um tempo futuro.

A sublimação não é simplesmente uma colocação em cena da fantasia, mas sim uma reelaboração desta. Nesse sentido, Freud assinalava que os criadores tentavam recuperar algo do recalcado, tanto próprio quanto coletivo.

O estudo freudiano enfatiza a recriação do objeto perdido, ou uma representação de uma realização de desejo vinculada a uma superação da infelicidade da vida afetiva do artista.

Se o trabalho criativo de um artista é uma derivação de seus desejos sexuais, podemos observar duas derivações: a primeira se reporta às fixações edipianas – é, em *Leonardo*, a escolha objetal narcísica posterior, vinculada à homossexualidade platônica que daria sustentação à sua atividade artística; a segunda é articulada à sede de saber, fruto da transformação da libido edipiana, explicitamente nomeada por Freud como sublimação.

Os processos criativos dos sujeitos motivados por seu ideal de eu a criar sem a sublimação correspondente de suas pulsões não diferem quanto aos fins perseguidos. Em todos os casos, o ato criador é promovido pelo desejo narcisista de recuperar a plenitude perdida e, por isso, também representa um meio de alcançar o reencontro do eu com seu ideal.

As identificações edípicas e a instauração do supereu terão um importante papel no processo de sublimação, e, em consequência, da criação. Não existe um grande homem – artista, cientista, escritor ou pensador – que não tenha tido modelos, mestres, figuras marcantes na sua formação.

Segundo Laplanche (1989), teríamos que pensar na relação *criação – perversão*, dado que Freud insistiu que o que é essencialmente sublimado são as tendências perversas polimorfas, agindo cada uma por sua própria conta, ou seja, as chamadas tendências pré-genitais e não a sexualidade genital. Também, segundo esse autor, "se for admitida a hipótese de que a sublimação acompanha desde sua origem o nascimento da pulsão sexual, apresenta-se-nos como ligada ao próprio movimento de sedução que caracteriza a neogênese da sexualidade, isto é, ao que nos vemos forçados a denominar um desvio da autoconservação" (p. 93).

Mas há um segundo aspecto – e aí está, talvez, o próprio paradoxo da perversão, a qual ora é entendida no sentido da perversão infantil polimorfa, ora é tomada na acepção de uma verdadeira elaboração da experiência do complexo de Édipo e do complexo de castração, nas perversões adultas: Freud não deixa de assinalar o vínculo existente entre certas atividades sublimadas e a perversão, tomada no sentido de estrutura psicopatológica diferenciada.

Por exemplo, sobre a relação de *Leonardo* com a homossexualidade, há algo a pensar como transposto quase diretamente para sua pintura, quando se considera o quadro *A Virgem e o Menino com Santa Ana* (1508-1513).

Para concluir, se se fala do primado genital como forma de organização das pulsões parciais nesta espécie de unidade que é a relação sexual adulta, não se poderia também dizer que a atividade sublimada é uma espécie de substituto do primado genital, um modo também de organizar as atividades pré-genitais sob uma espécie de primado – o de uma obra, um trabalho ou um resultado a obter?

3
Narcisismo e vínculos na atualidade[5]

O indivíduo protagonista da modernidade procurava dotar a vida de consistência e de sentido, dando um lugar preponderante aos sentimentos como fundamento e suporte de vínculos e de instituições. Portador de um sentido prospectivo de sua própria existência, concedia-lhe o caráter de uma luta por libertar-se de poderes e discursos unívocos e cristalizados que poderiam vir a ameaçar a conquista de um futuro melhor. O homem tinha parceiros nesses confrontos e as lutas assumiam formas coletivas. O vínculo amoroso fazia-se presente ao longo do percurso, acompanhado frequentemente de uma carga de exaltação e dramaticidade. Principalmente nas tramas amorosas dos romances, mas um pouco também na vida real, podia-se chegar a morrer de amor.

5 Publicado originalmente na revista *Percurso* (ano XV, nº 30, 2003, pp. 25-30) e reproduzido no livro *Desafios para a psicanálise contemporânea*, organizado por Lucía Barbero Fuks & Flávio Carvalho Ferraz (São Paulo: Escuta, 2003, pp. 73-84).

A contemporaneidade abre espaço para um posicionamento que um primeiro olhar nos mostra como de menor compromisso frente à vida: surge um sujeito mais indiferente em matéria de afetos, com uma modalidade menos densa, sem paixões intensas, o que o conduz a uma existência que "não comporta tragédias". Vive exatamente o oposto à tragédia: um ar leve, carente de dramaticidade. Falta-lhe uma disposição de passagem para o estabelecimento de projetos individuais ou coletivos, inclusive em se tratando da família.

Nas relações interpessoais a possibilidade de dialogar cede espaço à imagem, e a palavra perde relevância como suporte do pensamento e da subjetividade, e também como suporte da intersubjetividade e do vínculo. Fala-se em um neonarcisismo próprio desta época, que instaura um culto pelos corpos cuidados e uniformizados em um mesmo padrão de beleza. Há prevalência da aparência, em detrimento de qualquer profundidade; talvez haja, também, mais intercâmbio de imagens que de pensamentos, emoções e palavras.

O risco disso reside na convergência entre o narcisismo e a pulsão de morte. Narciso morre ao entregar-se fascinado a seu próprio reflexo: a pretensão narcisista da coincidência absoluta com o ideal implica a morte do sujeito desejante. Quando isso adquire uma intensidade maior, pode virar patológico, levando-o ao vazio da existência, talvez a um sentimento, insuportável já, de não existir mais.

Tanto a *vivência de si* como o *sentimento de continuidade* no transcurso temporal têm seu apoio no sentido de pertinência ao conjunto de relações humanas, em cujo contexto a singularidade da vida individual ganha significação. O sentimento de *vazio* é a manifestação da retração narcísica concomitante ao desinvestimento global da realidade. Vive-se uma vida marcada por isolamento, solidão, desassossego crônico, embotamento e tédio.

Devemos pensar esse desinvestimento como uma desligação (*Entbindung*) da relação com o outro (objeto), desunião do conjunto, o que reforça o voltar-se sobre o ego e principalmente sobre o corpo como objeto narcísico primário. Mesmo que, como vimos, o corpo se insira em uma rede de significações socialmente valorizadas – moda, beleza, saúde, etc. –, essa rede não chega a encobrir a intensidade das vivências hipocondríacas resultantes. As drogas legais ou proibidas, assim como o recurso a especialistas de todo tipo, podem ser buscados como paliativos. Mas também a própria relação com o outro pode sofrer esse destino.

Pode acontecer que o outro seja transformado em objeto narcísico – que a identidade fique ligada a ele prioritariamente –, ou seja, objeto idealizado de cuja apropriação dependerá o todo do ser. A lógica da paixão pode incluir um modelo de relação dual absoluta; por outro lado, todo enamoramento implica idealização e dependência. Mas as relações narcísicas atuais, envolvendo uma sexualidade desligada do amor, tendem a impregnar-se de características adictivas, empobrecedoras quanto ao interjogo de prazer e reconhecimento.

Os chamados "transtornos narcísicos da personalidade" podem ser compreendidos como expressão da tensão existente entre o ideal de indivíduo dotado de autonomia, valorizado atualmente, e as exigências que lhe impõem uma realidade cada vez mais imprevisível, tornando-o vulnerável e capaz de desfalecimentos inesperados. A relação com as outras pessoas, em geral, pode ser sentida como uma ameaça para o equilíbrio psíquico, gerando uma resposta de hostilidade e retraimento defensivo.

O determinante nessas perturbações do narcisismo é a pressão da realidade atual, com a complexidade e as contradições que a caracterizam. Isso não impede que possam vir a se sobrepor a sintomas e traços neuróticos preexistentes que são resultantes, como sabemos, das vicissitudes da história infantil dos sujeitos.

Há, finalmente, um terceiro fator que impõe uma exigência de plasticidade a esse ego tensionado no limite da exasperação. Reside na tarefa difícil de recompor a esfera dos valores e de reelaborar um projeto identificatório no campo da identidade sexual. A dificuldade origina-se no contraste entre a configuração do ideal de ego construído a partir do etos (sistemas de valores) familiar, grupal e cultural das gerações anteriores e os papeis e identidades sexuais ou de gênero promovidos pelas mudanças contemporâneas nas relações entre homens e mulheres.

Considerar esse fator é fazer entrar em cena um personagem fundamental: o poder. Os vínculos entre homens e mulheres são permeados por relações de poder que devem ser analisadas desde perspectivas simbólicas e materiais. Cada sociedade elabora um sistema de regras para tentar repartir o poder e o prazer. Nos países ocidentais, por exemplo, os judeus, cristãos e muçulmanos proscreveram, cada um a seu modo, a mulher e o erotismo.

Talvez especulando um pouco, alguns antropólogos e psicanalistas se perguntam, inclusive, se não existiria uma articulação entre o poder, o sexo e a morte, encontrando-se isso presente em todas as produções culturais. Chegam a perguntar-se se a finalidade do poder não seria, em última instância, a de dominar o indominável, precisamente esse indominável que implicam o sexo e a morte. Diz Paul Verhaeghe (2001):

> Tratando-se do campo da morte isso é evidente. Não tem poder mais absoluto do que o que dá aceso à imortalidade. No que concerne ao campo da sexualidade, as relações com o poder são menos evidentes e, por outra parte, mais difíceis de admitir. Na verdade, a sexualidade não está ligada ao poder de forma simples. Essa ligação constitui, sobretudo, um cruzamento em que poder e morte se encontram sobretudo para sobrepassar esta última. (p. 12)

Nas sociedades ocidentais consideradas – voltando para a dimensão histórica – essa distribuição de poder se caracteriza por uma dominação masculina que se exerce através de uma "lógica" própria de todo sistema de dominação: trata-se de um "princípio simbólico", que é reconhecido tanto pelo dominante como pelo dominado (Bourdieu, 1998). Faz-se presente na linguagem, no estilo de vida, na forma de falar e de se comunicar.

O fato de, aos poucos, tanto a mulher quanto o erotismo se libertarem da proscrição antes apontada tem suas consequências. A primeira é a confusão entre os homens. As mudanças produzem dúvidas e animosidade, acrescidas de tentativas de retornar aos "bons tempos".

As alterações da relação de forças, resultantes de transformações protagonizadas pelas próprias mulheres, significou uma quebra na trama simbólica que sustentava os lugares respectivos. O fato de as mulheres terem sido o "sujeito social" dessa transformação não as isentou do custo subjetivo desse processo. Não podemos esquecer que a maior parte das mulheres até agora foi educada em famílias mais ou menos tradicionais, nas quais as coordenadas edípicas da identidade remetem o essencial dos valores e significados do feminino ao modelo matrimonial e reprodutivo burguês.

A maternidade foi entendida, em consequência, como "natural" da condição de realização da mulher, assim como a posição passiva frente ao desejo sexual e à conquista do homem. Como realização social, a mulher podia desejar casar-se e ter filhos, o que também trazia proteção e segurança, sendo que o papel masculino tradicional compreendia o sustento da família, trabalhando fora do lar, e a tomada de decisões importantes no contexto externo.

Emiliano Galende (2001) denomina "fratura subjetiva" um processo de ruptura de significados e valores que eram os que organizavam e sustentavam sua identidade subjetiva de sexo e seus comportamentos práticos. Ela também afeta os homens. As mudanças atuais da relação homem-mulher alteram os valores de sua identidade e os levam a sensações de fragilidade até então desconhecidas. Chegamos, assim, a esse fator de vulnerabilidade, que se acrescenta ao que foi dito anteriormente.

Os homens parecem perplexos, desorientados, em boa medida desconfiados, perguntando-se o que se espera deles. Perguntam-se qual será o lugar que lhes corresponde junto a estas figuras nunca antes imaginadas a partir do modelo de suas mães. Resulta-lhes difícil entender o que mudou entre as expectativas "conhecidas" ou tradicionais e uma atualidade que inclui as conquistas femininas do último século. Uma adaptação superficial aos usos e aos costumes convencionais compensa mal o sentimento de irrealidade resultante da ausência de contato emocional dentro dos casais.

Instauram-se verdadeiras confusões de línguas. O fantasma, ou a representação, ou ainda a encenação, são, sem dúvida, uma das partes constitutivas do erotismo. Fala-se bastante da impossibilidade de coincidência ou "encontro complementar" entre as fantasias próprias dos homens e das mulheres, que presidem e organizam a aproximação erótico-amorosa de cada um deles. O gozo não está, ao menos totalmente, na satisfação do instinto sexual, mas no gozo do objeto, como revela toda fantasia masculina sobre o prazer que se deseja perceber na mulher.

O predomínio – ou a quase exclusividade – da atividade genital no imaginário masculino tem sido caracterizado como algo de caráter fetichista; a fantasia de cativar uma figura tão relevante quanto fora do alcance é vista como erotomaníaca. Já há quem interprete nessa linha a formulação enigmática de Lacan de que "a relação sexual não existe" porque cada qual se relacionaria com seu próprio fantasma.

Mas o que se pode pensar como essencial ou estrutural da relação sexual, parece entrecruzar-se com as vicissitudes da história. Nesta configuração do modelo de mulher atual – autônoma, dona de si e sexualmente livre – resulta difícil ao homem reconhecer e aceitar uma dimensão de fragilidade que possa depender, ainda, de uma resposta de sentimento, compreensão, cuidado, reconhecimento e amor.

Por outro lado, sabemos que as questões de poder têm uma forte inércia. Parece que a igualdade nas liberdades sexuais e nas hierarquias não tem se revertido em maior igualdade emocional afetiva. Mas isso também poderia ser explicado por *uma nova repressão ou recalcamento no homem*, que se impõe agora mais sobre a emoção e sobre os afetos do que sobre o sexo.

E aqui isso se junta com tudo o que foi dito anteriormente. O sexo transforma-se em uma *performance* que tem como alvo uma eficácia e uma eficiência: tem que dar certo. E isso se agrega ao caráter de desafio que vai tomando a interação do casal em todas as frentes. A exaltação do individualismo, somada à competição acirrada que impera no espaço social global, infiltra-se também nas relações pessoais, inclusive as de casal, impregnando as iniciativas que buscam reformular a distribuição de espaços e de papeis de um caráter belicoso e competitivo entre marido e mulher. Finalmente, tende-se a estabelecer uma competição sem fim e sem saída baseada no princípio de que o homem não pode desistir de "provar" sua masculinidade, a partir da qual propõe saciar o desejo de sua companheira, e a mulher nunca é suficientemente mulher para saciar o desejo dele. Predomina, assim, um confronto especular de semelhantes competidores sem uma intersubjetividade que sustente um jogo de diferenças, de matizes e de enigmas, de visibilidade e velamento, com espaço para o desenvolvimento do humor e da ironia.

Podemos postular, seguindo Paul Verhaeghe (2001), que o confronto especular apontado corresponde ao predomínio de uma relação dual narcísica, sendo que o vínculo intersubjetivo só se tornará possível à medida que se passe a uma configuração triangular, constituída pelo *eu*, o *outro* e a *falta*. A falta é impossível de ser preenchida. No modo dual, o eu se vê compelido a suprir a falta no outro de forma total, absoluta e concebida a partir de um saber não sujeito à dúvida, e apoiado em ideais preestabelecidos e supostamente compartilhados.

A passagem do dual ao triangular corresponde a uma passagem do regime da pulsão ao registro do desejo. Quando elas fracassam, o pulsional puro, não processado, impõe um regime de descarga imediata, sem postergação nem mediações, alheio à ligação (*Bindung*) pela via da linguagem, como também a qualquer forma elaborada de um compartilhar ou intercambiar emoções. Talvez seu protótipo seja essa máxima e fundamental descarga emocional constituída pelo *grito* desprovido de qualquer significação.

Quando Freud falou do grito do bebê que acompanha a movimentação muscular desorganizada resultante do incremento da tensão de necessidade, referia-se a uma descarga que passava a ser operante como sinal de ativação da resposta do semelhante destinada a uma ação específica, sendo o precursor de toda expressão emocional comunicativa. No entanto, o grito de que aqui se fala não aparece associado a nenhuma ordem de significação ou eficácia pragmática e ainda menos utilitária. Se indica algo, é a presença de uma fronteira ou de seu atravessamento, disruptivo e inassimilável. Para um lado dessa fronteira, em um território já marcado pelo egoico, o grito pode virar impropério ou insulto, intenção agressiva que marca já a presença de um prazer narcísico, de domínio e de exercício de um poder. Supõe tanto o controle do outro como um alívio frente a esse ameaçador sem ordem, sem nome e sem som, para além da fronteira, o qual Freud tentou circunscrever com o nome de pulsão de morte. Lembremos que o caráter "demoníaco" que lhe atribuía não se situava no extremo de uma escala de valores entre o bem e o mal, mas no inevitável, na "fatalidade", poder-se ia dizer, da repetição.

Contrariamente à pulsão, o desejo não quer ser satisfeito se esta satisfação tem como efeito apagá-lo. Se o desejo tem um objetivo, é precisamente o de conservar intacto esse fim. Tem por objetivo prolongar-se. Seria, assim, desejo de desejo.

O pulsional, unindo-se ao narcisismo, fecha-se em si mesmo em uma recusa do outro que tende a ser violenta; obtura, desse modo, a possibilidade do desejo que não pode prescindir do objeto, sendo a existência do outro consubstancial à presença e à permanência do desejo.

O triangular, através da aceitação da falta, permite ao outro ser diferente e construir o novo em cima dessa diferença. Essa forma do amor parte, assim, da falta e se abre para a criação.

A sexualidade atual mostra uma face menos íntima, menos condicionada pelos valores burgueses do privado, do recato ou da repressão. No entanto, esta liberalização da vida sexual não parece haver conduzido a um enriquecimento da mesma, ao aumento da satisfação pulsional, à libertação do desejo e à expansão das possibilidades de prazer. O sexo se desenvolve, assim, alheio às significações e aos jogos do amor, da ternura, e até do ódio, sendo aliado a uma amplificação tecnológica do prazer, que conduz, paradoxalmente, menos a uma realização da meta almejada do que a um colapso progressivo do desejo. Transforma-se em algo mecânico, planejado, centrado na eficácia funcional e próximo, nesse aspecto, às montagens cênicas das perversões. O sexo, desvinculado das vicissitudes do amor, parece conduzir a um predomínio do pulsional pouco representado no desejo, que por sua vez tende a esmorecer por falta de ancoramento em identificações sexuais organizadas em torno da significação fálica.

O interesse exacerbado pela pornografia pode ser a expressão de um voltar-se sobre o sexo autoerótico, desprendido de amor, de erotismo e de toda referência a um outro, de reconhecimento e de interação.

As tensões presentes na sociedade como consequência de uma crise que envolve ideais inacessíveis, unidas a uma frustração e a uma impotência crescentes, derivadas da redução do espaço de participação, descarregam-se no interior das relações com o outro, do casal e da família, como uma tentativa de conseguir protagonismo na gestão da própria vida, como querendo compensar, com isso, o vazio crescente que afeta o próprio sentido da existência. É também através deste caminho que a agressividade se faz presente no cotidiano dessas relações.

A agressividade inerente ao narcisismo tem sido amplamente trabalhada na psicanálise, principalmente a sua presença na relação dual especular. É no seio dessa relação que se instala um enfrentamento mortífero tomando a forma de uma disjuntiva radical, "ou eu ou o outro", não havendo lugar para a diferença, a mediação, a possibilidade de lugares para cada um dos dois.

O que procuro remarcar aqui é o papel que cabe à fragilização e à ruptura dos laços sociais na preparação e no desencadeamento dessas situações. Para Freud (1930), trata-se do resultado da liberação da pulsão de morte como consequência do desintrincamento pulsional, afirmando a importância da ligação libidinal. Isso se tornará evidente nas condutas autoagressivas das crianças abandonadas, em certos "lutos" que assumem características melancólicas, mas também no entorno autoexigente e punitivo que rodeia o homem e a mulher da atualidade.

A reflexão psicanalítica em torno da sexualidade e do erotismo tem apresentado a violência como inerente a esse campo da experiência humana a partir das pulsões sádicas, da analidade, do impulso de apreensão muscular e do apoderamento do objeto. Isto não deve ser encarado como uma afirmação absoluta. Um índice da complexidade da questão está dado justamente pela necessidade que teve Freud de reformular sua teoria das pulsões. Ela deu um passo rumo a formulações e a reformulações que incluíram a função de ligadura da pulsão de morte pelas pulsões eróticas, suporte da agressividade na luta pela vida, assim como os efeitos de desintrincamento (*Entmischung*) pulsional nas situações de perda e ruptura de vínculos que apontamos.

Considero questionável, acompanhando a posição de Galende (2001) a esse respeito, toda ideia referente a uma *essência* agressiva e dominadora da sexualidade masculina. Posições feministas recolhidas e discutidas por esse autor, afirmam a existência de muita hipocrisia ou de uma formação reativa nas condutas de gentileza, de cuidado e de proteção do sexo feminino, especulando também sobre o quanto estas podem servir para não se tomar consciência de que, na verdade, ou na essência, a fragilidade e a falta de defesa da mulher podem funcionar como um fator de "excitação" e como um princípio de *razão* para proceder à apropriação e à dominação desse objeto. Estas posições essencialistas reduzem e simplificam as vicissitudes do processo de sexuação tal como ele foi teorizado pela psicanálise, desconhecendo também a dimensão histórica do problema.

As dimensões de *gozo*, no sentido que está sendo enfatizado no pensamento psicanalítico contemporâneo – isto é, diferenciando-o da significação do prazer ou do desejo – inserem-se nessa problemática. Tomando como ponto de partida a assimetria absoluta que preside a relação dual narcísica entre a mãe e a criança, as configurações ulteriores terão um caráter de reedição, mas só à medida que se articulem com relações de dominação historicamente constituídas.

O que estou privilegiando como ponto de vista é a historicidade das relações entre sexo e poder, dentro do contexto das relações sociais globais. A violência é sempre relativa à relação de um sujeito com outro: só é possível pensá-la nessa relação intersubjetiva e, por isso mesmo, só é possível captá-la quando relacionada a um sentido. Ela emergirá sempre que se pretenda impedir o fluir do reconhecimento, do jogo das diferenças, sobretudo se para isso se apela, como é de costume, ao princípio de autoridade. A violência é vivenciada como tal por quem a padece, ao ser negado como sujeito, seja como desejante ou como existente. O que nos provoca violência é o sentimento de não existir, de não ter sido levado em conta como sujeito e ser tratado como objeto no sentido comum da expressão.

Uma hipótese forte sobre a qual coincidem muitos trabalhos que abarcam tanto observações clínicas, como constatações epidemiológicas ou elaborações mais teóricas é a seguinte: o que vive o sujeito que padece a violência está relacionado com o que vive aquele que impõe essa violência, o que tem como origem diversas causas – às vezes, situações idênticas vividas passivamente no passado, mas sempre com um efeito de ameaça sobre sua própria identidade. A atuação da violência é sempre uma tentativa de recuperar o domínio sobre algo que se tem a sensação de padecer.

A violência do homem sobre a mulher pode ser entendida como causada pelos efeitos, em sua subjetividade, de uma vivência de perda de poder que põe em crise sua identidade, associada à série de determinações descritas, ou como uma tentativa de recuperá-lo. Por isso seu exercício é acompanhado tão frequentemente por afirmações exaltadas de masculinidade. Aparece no interior da relação de um casal quando a mulher dá sinais para o parceiro de uma ruptura da cumplicidade com sua submissão ao homem.

A resolução dessas situações dependerá das forças libidinais e de diferenciação que se possam mobilizar a partir da entrada de alguma figura externa à relação que assuma a posição de instância terceira, possibilitando o restabelecimento do laço social e a retomada do processo de reconhecimento intersubjetivo.

O episódio agressivo, nessas condições, em vez de instituir-se como sintoma repetitivo, que é o destino de muitas situações que não desembocam na dissolução do vínculo, pode vir a constituir-se em um "acontecimento ressignificante". Este acontecimento vem operar como um ponto de partida para a elaboração retroativa da história que inclua uma tomada de consciência dos pontos de incidência singulares do sistema de determinações que apontei.

Há várias décadas vem-se estudando e discutindo sobre essas problemáticas, dentro do campo da psicanálise e no espaço mais amplo das ciências sociais. Assim como em outros momentos estas questões foram impulsionadas por diversos movimentos sociais sensibilizados pelas mesmas, hoje em dia ganham nova importância por meio dos estudos sobre a subjetividade contemporânea e de sua presença como problema reconhecido através da mídia e da demanda assistencial. Poder conhecer e fazer interagir as diversas metodologias, linhas teóricas e pontos de vista, possibilitaria avançar no conhecimento dos problemas e construir possibilidades de intervenção com uma visão mais ampla e lúcida de sua complexidade. Poder reunir-se para desenvolver esse trabalho, poder fazê-lo em conjunto, parece importante em vista daquilo que o próprio problema, lido como um sintoma, vem mostrando.

Comentando o artigo "O mal estar na civilização", Galende (1991) afirma que o homem só tem duas possibilidades em relação ao outro: "ou se liga libidinalmente, identificando-se com ele para constituir alguma forma de laço social, abolindo assim o domínio do *pai primitivo*, ou, desprendido dos membros da fratria, entrega-se ao domínio absoluto desse outro interior que é o superego" (p. 74).

4 Narcisismo e relação entre os sexos[6]

Substituindo uma era marcada pela busca imperiosa do que se convencionou chamar de "sentido da vida", estes últimos séculos que temos vivido permitem um posicionamento mais leve frente a ela: surge um sujeito mais indiferente, com uma modalidade afetiva menos densa, sem paixões intensas, quase apático, o que o conduz a uma existência que não comporta tragédias. Vive exatamente o oposto à tragédia; respira um ar leve, carente de dramaticidade. Quando essa leveza existencial adquire uma intensidade maior, pode tornar-se patológica, levando-o ao vazio de existir. Diferente do clima do século XIX, quando se convivia com tramas amorosas dramáticas, em que se chegava a morrer, tragicamente, por amor (Rojas & Sternbach, 1994).

Não por acaso, o vazio surge em paralelo ao que se pode entender como uma perda de sentido. O significado da vida

6 Publicado originalmente no livro *Vínculos amorosos contemporâneos*, organizado por Purificacion Barcia Gomes (São Paulo: Callis, 2003, pp. 139-146).

fica sem substância e a continuidade temporal se dilui em um presente eterno e fugaz. Essa diluição do sentido prospectivo da existência pessoal leva à procura de satisfações imediatas através de objetos sexuais ou de consumo. Isso limitaria a disposição de passagem para o estabelecimento de projetos individuais ou coletivos, incluída aí a família.

O sujeito da modernidade se encontrava preso em redes discursivas unívocas e cristalizadas, que davam um lugar preponderante aos sentimentos como fundamento e suporte de vínculos e instituições, enquanto que o homem pós-moderno encontra-se às vezes vazio, sem interioridade, o que se expressa por meio de um não ter nada a dizer.

Desse modo, a possibilidade de dialogar cede espaço à imagem e ao som, e a palavra perde relevância como suporte do pensamento e da subjetividade, e também como suporte da intersubjetividade e do vínculo. Corpos que teimam em se igualar a padrões estabelecidos de beleza, culto exagerado da aparência, troca de imagens mais intensa do que a troca de ideias, todas essas são apenas algumas das consequências dessa conjuntura. Como já afirmamos em outra oportunidade, "o risco disso reside na convergência entre o narcisismo e a pulsão de morte. Narciso morre ao entregar-se fascinado a seu próprio reflexo: a pretensão narcisista da coincidência absoluta com o ideal implica a morte do sujeito desejante" (Fuks, 2003, p. 74).[7]

Lipovetsky (2000) destaca duas modalidades dentro do neonarcisismo: uma caracterizada por um ego fraco e submisso que se aliena na solicitação social, e outra que tende a liberar o ego, tentando uma adequação do corpo e de

7 Ver Capítulo 3 deste livro.

sua personalidade aos modelos da época. Pode-se destacar, também, que o modelo valorizado atualmente do indivíduo autônomo, obcecado por si mesmo, torna-o vulnerável e capaz de falências inesperadas.

Os chamados "transtornos narcísicos da personalidade" apresentam sintomas transitórios como sentimentos de vazio e depressão sutis, períodos de embotamento e de passividade manifestos ou encobertos, tendências perversas e incapacidade para formar e conservar relações significativas.

No entanto, o narcisismo não é só de morte. Sua dimensão erótica também aparece no investimento na saúde e na beleza e na valorização do prazer vital. Este narcisismo é necessário. O indivíduo requer um suporte identificatório para exercer um papel sexual, sustentar o erotismo, expandi-lo e transformá-lo em algo criativo.

O individualismo exacerbado pelos ideais desta época tende a promover modelos identitários ideais e perfeccionistas, exigindo uma autonomia na realização individual que compromete a relação com os objetos. As tensões presentes na comunidade como consequência de uma crise que envolve ideais inacessíveis, unidas a uma frustração e a uma impotência crescentes, derivadas da redução do espaço de participação, se descarregam no interior das relações com o outro, do casal e da família. Trata-se de uma tentativa de conseguir algum protagonismo na gestão da própria existência, como querendo compensar, com isso, também o vazio crescente que afeta o próprio sentido de existência. Essa tentativa, no entanto, fracassa.

As mudanças sofridas ao longo desses anos e as formas que assumem estas relações na atualidade fazem pensar mais em um narcisismo frio, que provoca um esvaziamento dos vínculos, do que naquele outro que induzia a um face a face apaixonado e ambivalente, às vezes amoroso, outras, agressivo. É esse narcisismo frio que leva Bustos (2003) a sentir uma vivência de tipo apocalíptico quando descreve estas novas relações.

Para a psicanálise, o amor é um conceito fundamental e um pilar da existência. A referência à primeira relação amorosa, a que se dá entre mãe e filho, que dá suporte e potência constitutiva à existência tanto biológica como psíquica da criança, constitui o modelo de base para os amores ulteriores.

É verdade também que, como Freud (1914) afirma, em certo momento do complexo processo de constituição do sujeito psíquico, na conjuntura em que se instala o narcisismo, abrem-se para o indivíduo possibilidades que se apresentam como uma alternativa: tomar como objeto de seu amor ao outro (a mãe) ou a si mesmo. No entanto, quando a retração libidinal sobre o eu resultante dos conflitos no amor de objeto se torna maciça e exclusiva, nos impõe um sofrimento e uma ameaça talvez maior: deveremos voltar a amar, como pudermos, para não adoecer.

O amor é destacado por Freud (1930) como uma das "artes da vida" mais importantes na busca da felicidade e na evitação do sofrimento ao longo da existência do ser humano. Essa arte apresenta, entretanto, uma dualidade peculiar, porque, assim como aproxima o sujeito da ventura almejada, o expõe, como nenhuma outra, às dores da dependência: "Nunca estamos menos protegidos contra as penas do que quando amamos; nunca mais infelizes e desvalidos que quando perdemos o objeto amado ou seu amor". Talvez por isso a civilização contemporânea, que alia o individualismo narcisístico e hedonista ao combate acirrado a toda forma de dor, parece haver renunciado a apostas de tão alto risco como a caracterizada por Freud, que prevaleciam, sem dúvida, no auge da modernidade. Narcisismo e amor de objeto seriam esses adversários clássicos que continuam a enfrentar-se, em sucessivos *rounds*, ao longo da história dos homens e das mulheres.

Entretanto, pouco entenderemos da complexidade das relações amorosas, se não reconhecermos uma situação fundamental que relativiza essa polaridade entre narcisismo e amor de objeto. Eis uma situação que pode ser entendida como um paradoxo em certo sentido necessário: a *dupla* mãe-filho, modelo básico da relação de amor em geral, é, por muito tempo, uma *unidade* narcísica, em que o outro não é plenamente um outro. Essa alteridade do objeto deverá ser reconhecida/construída por meio de um caminho em que não faltarão a dor, a insegurança e a criação.

Não é nada fácil estabelecer um padrão geral de comportamento nem abstrair um protótipo estrutural das relações de casal próprias desta época. As mudanças na relação homem-mulher estão alterando os valores de suas identidades, levando-os a uma sensação de fragilidade desconhecida anteriormente. Coexiste um ideal leve, descontraído e descompromissado de relação entre os sexos, com histórias de situações dramáticas, caóticas, atravessadas de tensão e de agressividade, que se aproximam às vezes desse perfil sadomasoquista tão frequentemente invocado em décadas passadas, mas sem chegar a coincidir totalmente com ele. Esse contraste entre sonhos e realidade fala de um mal-estar que se origina nas mudanças psicossociais da época e nos conflitos que elas provocam.

Quase todos os autores enfatizam as transformações ocorridas no que se refere ao lugar social, ao campo de ação e ao horizonte existencial que se abriu para as mulheres nas últimas décadas. As *relações de poder* que permeiam os vínculos entre homens e mulheres devem ser analisadas desde perspectivas simbólicas e materiais. Caracterizam-se por uma dominação masculina que se exerce através uma lógica própria de todo sistema de dominação: trata-se, como afirma Pierre Bourdieu (1998), de um "princípio simbólico" que é reconhecido tanto pelo dominante como pelo dominado. Faz-se presente na linguagem, no estilo de vida, na forma de falar e de se comunicar.

Bourdieu (1998) não ignora as facetas mais explícitas e manifestamente agressivas do exercício da dominação do homem sobre a mulher, mas põe a ênfase sobre uma ordem e uma lógica que se impõem a todos com a "violência doce, insensível e invisível" do simbólico e sobredetermina a significação dos atos de atores e de vítimas. Em função disso, ao esforço por liberar as mulheres da dominação deve agregar-se o esforço por liberar também os homens disso que eles impõem.

Para Emiliano Galende (2001), esse esforço requer, para além do reconhecimento dessa dominação simbólica, passar a identificar e suprimir o exercício da violência entre os sexos, reconhecer e assumir responsabilidades acerca dos modos de valorizar e significar as identidades de homem e de mulher, a fim de instaurar relações mútuas de reconhecimento e igualdade. O mundo simbólico "é também uma construção dos homens e, como tal, está sujeito a sua permanente transformação pelas interações concretas em que os indivíduos desenvolvem suas vidas" (p. 28).

As alterações da relação de forças, resultantes de transformações protagonizadas pelas próprias mulheres na história recente, significou uma quebra nessa trama simbólica que sustentava os lugares respectivos. O fato de as mulheres terem sido o sujeito social dessa transformação não as isentou do custo subjetivo desse processo. Galende denomina de "fratura subjetiva" o processo de ruptura de significados e valores, que eram os que organizavam e sustentavam sua identidade subjetiva de sexo e seus comportamentos práticos.

Ao mesmo tempo, os estudos de Lipovetsky (2000) com mulheres francesas demonstram que, apesar de terem assumido uma reivindicação de autonomia e iniciativa na vida sexual, elas continuam também aspirando àqueles componentes da relação amorosa que sempre as diferenciaram dos homens, menos necessitados de uma intimidade compartilhada.

Muitos autores, assim como a opinião pública, sublinham o impacto problemático que tudo isso tem produzido em seus parceiros do outro sexo. Os homens parecem perplexos, desorientados, em boa medida desconfiados, perguntando-se o que se espera deles. Eles se perguntam qual será o lugar que lhes corresponde junto a estas figuras nunca antes imaginadas a partir do modelo de suas mães. Resulta-lhes difícil entender o que mudou entre as expectativas "conhecidas" ou tradicionais (maternidade e criação dos filhos, espaço doméstico e privado como área de investimento prioritário, posição passiva na aproximação amorosa, etc.) e uma atualidade que inclui as conquistas femininas do último século.

As primeiras transformações na vida das mulheres aconteceram no campo da intimidade estendendo-se ao âmbito social, às relações de trabalho e à vida pública. Em todas essas áreas, desenvolveu-se uma afirmação ativa de igualdade e uma exigência ainda vigente de serem reconhecidas como pessoas de pleno direito, inseridas paradoxalmente em um mundo em que não primam os valores de igualdade e de justiça como princípios gerais. Nesta reafirmação de direitos, as mulheres não aceitam o controle de sua sexualidade por parte dos homens sem renunciar por isso à sua feminilidade, a seus direitos de amar, de obter satisfação sexual e de ser mães. Os homens, colocados em uma situação que não buscaram, sentem que essas atitudes alteram os valores que regulam sua identidade masculina e sua identidade social, vendo-se obrigados a mudar sua relação imaginária com a mulher.

Parafraseando a conhecida "confusão de línguas entre adultos e crianças" – hipótese teórica através da qual Ferenczi (1933) explicava os efeitos traumáticos do desencontro da linguagem da ternura do sujeito infantil com a linguagem da paixão do sujeito adulto – podemos nos perguntar se não estaremos enfrentando uma verdadeira confusão de línguas entre homens e mulheres.

Nesta configuração da mulher atual – autônoma, dona de si e sexualmente livre – resulta difícil ao homem reconhecer/aceitar uma dimensão de fragilidade que possa depender, ainda, de uma resposta de sentimento-compreensão-cuidado-reconhecimento-amor. Pode resultar disso uma atitude de desconfiança e evitação que passa a ser interpretada pela mulher como egoísmo, indiferença afetiva ou rechaço de uma parceria igualitária com desejos e sentimentos compartilhados.

Verifica-se que a igualdade nas liberdades sexuais e a igualdade nas hierarquias não têm se revertido em maior igualdade emocional afetiva. Mas isso também poderia ser explicado por *uma nova repressão ou recalcamento no homem*, que se impõe agora mais sobre a emoção e os afetos do que sobre o sexo. O sexo vem a ocupar um lugar de *contracatexia*, transformando-se em uma performance que tem como alvo uma eficácia e uma eficiência: tem que dar certo. E isso se agrega ao caráter de desafio que vai tomando a interação do casal em todas as frentes.

Já do lado das mulheres, quando precisam afirmar uma performance "de vanguarda", tendem a confundir um gesto de gentileza masculina com uma imputação de inferioridade ou de dependência. Para essas mulheres, a dependência ameaça com a redução da competitividade em qualquer projeto pessoal investido de algum valor fálico-narcísico, seja no campo do trabalho, da política, da conquista erótica e da própria maternidade (por exemplo, a "produção independente"). A emotividade também pode estar em questão para elas: desconfiam de uma proximidade afetiva na qual venha a faltar a tensão erótica, e que acabem sendo "como irmãos". Por um ou outro desses fatores, procuram, frequentemente, um remanso apaziguador junto a amigos homossexuais em que, teoricamente, o pulsional não ameaça e elas se veem livres da exigência de ter que seduzir ou de ter que gozar.

Diversos fatores se somam para produzir esses fenômenos, associados geralmente aos ideais da época. A satisfação sexual máxima é vista como condição e sinal de bem-estar psicológico e boa saúde, o que constitui um dos grandes mitos da contemporaneidade. A exaltação do individualismo, somada à competição acirrada que impera no espaço social global, se infiltra também nas relações pessoais, inclusive nas de casal, impregnando as iniciativas que buscam reformular a distribuição de espaços e de papeis de caráter belicoso e competitivo entre marido e mulher. Finalmente, tende-se a estabelecer uma competição sem fim e sem saída, baseada no princípio de que o homem não pode desistir de "provar" sua masculinidade, a partir da qual propõe saciar o desejo de sua companheira, e a mulher nunca é suficientemente mulher para saciar o desejo dele.

Predomina um confronto especular de semelhantes, competindo pelo número de medalhas olímpicas, sem uma intersubjetividade que sustente um jogo de diferenças, de matizes e de enigmas, de visibilidade e velamento, com espaço para o desenvolvimento do humor e da ironia.

Podemos postular, seguindo Paul Verhaeghe (2001), que o confronto especular apontado corresponde ao predomínio de uma relação dual narcísica, sendo que o vínculo intersubjetivo só se tornará possível à medida que se passe a uma configuração triangular, constituída pelo *eu*, o *outro* e a *falta*. A falta é impossível de ser preenchida. No modo dual, o eu se vê compelido a suprir a falta no outro de forma total, absoluta e concebida a partir de um saber não sujeito à dúvida, apoiado em ideais preestabelecidos e supostamente compartilhados.

O triangular, através da aceitação da falta, permite ao outro ser diferente e construir o novo em cima dessa diferença. Essa forma de amor parte da falta e se abre para a criação.

Assim, o verdadeiro desafio que se apresenta para a relação entre os sexos, hoje, é o de criar liberdade no próprio interior da relação, evitar a armadilha dos comportamentos forçados e desenvolver um projeto em que a opção de avançar ou retirar-se esteja presente, sem ameaçar a identidade e a bagagem subjetiva conquistada.

5 Transtornos narcísicos e sua relação com a violência[8]

A procura do amor, a satisfação de necessidades e a vontade de viver são o que leva o indivíduo à procura do objeto e abre espaço para o desejo e a fantasia. A realidade só pode ser investida se possibilita alguma forma de prazer e satisfação. Inversamente, a tendência a desprender-se do outro, a aniquilá-lo na sua vida psíquica, sobrevém quando a realidade se torna traumática para o sujeito, fonte de frustrações e de ódio.

A realidade social atual, dentro da qual se destaca a premência das exigências socioeconômicas e um neoindividualismo exacerbado, coloca à prova a capacidade dos indivíduos para enfrentá-los. Como não faltam os fracassos, entra em jogo a economia narcisista que tenta amenizar as dificuldades do eu com a realidade.

8 Apresentado na mesa-redonda *Transtornos narcísicos*, promovida pelo Programa de Estudos Pós-Graduados em Psicologia Clínica da PUC-SP, em 2002.

É na tensão entre o individualismo atual e as exigências da realidade que se produzem as chamadas patologias narcísicas. Julia Kristeva (2002) descreve muitos pacientes de hoje como tendo uma fachada superficial histérica ou obsessiva, que os torna semelhantes aos pacientes clássicos, sob a qual afloram rapidamente "enfermidades da alma" as quais evocam, sem confundir-se com ela, a impossibilidade dos psicóticos para elaborar traumas insuportáveis. Para estas dificuldades de *representar*, para este vazio interior, que sinaliza a insuficiência elaborativa resultante das vicissitudes dos processos de interiorização, os analistas - diz Kristeva - inventam novos termos: transtornos narcisistas, sobreadaptados, *borderlines*, etc. São, sim, produto dos novos tempos, mas, não deixam de ser, também, variantes contemporâneas das carências narcísicas próprias de todas as épocas.

Heinz Kohut (1971) caracteriza essa problemática da subjetividade contemporânea como própria do Homem Trágico, diferente do Homem Culpável compreensível por meio da metapsicologia das neuroses de transferência analisadas por Freud. Trata-se, para ele, de configurações metapsicológicas diferentes, resultantes de processos constitutivos e patogenéticos igualmente diferenciáveis. As condições da vida familiar, frequentemente associadas ou superpostas à atividade produtiva, à intimidade doméstica compartilhada e à proximidade dos corpos, alentavam os conflitos de desejo e proibição descortinados pela psicanálise. Na contemporaneidade, a pouca frequência de contatos, o distanciamento no espaço e a pouca visualização da atividade dos pais torna-os distantes e abstratos, induzindo uma problemática centrada nas dificuldades de identificação, autorreconhecimento e valorização.

Quando prevalecem os conflitos narcisistas, as pessoas se centram mais em si mesmas, sofrem de ambições desmedidas, fantasias grandiosas e necessidade de reconhecimento e admiração dos outros, o que as torna sumamente sensíveis a desilusões e fracassos.

A configuração das relações de objeto é muito variável, mas a função que desempenha o objeto na economia narcísica é decisiva para sua compreensão. A quebra do equilíbrio narcísico manifesta-se na forma de risco de fragmentação (medo de um colapso), perda de vitalidade e diminuição do valor do eu. Quando ocorre a depressão, predomina uma angústia difusa e um sentimento de vazio interior. As queixas mais frequentes se referem à dificuldade de regulação da autoestima, às variações de humor, desânimo, hipocondria, transtornos do sono e do apetite.

Muitas dessas pessoas que sofrem de perturbações narcísicas vivem em estado de ansiedade constante e vivenciam as demandas da realidade exterior, especialmente quando estas provêm de sua relação com os outros, como uma ameaça permanente para seu frágil equilíbrio psíquico. A tendência ao isolamento é sentida como proteção em relação a um ambiente que percebem hostil e frente ao qual reagem também com hostilidade. Esse reforço do narcisismo aparece reativamente frente a uma integridade egoica que sentem ameaçada. O problema com o qual se defrontam é ter que assimilar algum aspecto da realidade que questiona ou ameaça fortemente sua identidade ou sua autoestima, enfrentando-os com o risco de ficarem expostos e indefesos em uma situação em que perderam o domínio. A ruptura de códigos e a diluição dos sistemas de reconhecimento incrementam a fragilidade identitária.

A reação narcisista pode aparecer inicialmente por meio do desenvolvimento de uma sensibilidade paranoide com incremento da projeção para o exterior da fúria, do ódio e de impulsos destrutivos. Ou na busca de apagar sensações por meio do álcool, das drogas ou no isolamento extremo para não serem perturbados. Em alguns casos ocorre uma oscilação entre o retraimento narcisista sobre si mesmo e o investimento libidinal direcionado aos objetos, o que os leva a uma batalha interior entre a angústia, a dor e o ódio.

A perda traumática de algum objeto idealizado, de alguma posse valorizada ou da própria autoestima, ameaça destruir o funcionamento egoico, especialmente quando o indivíduo perde a possibilidade de um outro que o contenha em vínculos de intimidade, segurança e confiança. Pode estar em jogo, nesses casos, a falta real de substitutos, ou a incapacidade para ser ajudado, mesmo tendo a possibilidade de encontrar um objeto que venha a dar-lhe conforto.

A reação pode ser similar em casos de angústia frente a uma fantasia de fusão devoradora com o outro. Nas duas circunstâncias, tanto a de não contenção por afastamento ou perda, como a de angustia de aniquilamento por aproximação excessiva, o sujeito terminará construindo defesas narcísicas frente ao pânico de uma ameaça a seu sentimento de identidade. Por vezes, a violência emerge como sinal de que toda contenção tem sido abolida. A agressividade, nessas situações, pode ser considerada raiva narcisista, ou seja, defesa de um *self* vulnerável e, por isso mesmo, hipersensível.

O indivíduo vulnerável do ponto de vista narcisista responde à ferida narcísica real com um retraimento vergonhoso (fuga) ou com fúria narcísica (luta). A fúria narcisista manifesta-se de muitas formas como, por exemplo, a necessidade de vingança, de fazer justiça, mas o que chama a atenção é a compulsão e a inflexibilidade na consecução de tais metas. Essa seria uma característica que as diferencia de outros tipos de agressão.

Um paradoxo do funcionamento narcisista consiste em que, quando se perde a possibilidade de ser contido pelo objeto ou pelo entorno, as ansiedades e os anseios do indivíduo o levam a permanecer "fixado" ao outro ou à realidade frustrante ou traumática. Essa curiosa reação pode ser observada nas crianças e nos melancólicos, em quem o terror frente à perda insuportável não provoca a fuga, senão a fusão com o objeto ou com a situação ameaçadora.

A afirmação de que *por trás da força do narcisismo se encontra a fragilidade do eu* parece resumir bem o cerne da questão tanto teórica como clínica presente nessa problemática. "A dinâmica fundamental do narcisismo – diz Giddens (1995) – poderia ser mais a vergonha do que a culpa. Os sentimentos alternantes de magnificência e falta de valor com que o narcisista é obrigado a se confrontar são essencialmente uma resposta a sua frágil identidade egoica."

Para Kohut (1971), a angústia de desintegração é a angústia central. Corresponde a um déficit, a um traumatismo por defeito, dado pelas falhas do objeto externo em satisfazer as necessidades narcísicas. Opõe-se à tese do conflito, que ele remete, como vimos antes, às patologias da época precedente. E se opõe também às posições pós-freudianas que sustentam que o narcisismo das patologias contemporâneas é defensivo ante as pulsões ou a alteridade.

Qual é o elemento distintivo que permite construir os transtornos narcísicos como categoria psicopatológica?

Hugo Bleichmar (1997) trabalha longamente essa questão. Para ele, a especificidade do narcisismo na clínica reside no *sistema de significações ou perspectivas* desde o qual se organiza a captação de qualquer atividade, pensamento, sentimento ou tipo de vínculo. Tudo é vivido em termos valorativos do sujeito, de como se situa dentro de uma escala comparativa de virtudes ou defeitos e de superioridade-inferioridade em reação a modelos ideais ou a personagens que representem esses modelos.

Por exemplo, frente a uma doença, o sistema de significações fóbico levaria o paciente a temer a morte. Desde um código paranoide, poderia pensar que alguém provocou a enfermidade e, dentro do código narcisista, o que sente é inferioridade por ter um corpo que é considerado fraco e com tendência a adoecer.

Consideram-se transtornos narcísicos tanto os casos em que a autoestima está aumentada (sentimentos de grandiosidade, de ser alguém excepcional) como aqueles outros em que o sujeito se sente profundamente inferior, inseguro em qualquer atividade que faça.

Para Kohut (1971) e a psicologia do *self*, destacam-se a dificuldade ou o fracasso na sustentação da autoestima, o sentimento de inferioridade, a tendência a depender de figuras das quais o sujeito recebe admiração e com as quais tenta fusionar-se e, como condição geral, a dificuldade em manter um *self* coeso.

Voltando a Bleichmar (1997), temos duas patologias bem diferentes: a *hipernarcisização*, com sentimento básico de megalomania, e o *déficit de narcisização*. No caso de *hipernarcisização primária*, trata-se de crianças que foram tratadas pelos pais como deuses, que se identificaram com pais megalômanos que depositaram nos seus filhos seu próprio sentimento de grandiosidade.

A denominação de *hipernarcisização primária* se dá para marcar que não resulta de uma compensação defensiva do psiquismo frente a traumatismos narcísicos, e sim de uma identificação primária com a grandiosidade dos pais e com a imagem que os pais tinham dele.

Kernberg (1975), entretanto, caracteriza o transtorno narcisista pelo mecanismo defensivo do sujeito que, não conseguindo tolerar a dependência por inveja, constrói um sentimento de grandiosidade que mantém graças ao ataque dirigido aos objetos internos e às figuras externas. Trata-se de uma *hipernarcisização secundária compensatória*, produto do conflito que a inveja promove com agressividade contra o objeto interno e externo. Kohut (1971) enfatiza o que corresponde a um déficit primário de narcisização não compensado por tentativas sempre falidas.

Fica clara a importância de estudar a articulação da *agressividade* e as *tendências libidinais* com a problemática narcisista. Cada uma destas dimensões tem forte influência tanto quando a autoestima está diminuída como quando existe uma hipernarcisização primária. A impossibilidade de saciar a necessidade de domínio provoca a raiva narcisista. A realidade ou o desejo do outro constituem-se em obstáculos para essa realização.

Dependendo do predomínio das tendências agressivas ou amorosas geram-se perfis clínicos diferentes. Rosenfeld (1964) denominou *narcisismo destrutivo* o que observou em certos pacientes que, por inveja e rivalidade, atacam o objeto, servindo essa potência destrutiva de suporte ao sentimento megalomaníaco. Antes de serem amados ou admirados, preferem ser temidos. A grandiosidade não se alcança por meio do amor do objeto, senão através do respeito que o medo de seu poder seria capaz de inspirar. É a grandiosidade dos ditadores, que habitam frequentemente, como modelos ou figuras de identificação, a imaginação e os devaneios desses pacientes.

Na modalidade libidinal, vemos um sujeito expansivo, que engloba os outros em sua megalomania, que os quer dentro do circuito de admiradores, mas que, se não consegue esse objetivo, deixa-os de lado sem os atacar e passa a buscar outros admiradores. Precisa dos outros como acompanhantes ou parceiros momentâneos do clima de exaltação e de festa que conseguiu criar a partir de seu interior. Os outros não são percebidos em sua individualidade e autonomia, e sim como complemento de uma satisfação autocentrada.

O dano que produzem é por desatenção e frustração do objeto, mas sem ter uma intencionalidade agressiva. Não existe o prazer de fazer sofrer próprio da modalidade *destrutiva*.

Um autor contemporâneo, Philippe Jeammet (1998), põe a ênfase na observação de que existe, nas manifestações da violência, uma relação em espelho entre quem atua e quem a padece. Esta especularidade mostra que a problemática narcísica está presente. Em geral, o sujeito que atua a violência sente-se ameaçado na sua subjetividade, na sua identidade, e pôr em jogo a violência é uma forma de recuperar o domínio fazendo padecer ao outro o que se tem sofrido. Esse seria um caminho para entender os atos violentos. Nas patologias vinculadas com a violência vemos que uma ameaça narcisista será respondida por uma tentativa de recuperação, por meio da ação contra o outro ou contra si mesmo – tentativa de recuperação masoquista da violência padecida. Seria uma defesa em relação a uma ameaça contra o narcisismo e a identidade do sujeito, representada inicialmente por um agir intrusivo que impediu a consolidação de uma interioridade estável e diferenciada no processo de constituição subjetiva. O fenômeno que desencadeia a violência, mais uma vez, está vinculado à ameaça narcísica e da identidade. São as carências narcisistas e as falhas da identidade que produzem uma situação de vulnerabilidade que leva à violência. A violência é encarada, nessa perspectiva, não como um excesso de energia, mas como uma energia que não pode derivar-se por uma rede de deslocamentos que permitiria um trabalho de diferenciação qualitativa, e que, condensando-se, conduz a uma necessidade de descarga contra si mesmo e contra o outro. São conceitos que remetem às ideias de André Green (1988). A violência é, assim, uma perda do trabalho de diferenciação que salvaguarda a própria identidade, sendo que esse trabalho somente se tornará possível pela presença diferenciada de um terceiro que opera como referência.

Desde 1914, em "Introdução ao narcisismo", Freud começou a pensar sobre o papel de uma instância crítica interior na regulação da autoestima. Sua gênese e sua constituição eram complexas, envolvendo uma herança do narcisismo primário infantil e um processo de internalização do olhar e do discurso dos pais endereçados à criança.

Em "Psicologia das massas e análise do eu", de 1921, Freud, que ainda não tinha desenvolvido o conceito de superego e utilizava o de ideal do ego, assinala que os seguidores do líder colocam no próprio líder seu ideal (do ego). Isso também acontece na paixão, quando o namorado delega ao objeto de amor as funções que habitualmente realiza o superego ("Teus desejos são, para mim, ordens").

A existência de um superego colocado na figura externa à qual se delegam funções, ou de um superego projetado no outro porque permite lidar mais facilmente com a culpa, são alternativas que encontramos em sujeitos em que essa instância ideal já se constitui como estrutura intrapsíquica.

No entanto, segundo Kohut (1971) existem pessoas nas quais o superego permanece no estado pré-estrutural, sem interiorização das normas e ideais, ou não tendo sido catexizado com libido idealizante. A figura externa, em consequência, continua sendo a que gera representações normativas no sujeito e exerce as funções do superego.

Kohut descreveu a forma em que o objeto que denominou *objeto do self* cumpria as funções de especularização – admirar o sujeito – e a de ser uma imagem parental idealizada com a qual o sujeito podia identificar-se e gozar dessa idealização. Para ele, essas funções, que correspondem primariamente ao objeto externo, são interiorizadas posteriormente pelo sujeito, transformando-se em estruturas intrapsíquicas. Isso só pode ocorrer nas condições em que a frustração com o objeto externo é gradual e não maciça, pois, à medida que o sujeito vai se desiludindo do objeto externo, pode ir se apropriando aos poucos das funções que ele cumpria.

Outras pessoas, pelo contrário, quando lhes falha o objeto externo como suporte do narcisismo, voltam-se para si mesmas, rejeitam o objeto, tornam-se arrogantes, narcisizando-se desde seu próprio superego para demonstrar-se que são mais valiosas que o objeto, ao qual passam a rejeitar ativamente. É o que Kohut (1971) descreve como *apelação defensiva a um* self *grandioso*, soberbo, insensível ante o objeto externo, para não sofrer o que se sente como falta de empatia e de reconhecimento por parte do objeto.

Podemos dizer que a patologia narcisista resulta, por um lado, de um código desde o qual se capta o sujeito (a pergunta seria: qual é meu valor?) e, por outro, das características de três subestruturas do psiquismo: representação do *self*; ambições e ideais; e consciência crítica. Essas três subestruturas, em sua articulação, darão o balanço da autoestima.

No equilíbrio narcísico a ferida narcísica tende a ser reparada por meio da relação de apego e através do sistema de valores. Em geral, o sistema de valores é um dos reguladores de nosso equilíbrio narcísico. Quando se alteram os valores nos quais acreditamos – os ideais –, é a imagem de si mesmo que se abala. Esse desabar narcísico tende a gerar reações violentas.

A violência não seria um excesso de energia, mas uma energia que não pode expandir-se em uma rede de deslocamentos que permitiria um trabalho de diferenciação. Pelo contrário, quando se concentra produz uma necessidade de descarga contra si mesmo e contra o outro. Na violência perde-se o trabalho de diferenciação que é necessário para sustentar a identidade

Frente *à tensão narcísica*, sofrimento pelo sentimento de ser insuficiente em relação aos modelos ideais de perfeição física, moral ou mental, ativam-se no psiquismo movimentos defensivos destinados a compensá-la. Isso obriga a diferenciar mecanismos de defesa, no sentido clássico da expressão, e defesas compensatórias. Os mecanismos de defesa são atividades do psiquismo que tendem a ocultar da consciência aquilo que é intolerável ao sujeito: o não aceito é recalcado, negado, projetado, mas permanece no inconsciente.

Na patologia narcísica, o sujeito sente-se inferior, mal consigo mesmo, mas esse mal-estar fica alheio a sua consciência. No caso das defesas compensatórias, no entanto, o psiquismo é capaz de construir uma realidade psíquica que tenta diminuir ou anular o sofrimento narcísico. Bleichmar (1997) enfatizará que a defesa compensatória será bem-sucedida à medida que ative representações inconscientes de um *self* ideal – talvez o *self* grandioso a que se refere Kohut

(1971). O que ele salienta é que não se trata de um mecanismo de defesa que opera *entre* os sistemas pré-consciente e inconsciente, mas sim de uma transformação no próprio interior do inconsciente.

As diversas formas em que se pode manifestar a tensão narcisista – sentimentos difusos de mal-estar do sujeito consigo mesmo, de desvitalização, de vazio, apatia, inferioridade, etc. – impulsionam diferentes movimentos para sair desse estado penoso. Eles vão desde a utilização do objeto como forma de obter um sentimento de valia até a obtenção de um prazer muito primário, corporal, que possa proporcionar um mínimo de satisfação. Sexualidade compulsiva, ingestão patológica ou o masoquismo erógeno são manifestações disso, que permitem ao sujeito voltar a relacionar-se com o prazer depois da perda de interesse que a depressão ocasiona.

Quando nos vemos frente a um quadro de anorexia, ou diante de formas compulsivas de sexualidade, condutas exibicionistas ou dependência com respeito a objetos idealizados, ou frente a uma agressividade com prazer sádico nas relações interpessoais, devemos nos perguntar se, por trás dessas manifestações patológicas, não há um sujeito com sentimentos de inferioridade, de vazio e de desvitalização, para quem tudo é preferível antes de permanecer preso a sentimentos tão dolorosos.

No caso de as angústias narcísicas serem as determinantes, só sua elaboração psíquica permitirá alguma modificação das condutas patológicas que são sua consequência. Por isso, se estamos frente a uma anorexia nervosa, na qual o sujeito tenta compensar, com uma determinada imagem corporal, um transtorno narcisista de outro tipo (por exemplo, sentimentos de não ser querido), o fato de nos centrarmos no sintoma alimentar, deixará o transtorno de fundo, impedindo o avanço do processo terapêutico. A isto se acrescenta o risco de trocar uma sintomatologia por outra como adicção, sexualidade compulsiva ou procura incessante de vínculos.

Os pacientes narcisistas são sumamente suscetíveis às falhas de percepção ou de empatia por parte do analista. Exigem uma atenção seletiva às vicissitudes de sua autoestima, reclamam se não são levados em conta seus pontos fracos para não se sentirem exigidos ou confrontados em questões que suscitam sentimentos de impotência e de angústia. Os narcisistas são pessoas que sofreram decepções na relação com os pais, as quais deixaram marcas, feridas. É por reação a essa decepção que "escolhem" se amar. Pretendem que as interpretações do analista sejam claras, precisas e sem ambiguidades. Ao mesmo tempo, eles não mantêm um zelo equivalente nas suas comunicações, nem levam em conta as necessidades do analista de se situar a partir dos dados fornecidos. São impacientes e gostariam, na verdade, de não precisar falar para serem entendidos. De fato, as possibilidades empáticas do analista serão cruciais para o estabelecimento e o desenvolvimento do processo terapêutico.

Kohut (1971) insiste também sobre o fato de que as inevitáveis falhas dessa empatia, à medida que sejam graduais, conduzem a uma quebra na depositação das funções complementares no outro, conduzindo a uma internalização da capacidade de reconhecimento e à consolidação de um ideal de ego autônomo.

Os autores kleinianos (Rosenfeld, [1964-65] ou Kernberg [1975; 1986]), que, como vimos antes, enfatizam o papel da agressão, da inveja e dos ataques ao objeto no conflito intrapsíquico e interpessoal, sustentam que é essencial encarar desde o início a transferência negativa e a hostilidade não aceita pela consciência mediante a interpretação sistemática desses aspectos.

Sob tal perspectiva, esses autores tratam os transtornos narcisistas como o fariam com qualquer outra patologia: fazer consciente o inconsciente, deixar descobertos os desejos agressivos e a rivalidade edípica ou pré-edípica, observando como esses conflitos se desenvolvem com o terapeuta e com as figuras significativas do paciente. A elaboração desses aspectos conduzirá a uma diminuição do posicionamento grandioso, entendido como uma tentativa defensiva de compensar ou diminuir a intolerável superioridade do rival edipiano ou como rejeição da inevitável dependência do objeto.

As diferentes perspectivas psicopatológicas e terapêuticas que temos descrito nos permitem entrever não somente a complexidade desses quadros, mas também as dificuldades que devem enfrentar os analistas ao tratar um tipo de pacientes que se apresenta com frequência crescente em sua clínica.

A compreensão das vicissitudes de sua vida psíquica e das necessidades, ansiedades e paradoxos que impregnam seus vínculos podem ajudar a lidar com as dificuldades da transferência e a admitir uma maior plasticidade no manejo do *setting* analítico.

Reconhecer, finalmente, na emergência dessas patologias, as características de um sintoma analisador das tensões e conflitos de um contexto sociocultural comum, que nos constitui em simultaneidade, permite articular a violência intrasubjetiva que neles observamos com aquela que atravessa os diversos espaços: a dos vínculos cotidianos, a que existe no interior das casas, a que existe nas ruas e a que invade as relações entre países e raças. Essa articulação ajuda a aprofundar a dimensão crítica que é consubstancial à psicanálise desde seus primórdios.

6
A depressão como sintoma da atualidade[9]

Uma forma interessante de pensar as depressões na atualidade é no contexto de uma possível psicopatologia de massas. O termo em si pode parecer contraditório, porque tanto a psiquiatria quanto a psicanálise caracterizam-se pelo estudo detalhado, pela identificação de traços distintivos, pela descrição de fenômenos específicos. Valem-se, assim, de uma sistemática que procura estabelecer em cada paciente o que o diferencia da massa, do coletivo, dos outros, encarando cada caso como algo irrepetível.

Mas a saúde mental não está imune à influência do chamado "mercado global". Não que o protagonismo do indivíduo que marcou a modernidade tenha desaparecido; o que tem se produzido é um câmbio de escala. O indivíduo passa a ser contado como um a mais no universo do qual

9 Publicado originalmente no livro *Psicanálise em trabalho*, organizado por Flávio Carvalho Ferraz, Lucía Barbero Fuks & Silvia Leonor Alonso (São Paulo: Escuta, 2012; pp. 197-207).

faz parte, considerado, sobretudo, pelo que tem em comum com os coabitantes desse universo. Desaparecem, assim, as singularidades, surgindo uma vivência de massificação com uma consequente desestabilização da trama simbólica.

Essa configuração de universos cada vez mais amplos tem dado espaço ao uso sistemático de instrumentos de avaliação e comparação considerados adequados às suas gigantescas proporções. Hoje, podemos testemunhar uma revalorização dos questionários, dos testes e, mais ainda, a consolidação da força das estatísticas.

O grande crescimento do diagnóstico de depressão se situa, por lógica, no macrocontexto dessa globalização. Apesar de sua imprecisão semiológica e da indeterminação de sua extensão como conceito, a depressão tende a se tornar um dos significantes privilegiados com que nossa época pretende nomear o mal-estar que, freudianamente, reconhecemos como inerente à civilização.

Uma das consequências disso é passar a pensar o sujeito deprimido em termos laborais, ponderando sua baixa produtividade, sua necessidade de períodos prolongados de licença etc. Os antidepressivos surgem não só para "resolver" esses impasses, mas também como instrumento para o diagnóstico diferencial. Tudo o que seja "curado" pelos antidepressivos será nomeado como depressão, seja clinicamente evidente ou não.

Sem me estender justamente nas estatísticas que estamos questionando, cito como exemplo os Estados Unidos, onde, supostamente, 18,8 milhões de pessoas ao ano sofreriam uma desordem do tipo depressivo. O levantamento, somado a outros semelhantes, levou a Organização Mundial de Saúde a prognosticar que, em 2020, a depressão representará a segunda causa de invalidez mais frequente, atrás apenas das doenças cardíacas. Do mesmo lado desse processo, caminha a indústria farmacológica norte-americana, que se beneficia enormemente com o excesso de medicação, a ponto de superar em lucros os poderosos grupos do complexo militar-industrial.

Se tomarmos, na atualidade, a noção de transtornos depressivos, inverte-se a lógica que serve de guia para a sequência das descobertas científicas: primeiro encontra-se o remédio, e só depois, a doença. A medicação antidepressiva passou a ser utilizada para uma variedade de fenômenos e prescrita tanto no âmbito da psiquiatria quanto em outros, como na endocrinologia, na ginecologia (como "prevenção" da menopausa) e alguns mais. A indicação mais corriqueira tem sido a de se tomar um antidepressivo durante o dia, associado com a administração noturna de um ansiolítico (dupla fluoxetina – clorazepan). Podemos dizer que a combinação se transformou em um instrumento sistemático para abordar grande quantidade de queixas e mal-estares presentes na clínica médica geral. Assim, os antidepressivos se tornaram tão corriqueiros quanto os ansiolíticos para logo serem adotados quase sem nenhuma indicação médica.

Devemos reconhecer que nosso tempo não facilita a elaboração dos lutos. Não temos tempo para a tristeza. Tem sido melhor partir para substituições rápidas, dada a fartura de objetos de consumo que nos serve de consolo e o recurso virtual que também responde às nossas mais diversas fantasias. São tempos acelerados esses, em que vivemos; tempos que promovem a mania, a fuga em ação.

Se a depressão está na moda, como postula Soler (1991b), podemos acrescentar que isso se deve justamente ao fato de não existir tempo para o luto. A ordem atual é medicalizar a tristeza, a dor, a angústia. Paralelamente, a depressão se torna uma queixa das mais frequentes, com os pacientes se adaptando ao discurso social dominante.

É delicada nossa posição como psicanalistas. Ao mesmo tempo em que devemos criticar essa indústria de diagnósticos, também nos cabe defender o direito à depressão, permitindo que ela ganhe espaço como expressão do mal-estar e como sofrimento a ser escutado, e não como sintoma a ser resolvido. Para a psicanálise, a depressão como entidade clínica não existe; não há uma "depressão no singular", mas sim estados depressivos compatíveis com as diferentes estruturas clínicas.

Para Lacan (1962-63), o afeto depressivo não é uma categoria ou entidade clínica, mas um estado caracterizado pela posição do sujeito quando cede a seu desejo. Quando isso acontece, o sujeito se deprime, perdendo a satisfação de desejar. A "dor de existir" incomoda. Frente a esta dor, inerente ao sujeito, com a qual ele tem que se confrontar na construção da subjetividade, a época oferece uma variedade de artifícios para tamponar e afogar a angústia que necessariamente surge.

O mandato cultural da nossa época nomeia com o termo "depressão" o que poderia ser o reconhecimento vital da castração, o reconhecimento do impossível que está sempre em jogo. Se não se submete a esse imperativo do Outro social, o sujeito fica desadaptado, incapacitado, inabilitado, excluído: "está deprimido". Muitos diagnósticos de depressão são leituras equivocadas dos efeitos da perda na subjetividade. E essas "leituras defeituosas" respondem ao mal-estar que produz, nos agentes legitimados como representantes do grande Outro social, o confronto com a dor de existir.

O luto é sempre um momento de dor, já que o sujeito se depara com a dor de existir associada a uma perda real.

Allouch (1996) afirma que "o luto não é mudar de objeto, senão mudar a relação com o objeto (amado e perdido). Tenta-se forçar a resolução de um luto sem respeitar a subjetivação da perda" (p. 19).

Freud (1923) sustenta que, apesar da renúncia à satisfação da pulsão, o desejo persiste e é percebido pelo superego. Como consequência disso, desenvolve-se o sentimento de culpa, o que explica, por exemplo, que a severidade da consciência moral aumente quanto mais virtuoso seja o sujeito.

A relação do indivíduo e seu meio é fonte de satisfação, mas também de conflitos. Em "O mal-estar na cultura", Freud (1930) faz uma reflexão sobre o modo como as exigências da satisfação pulsional encontram suas possibilidades e seus limites nas condições da cultura. A cultura tenta regular as relações entre os indivíduos, mas para possibilitar a vida em comum se faz necessária uma renúncia ou uma postergação do pulsional, o que significa que devemos articular o social e o pulsional, sendo o social o que aparece limitando a satisfação.

No entanto, Freud reconhece que os vários modos de limitar as exigências pulsionais – como as regulações dos laços amorosos, identificação e certas restrições à vida sexual – não conseguem eliminar o mal-estar. O pulsional, que se tentou regular, reaparece e transborda.

Podemos afirmar que na modernidade ainda funcionava um ideal de subordinação do individual às regras racionais coletivas. Na contemporaneidade, isso perdeu o sentido e os valores que nos regem têm muito mais a ver com a realização pessoal e com a prevalência das singularidades subjetivas que nos impulsionam a desfrutar o máximo da vida. O que caracteriza a hipermodernidade é justamente sua íntima relação com o consumo e com o efêmero. Vivemos na sociedade do hiperconsumo, onde os indivíduos são regidos pelo vazio e se debatem entre a euforia e a depressão.

Lipovetsky (2002) apresenta o que considera uma "segunda revolução individualista", direcionada a conseguir um processo de personalização. Nesse trajeto, o autor vê a ilusão do individualismo que promete poder resolver o mal-estar, mas também encontra seu limite.

Bauman (2006), por sua vez, demarca a noção de individualidade e a criação de identidade – uma vez que, caídos os relatos políticos que davam consistência e identidade ao coletivo de sujeitos, passa-se a uma constante procura de identificações. A *sociedade líquida* é a sociedade da pressa, na qual a construção dessa identidade está ligada ao consumo e à satisfação imediata.

Se a depressão é uma forma de expressar o mal-estar na época atual, requer da nossa prática saber o que fazer em relação a ela. Para Lacan (1962-63), a depressão é uma covardia moral, um afeto que deixa o sujeito paralisado e inerme frente à questão ética da eleição entre gozo e desejo. Saber atuar diante disso supõe examinar de que forma a psicanálise pode abrir um espaço para a angústia, sem receio de se servir dela, já que possibilita a emergência de um sujeito em seu laço com o objeto.

No início de todo processo melancólico, percebe-se uma radical perda de sentido que corresponde a uma claudicação do sujeito frente ao mundo exterior. A explosão imaginária implica, na clínica da melancolia, algumas consequências: carência de vontade, lentidão do tempo, ausência de qualquer outra saída que não a morte, já que uma reverberação crítica culpabiliza o tempo todo.

Em "Psicologia das massas e análise do eu", Freud (1921) propõe uma hipótese explicativa dos processos de mania e melancolia:

> Do ponto de vista da nossa análise do ego, não resta dúvida de que, no maníaco, o ego e o ideal do ego se fundem de forma que o sujeito, dominado por um sentimento de triunfo e de satisfação não perturbado por sua crítica, sente-se livre de toda inibição e protegido frente a qualquer recriminação ou remorso. A miséria do melancólico, pelo contrário, constitui a expressão de uma oposição aguda entre ambas as instâncias do ego; oposição na qual o ideal manifesta de forma implacável sua condenação do ego através da culpa e da humilhação. (p. 125)

Anos depois, em "A perda da realidade na neurose e na psicose" (1924b), Freud situa a melancolia dentro das "neuroses narcísicas", entendendo que o conflito que dá origem a este quadro acontece dentro do próprio ego – isto é, entre o ego e o ideal do ego. A fenomenologia que apresenta do melancólico está caracterizada por alguns elementos constantes: o desinteresse dos sujeitos pelo mundo exterior, a inibição de quase toda atividade e a perturbação do sentimento de si mesmo, que se traduzem nas operações de se autodenegrir e se autorrecriminar.

É esse o traço que a diferencia do processo de luto: na impossibilidade de investir libidinalmente outro objeto, a libido se retira para o ego, o qual se identifica com o objeto perdido: "a sombra do objeto cai sobre o ego".

Freud separa a neurose obsessiva da melancolia dizendo que, das três premissas da melancolia – perda do objeto, ambivalência e regressão da libido ao ego – as duas primeiras encontramos nas recriminações obsessivas diante de acontecimentos de morte. Na neurose obsessiva, por sua vez, o luto segue seu curso, não se produzindo a identificação com o objeto perdido.

Já destacamos que, para a corrente lacaniana, a melancolia responde a uma forma da forclusão, à medida que os estados depressivos se vinculam à relação do sujeito com seu desejo, adquirindo uma forma particular para cada tipo de neurose. Na neurose obsessiva, a autopunição, a inibição geral intensa e a perda de desejo caracterizam os estados depressivos. Na neurose histérica, a falta de amor é vivenciada como uma perda de si mesmo; a não identificação à imagem fálica e a redução do sujeito à condição de produto restante deriva na tristeza depressiva. Para Soler (1991b), esse quadro depressivo é a forma predominante que a queixa histérica assume na atualidade.

Se o desejo é uma defesa frente ao gozo, o sentimento depressivo é uma forma de gozar e, como diz Lacan (1959-60), o sujeito é feliz em seu gozo. Assim, as depressões fazem parte das estruturas neuróticas, mas é preciso entender sua singularidade. Não se confundem com estados de ânimo, tais como a tristeza, o abatimento, o desânimo, embora todos estes igualmente participem do sofrimento depressivo. Também não se confundem com as ocorrências depressivas esporádicas a que todo neurótico está sujeito em razão de perdas, fracassos ou lutos mal elaborados.

Fédida (2002), que considera a *depressividade* (em oposição aos estados depressivos) uma qualidade fundamental, senão a própria condição do trabalho psíquico, afirma que "a psicanálise freudiana constitui, com sua psicopatologia e sua clínica, a única tentativa para manter no centro da experiência humana a função de uma negatividade (pulsão de morte, destrutividade, culpabilidade, masoquismo originário), entrando na compreensão da subjetividade da vida psíquica" (p. 14). Afirma ainda, que na origem da depressão, encontra-se uma questão do sujeito com o tempo: ele, sujeito, não consegue entrar em sintonia com o tempo do outro, daí a importância da lentidão que caracteriza o percurso de uma psicanálise para pessoas deprimidas.

Para o psicanalista francês, a depressão é um "afeto" cuja característica seria a alteração do tempo, assim como a perda da comunicação intersubjetiva e um extraordinário empobrecimento da subjetividade. A tristeza acompanha o estado deprimido, mas, de certa forma, já representa uma volta ao movimento, uma reanimação da vida, sendo que o que caracteriza a depressão é a sensação de vazio e aniquilamento. São necessários dois para se curar do isolamento e do vazio interior.

"Temos que estabelecer uma diferença entre a depressividade inerente à vida psíquica e o estado deprimido, que representa uma espécie de identificação com a morte ou com um morto", diz Fédida (2002, p. 14). O trabalho analítico tende a reanimar esse vivente psíquico inanimado. Consiste em restituir ao sujeito deprimido sua capacidade depressiva e, assim, sua criatividade psíquica. A *depressividade* ou *capacidade depressiva* tem muita proximidade com o conceito de posição depressiva de Melanie Klein, porque se refere à constituição da experiência de perda e da transformação da vivência interior por ela.

Winnicott (1963), por seu lado, também ressaltou o quanto a capacidade depressiva (que reencontramos na experiência psíquica de retraimento) é geradora de uma atividade criativa de pensamento e ilusão: a descoberta da ausência como retorno da presença é a modalidade primordial da existência do outro como liberdade de si. O tratamento analítico visaria, então, à restituição desta depressividade correlativa à associação livre e à atividade de ligação e desligamento. A depressividade não é o estado deprimido: é a reapropriação do psíquico com suas próprias temporalidades. A capacidade depressiva é também uma capacidade de criação.

Diante de tudo isso, fica fácil compreender que o empobrecimento da vida subjetiva – que resulta nas diversas estratégias contemporâneas de anulação do conflito, seja por via medicamentosa ou pela adesão às ofertas de gozo em circulação no mercado – é cúmplice do atual crescimento dos casos de depressão.

O que decide, durante o atravessamento do complexo de Édipo, a saída pela depressão crônica para alguns sujeitos neuróticos? O que o pequeno sujeito deixou de levar a cabo, em sua constituição, para ter-se tornado, não um histérico ou um obsessivo, mas um depressivo? São essas as perguntas que organizam a pesquisa e o desenvolvimento que Maria Rita Kehl (2009) realiza em seu livro *O tempo e o cão*.

A posição do depressivo decorre de uma escolha, no sentido freudiano de *escolha das neuroses*, que se dá no momento em que o pai imaginário se apresenta como rival da criança, no segundo tempo do atravessamento do complexo de Édipo. A escolha precoce do futuro depressivo seria a de se retirar do campo da rivalidade fálica: ao invés de disputar o falo com o pai (e perder para ele), o depressivo teria preferido recuar, permanecendo sob o abrigo da proteção materna.

O futuro depressivo detém-se a meio caminho do percurso em que os histéricos e obsessivos definem sua posição fantasmática: em vez de enfrentar a rivalidade fálica, na tentativa de reverter a perda que já ocorreu, os depressivos "escolhem" permanecer na condição de castrados. Isso não significa que tenham simbolizado a castração. Tampouco se trata de versões imaginárias da castração entendida como privação ou frustração, e sim de abster-se da reivindicação fálica, colando-se sob o abrigo da castração infantil.

E não significa, também, que inexistam paixões de rivalidade nos depressivos. Se eles recuam, é porque não admitem o risco da derrota nem a possibilidade de um segundo lugar. Ao colocar-se ante a exigência do "tudo ou nada", acabam por se instalar do lado do nada. O depressivo não enfrenta o pai. Ele se oferece à proteção da mãe como objeto indefeso. O gozo dessa posição protegida custa ao sujeito o preço da impotência, do abatimento e da inapetência para os desafios que a vida lhe virá a apresentar.

Não podemos confundir depressão e melancolia, apesar de certas coincidências sintomáticas. A desesperança no melancólico tem a ver com o fato do Outro materno não ter conferido ao recém-nascido um lugar em seu desejo. O melancólico ficou preso em um tempo morto no qual o outro deveria ter comparecido, mas não o fez.

Já o tempo morto do depressivo funciona como refúgio contra a urgência das demandas de gozo do Outro. Como diz Soler (1991b),

> O sintoma não é só um 'modo de dizer', mas, dentro do próprio sofrimento, um modo de gozar, formação erótica substitutiva, modalidade do laço social. O sintoma dirige-se a um outro (seja este o analista ou não) que o neurótico elege como representante autorizado do Outro. A cada civilização correspondem algumas modalidades de gozo para 'suprir a relação sexual faltante'. (p. 154)

Para Freud (1917), na melancolia, a falta de objeto não se inscreve ao longo do atravessamento do complexo de Édipo e sim muito antes, na etapa primordial da constituição do sujeito dominada pela oralidade, pela ambivalência e pela indiferenciação entre o *infans* e a mãe. Assim sendo, o objeto perdido praticamente se confunde com o eu. Ele diz: "sua sombra cai sobre o eu", contra o qual o sujeito dirige seus insultos e sobre o qual o superego imprime seu sadismo.

Para o recém-nascido, a entrada na vida é concomitante à possibilidade de a mãe conferir a seu filho um lugar simbólico. A mãe do melancólico, incapaz de simbolizar o *infans*, não confere a ele o lugar de objeto de sua satisfação completa. Ocupa-se do bebê como de um pedaço de carne, o cuidado é puramente biológico, de modo que esse bebê não é marcado pela identificação fálica. Daí decorre que, na melancolia, a falta de objeto se inscreve precocemente como buraco no cerne do ser. Esse é o furo no psiquismo do qual fala Freud, em vários de seus trabalhos. Faltou ao melancólico a marca da experiência de ter sido o falo para a mãe.

No caso do depressivo, a identificação fálica ocorreu. O depressivo está marcado por ela, pela experiência de ter representado, para sua mãe, o falo e também pela queda desse lugar privilegiado. O depressivo está marcado pela castração, mas não a simboliza. Como preferiu se retirar do jogo, sem ao menos tentar, o depressivo se envergonha de sua impotência. A mãe, na origem da vida psíquica de um depressivo, apressa-se para estar sempre presente. Atropela a temporalidade psíquica da criança, que se torna, em decorrência dessa pressa, lenta e inapetente em sua vida mental.

Agora podemos voltar a considerar as diferenças entre as ocorrências depressivas – na neurose obsessiva e na neurose histérica – da depressão como posição estrutural do sujeito. Na neurose obsessiva, a posição do sujeito no fantasma é a de um eleito. Freud situa o obsessivo como o filho preferido pela mãe, aquele que é chamado para suprir a insatisfação dela, ou na ausência do pai ou nos pontos em que o pai falha em satisfazê-la. O obsessivo, então, defende-se da fantasia incestuosa, tornando-se um combatente em prol de todas as versões imaginárias da Lei. Por simbolizá-la mal, o obsessivo toma a Lei ao pé da letra e é por isso que Kehl (2009) o chama de "paranoico das pequenas causas". A depressão de um obsessivo, no entanto, pode decorrer do fracasso de um investimento nos ideais, no qual ele põe à prova seu lugar narcísico de exceção sem se desfazer das identificações com o pai.

Na histeria, os episódios depressivos decorrem, com frequência, da perda do amor no qual os histéricos apostam muito alto. Nesses casos, a depressão se apresenta com características espetaculares, como uma devastação do ser. Não há dúvida de que a perda de amor atinge o histérico em sua autoestima, mas as tentativas de suicídio nestes casos devem ser entendidas como tentativas de recuperar um lugar, e não como desejo de morte. É preciso sempre considerar, também, o que falamos antes sobre o lugar que a depressão ocupa no discurso social da contemporaneidade, o que facilita o caminho para as identificações dos histéricos com tal quadro.

Após estas considerações, talvez tenha ficado clara uma das principais dificuldades de nosso trabalho como psicanalistas: precisamos de tempo, tanto para possibilitar a aproximação do paciente com sua própria subjetividade quanto para poder pensar a diversidade de formas em que pode se configurar o sofrimento que o conduz até nós.

7
Diferentes momentos da evolução feminina[10]

Estamos vivendo uma época em que os papeis sociais, sua distribuição por sexo e sua valorização relativa estão sujeitos a discussão e a reelaboração permanentes. Sabemos quando isso começou: em meados do século XX e não podemos predizer quando acabará, ou se irá mesmo acabar. Embora essas transformações não possam deixar de envolver tanto mulheres quanto homens, não o fazem da mesma maneira para ambos, nem adquirem a mesma significação, em função da história precedente. Para as mulheres, o mais insólito, em alguma medida fascinante, mas também assustador, é a vivência de uma autodeterminação, ou de uma autonomia na exploração das possibilidades, nas escolhas ou até na criação ou invenção de alternativas. Se por um lado essa abertura às opções pessoais é compartilhada com

10 Publicado originalmente no livro *Figuras clínicas do feminino no mal-estar contemporâneo*, organizado por Silvia Leonor Alonso, Aline Camargo Gurfinkel & Danielle Melanie Breyton (São Paulo: Escuta, 2002, pp. 105-114).

o homem em função de uma promoção do individualismo generalizado próprio da época, por outro, a mulher pode sentir, com objetividade, que está conquistando posições novas e condições igualitárias não somente no âmbito privado, mas também no público.

Neste texto, trabalharei preferencialmente dois autores franceses: Gilles Lipovetsky, filósofo, e Philippe Julien, psicanalista. O primeiro nos orientará na reconstrução de uma história das mulheres, tendo diferenciado nela três momentos ao longo dos séculos. O segundo nos conduzirá a uma análise que leva em consideração, no cenário aqui tratado, a posição ocupada pelo pai.

Partindo de Lipovetsky (2000), constatamos que o primeiro dos momentos corresponde a um longo período de dominação social do masculino sobre o feminino. As atividades valorizadas são as exercidas pelos homens; o masculino é designado por valores positivos e, o feminino, por valores negativos. Uma única função escapa a essa desvalorização sistemática: a maternidade – mas nem por isso a mulher deixa de ser uma "outra", inferior e subordinada, tendo valor apenas a descendência que ela gera.

Ainda assim, isso não significa que as mulheres não tenham poder real e simbólico. Em certas sociedades primitivas as mulheres detêm direitos e poderes não desprezíveis em matéria de propriedade, de vida doméstica, de educação, de redistribuição do alimento. No entanto, e isso pode ser facilmente constatado nos dias de hoje, se as mulheres exercem certos poderes, não assumem em parte alguma os cargos mais elevados, as funções políticas, militares ou sacerdotais, capazes de proporcionar o mais alto reconhecimento social. A partir dessa exclusão das hierarquias institucionais, esses poderes reais se representam como algo ameaçador e temido, induzindo a um reforço da rejeição pela via da inferiorização e do desprezo. Em síntese, poderíamos dizer desse longo período, que a mulher era considerada *um mal necessário*, confinada às atividades sem destaque social.

Só durante a segunda metade da Idade Média é que essa situação começa a ser modificada. Aparece um outro modelo, que deixa de lado a desvalorização anterior, enaltecendo os papeis e poderes da mulher. Um modelo associado à aparição do código *cortês*, que a partir do século XII desenvolve o culto à dama amada e a suas perfeições. Voltar-nos-emos, mais adiante, para a significação desse código de amor.

Em séculos subsequentes, já no início da Era Moderna, esse enaltecimento continua, só que a partir de novos parâmetros. Multiplicam-se os discursos dos "partidários das mulheres", que elogiam seus méritos e suas virtudes. Sacraliza-se a esposa-mãe-educadora. Outros autores sublinham que a sacralização do feminino não se dá, agora, exclusivamente a partir da religião. A maternidade se faz presente como qualidade essencial do feminino no discurso científico referido às diferenças sexuais, e também como um dos suportes morais do novo ordenamento social. Essa laicização relativa das funções maternas, no contexto do casamento, viabiliza o acesso ao prazer erótico como acréscimo pontual não buscado da atividade procriativa.

Evidentemente, essa valorização da mulher não aboliu a realidade da hierarquia social dos sexos. As decisões importantes continuam a ser assunto dos homens, a mulher não desempenha nenhum papel na vida política, deve obediência ao marido e tem negada sua independência econômica e intelectual.

A partir dessas contradições, desenvolve-se no campo do imaginário referido às diferenças entre masculino e feminino, a partir do século XVIII, a ideia de que a força do sexo fraco é imensa, de que ele detém, apesar das aparências, o verdadeiro poder, com o argumento do domínio sobre os filhos e de sua imposição sobre os homens importantes. Nessas circunstâncias, é possível que essa atribuição de poderes malditos ao feminino conduza, por reação, a processos de idealização que contribuem para a edificação do modelo da mulher enaltecida e idolatrada. Nesse modelo que associa valorização e manutenção da diferença hierárquica, as feministas reconhecerão uma última forma de dominação masculina.

Em alguma medida, essa imagem maligna e ameaçadora do feminino materno está presente na teorização psicanalítica referente à imago da mãe sedutora pré-edípica, constitutiva da relação dual, idealizada, ambivalente, a cuja influência deve se contrapor a lei e o poder simbólico paterno. Essa teorização será criticada também pelas feministas por ser considerada falocêntrica e defensora dos poderes do patriarcado.

Na atualidade é que se encontra o terceiro momento na história das mulheres. Haveria, agora, um modelo que comanda o lugar e o destino social da mulher, caracterizado por sua autonomização em relação à influência tradicional exercida pelos homens sobre as definições e significações imaginário-sociais da mulher. A lógica de dependência diante dos homens já não é o que rege mais profundamente a condição feminina nas democracias ocidentais. Enfraquecimento do ideal da mulher no lar, direito à dissolução do vínculo, legitimidade do acesso ao estudo e ao trabalho, direito de voto, liberdade sexual, controle da procriação: são algumas das manifestações da obtenção, por parte das mulheres, da inteira disposição de si mesmas em todas as esferas da existência que constituem o mundo contemporâneo.

Até nossos dias, a existência feminina sempre se ordenou em função de caminhos social e "naturalmente pré-traçados": casar, ter filhos, exercer as tarefas definidas pela comunidade social. Foi esta época, poderíamos dizer, que encerrou essa rigidez: o destino do feminino entrou, pela primeira vez, em uma era de imprevisibilidade e de abertura estrutural. Se é verdade que as mulheres não têm as rédeas do poder político e econômico, não há dúvida de que ganharam o poder de governar-se, podendo viver sem um caminho social pré-fixado.

Pela profundidade e extensão das mudanças, tende-se frequentemente a pensar que está havendo uma perda crescente de nitidez e diferenciação dos papeis femininos e masculinos, uma espécie de mundo unissex. Entretanto, nem a deslegitimação do princípio dos lugares imutáveis de cada sexo, nem as transformações de atitude diante do trabalho e da esfera familiar, permitem dar crédito à tese da indistinção dos papeis sexuais. A variável sexo continua, evidentemente, a orientar as existências, a fabricar diferenças de sensibilidades, de itinerários e de aspirações. O novo não reside no aparecimento de um universo unissex, mas em uma sociedade aberta, em que as normas, plurais e seletivas, são acompanhadas de estratégias heterogêneas, de margens de liberdade e de indeterminação.

O que se propaga não é a semelhança dos papeis sexuais, mas a não diretividade dos modelos sociais e, correlativamente, o poder de autodeterminação e de indeterminação subjetiva dos gêneros. As pesquisas de Lipovetsky levam-no a constatar que, apesar da ênfase libertária do acesso livre ao prazer e à sua expansão, a reivindicação do amor, fazendo parte da relação com o parceiro, continua sendo um traço diferencial presente na mulher desde as épocas anteriores.

Surge, então, a necessidade de entender o porquê da permanência da supervalorização do amor por parte da mulher. Ela foi considerada, muitas vezes, a única saída possível frente a um destino de subordinação, reclusão doméstica e impossibilidade de se inserir em projetos de relevância social, carregado de insatisfação e monotonia. Fazer da dependência amorosa, pelo caminho da paixão, uma experiência de intensificação radical, possibilitaria o acesso a um sentido existencial transcendente.

Lembremos que Freud colocava esta questão em termos conexos, mas um tanto diferentes. Ele considerou que as limitações impostas à mulher, apontadas no parágrafo anterior, somadas à privação de escolha livre do objeto, eram a causa de uma tendência compensatória a voltar-se narcisicamente sobre si mesmas, principalmente se eram bonitas, buscando mais ser amadas pelo outro do que amar o outro. Freud pensava, também, que o desenvolvimento de um amor pleno pelo objeto era uma característica própria dos homens, os quais, havendo renunciado a seu narcisismo, tendiam frequentemente a ligar-se às mulheres que mais fortemente tinham conservado essa posição libidinal. "Tal superestimação sexual" – afirmava – "dá lugar à gênese do enamoramento, esse peculiar estado que lembra a uma compulsão neurótica e conduz, pelo que foi dito, a um empobrecimento do eu em benefício do objeto" (Freud, 1914, p. 85). Freud tendia a universalizar essas afirmações, sem situá-las dentro de uma consideração histórica que se estende para além da análise crítica da emergência e da vigência da moral vitoriana.

A perspectiva que estamos considerando leva a destacar que o código do amor-paixão, desenvolvido ao longo da história a partir de sua emergência inicial como amor cortês, permitiu às mulheres, ao mesmo tempo, obter uma imagem social mais positiva, ganhar uma margem de liberdade e de novos poderes na comunicação amorosa e, mais tarde, na própria escolha do cônjuge.

Pelo menos durante o tempo da corte, a mulher adquire a condição de soberana do homem: já não é tomada nem dada, é ela quem escolhe se dar, quem recebe as homenagens do apaixonado, dirige o jogo e concede, quando quer, seus favores, não podendo o pretendente tomar mais do que a mulher decide ceder. O código do amor baniu as formas de brutalidade e de impulsividade viris, prescreveu atitudes masculinas mais refinadas, mais respeitosas com as mulheres. Atitudes que supervalorizaram o amor, porque ele implica um reconhecimento do direito das mulheres de exercer certa dominação sobre os homens, uma vez que preconiza comportamentos masculinos que levam mais em consideração a sensibilidade, a inteligência e a livre decisão das mulheres.

Por meio do amor, a mulher visa um reconhecimento e uma valorização de si mesma como individualidade plena. Poderíamos dizer que o que sustentou o superinvestimento feminino no sentimento amoroso foi menos um desejo de "destruição de si mesma" (no intuito de se anular, afirmando o ser amado como um absoluto ao qual dedica toda sua existência), do que o desejo de ser reconhecida e valorizada como possessora de uma subjetividade insubstituível, com tudo o que isso implica de satisfações narcísicas. Vemos que esse ponto de vista sobre o "projeto de amor" feminino pode servir para amenizar as afirmações freudianas anteriormente consideradas. E ainda pode ser contraposto à modalidade autoanuladora descrita por ele, como tendência ou vicissitude do amor masculino.

Para Lipovetsky, finalmente, será necessário postular um determinismo complexo que abarca ambos os grupos de motivações e ambas formas de amar. Assim, se dão a ver duas tendências contraditórias que organizam a relação privilegiada da mulher com a paixão romanesca. Uma se inscreve na continuidade do imaginário tradicional que destina a mulher à dependência do outro, ao desapossamento subjetivo, à renúncia de si. A outra abre caminho a um reconhecimento da autonomia feminina, à posse de si.

Esse caminho se harmoniza, na atualidade, com os ideais contemporâneos de realização individual. “Na cultura individualista moderna, o amor é promessa de plenitude de vida, ao mesmo tempo que experiência intensa da unicidade do eu” (Lipovetsky, 2000, p. 49). Entretanto, qualquer conformação de valores pensada na perspectiva de uma ética enaltecedora do coletivo – e isso inclui o princípio de igualdade nas relações pelo que tanto batalharam as mulheres – perde força quando se confronta com as aspirações individualistas de plenitude de gozo na realização pessoal contidas nos ideais de gênero atualmente vigentes.

Outra linha de análise dos processos que afetaram as mulheres quanto aos lugares que ocupam, à regulação de sua vida e de seu destino e aos poderes que exercem ou que se exercem sobre elas, passa por uma consideração das mudanças estruturais no seio das relações familiares que podem ser descritas ao tomarmos, como fio condutor, as vicissitudes da figura do pai.

O termo latino *pater* designa, inicialmente, uma figura de autoridade investida do poder de fundar a sociedade no sentido tanto político quanto religioso. É a partir dessas funções que virá a se constituir como *pater familiae*, pai da família. Por meio de um ato de sua vontade, no qual outorga às crianças o lugar de filhos e assume o lugar de pai, portador de um pátrio poder que detém ao longo da vida toda, é que se funda a família.

Essa estrutura de poder que dá sua forma à família patriarcal como unidade social básica sofrerá progressivamente os efeitos da laicização da sociedade, de sua modernização associada à vigência do discurso científico e da descentralização da autoridade resultante dos processos de democratização. São esses os fatores que, majoritariamente, conduziram ao que se conhece como "declínio do pai". Essa crise do patriarcado não concerne somente à autoridade do pai sobre seus filhos, tornados legalmente livres no dia de sua maioridade, mas provém, também, de um deslocamento de poderes do pai para a mãe, e esse é o ponto que nos interessa mais profundamente nesta análise.

Segundo Julien (1997), tal deslocamento se deu tão lentamente que é somente no final do século XX que nos aparece claramente. Ele analisa, a esse respeito, o papel que teve na sociedade a emergência de três poderes novos – o médico, o judiciário e o do ensino – com capacidade para se interpor entre o homem e a mulher, em proveito desta, em sua relação com a criança e com o adolescente.

Quanto ao poder médico, a grande revolução atual reside no poder dado à mulher de decidir ela própria sobre o nascimento ou não de uma criança. Ela pode exercê-lo graças à descoberta médica da contracepção feminina. Além disso, no caso de concepção não desejada, é a mulher quem decide, com o médico, sobre um possível aborto. A opinião do pai não é requerida.

Já o poder judiciário se mostra a partir de uma evolução histórica legal. O ano de 1889 marca a data da queda do patriarcado na Europa, com a lei que permite a degradação dos pais considerados indignos. Em 1938, o poder marital sobre a esposa é suprimido, e em 1970 se suprime a autoridade paterna, em benefício da autoridade do casal parental. No caso de divórcio ou de separação, o Juiz da Vara de família atribui, cada vez mais, a guarda das crianças à mãe em nome do reconhecimento da importância do vínculo mãe-criança, destacado pela psicologia.

Por fim, o poder do ensino, assim como os outros, se apresenta em um contexto global. No mundo todo, crianças e adolescentes são educados e ensinados, cada vez mais, por mulheres. Encontra-se cada vez com mais frequência mulheres exercendo a função de professoras, psicólogas, pediatras, juízas. Ou seja, ocupam áreas em que o desempenho na relação intersubjetiva é relevante, sendo que, para os homens, os redutos profissionais estão nas áreas que requerem competência técnica.

Pode-se pensar que esse interjogo de poderes foi importante para contrabalançar inicialmente os excessos do autoritarismo paterno, tendendo a garantir que o pai pudesse operar como representante da lei cultural dentro da família e não como aquele que é ou que faz a lei. Como exemplo do contrário, a concentração de poderes na figura de Gotlob Schreber, como autoridade paterna, médica e pedagógica, faz dele a figura todo-poderosa que exerce um governo arbitrário e ilimitado sobre a vida cotidiana de sua família, ganhando uma significação inconsciente central nos delírios paranoicos de seu filho Daniel Paul, tendo este chegado a ocupar um lugar de autoridade jurídica importante na idade adulta.

A queda da imagem patriarcal nos leva a outra questão: o que é ser pai na atualidade? Podemos ver esta questão e talvez respondê-la em torno de várias vertentes.

O ponto de vista social nos leva a tentar definir o “pai de família” quanto aos papeis a preencher e as tarefas a serem cumpridas junto às crianças. Pai seria o provedor, aquele que trabalha e traz dinheiro para casa, com o propósito de sustentar sua família. Essa definição, porém, perde consistência a partir do momento em que a mãe também passa a trabalhar fora do lar, e dessa maneira provê tanto quanto o pai.

Pela função educativa, o pai é aquele que, por sua presença atenta, faz passar a criança da vida familiar à vida social. Mediador entre o privado e o público, ele introduz a criança na condição de adulto, tornando-a capaz de desembaraçar-se de sua mãe.

Mas merece especial consideração a situação do pai no espaço doméstico, em que transcorrem a proximidade e o contato dos corpos e o intercâmbio de olhares e sons que constituem a matéria e a forma da criação. À medida que mudam os hábitos, em que a força da necessidade contribui para quebrar a rigidez de papeis, a presença corporal do pai junto à criança permite repensar seu lugar. Trata-se do cumprimento substituto de uma função que não deixa de ser a materna? Trata-se de um pai próximo e visível que estava velado na configuração dominante anterior? Ou da sonoridade de outra voz, que vem desde muito cedo induzir ou possibilitar a experiência de uma diferença?

Tendemos, imediatamente, a sopesar a importância relativa de todas estas dimensões na conformação da figura do pai, porém acompanhados da sensação nebulosa e incômoda de que “há alguma coisa que está faltando”. Tal é o sintoma da nossa modernidade para a questão do ser-pai, que nos tornamos incapazes de lhe apresentar uma resposta satisfatória e certa, permanecendo restritos a um debate que não encontra sua conclusão.

O declínio social da imagem paterna, cujo efeito subjetivo seria esse "algo que falta" que acabamos de apontar, é o resultado, na história do Ocidente, de um desequilíbrio. Julien traz um ponto de vista parcialmente diferente do de Lipovetsky em relação à natureza do equilíbrio anterior. Durante séculos o poder do pai, enquanto senhor, era mantido para compensar e contrabalançar um outro poder: o da mulher enquanto mãe. Já vimos as cores obscuras e ameaçadoras com que este último foi revestido. Mas, para este autor, é fato que à mulher é atribuída, ao longo da história, uma influência decisiva sobre as crianças, influência que permanece nelas e determina seu futuro. Sabendo disso, as sociedades humanas tradicionais buscam equilibrar tal poder com o dos homens, de ordem política ou religiosa. A autoridade patriarcal era reclamada para que a potência materna sobre filhos e filhas encontrasse, enfim, seu limite. Por aí se fundou a distinção entre campo privado e campo público, um reservado à mãe e outro ao pai, configurando um equilíbrio que se manteve ao longo de séculos, vindo a quebrar-se por conduto dos processos mencionados. No seio da teorização psicanalítica, essa mudança encontra seu reflexo no reconhecimento, por parte de Freud, em torno dos anos 1930, da importância da relação arcaica com a mãe, postulada pelas analistas inglesas desde muito antes, e que a visão do pai como figura central na família e eixo dos conflitos inconscientes lhe havia impedido de enxergar.[11]

A questão crucial que se coloca em referência às relações familiares, no contexto atual, é a de como transmitir à geração

11 Ver o verbete "sexualidade feminina" no *Dicionário de psicanálise* (Roudinesco & Plon, 1998, pp. 706-707).

seguinte a possibilidade de fazer o luto desta imagem senhorial do *pater*, e deixar de reivindicá-la. Um dos caminhos para pensar essa questão pode ser o de nos perguntarmos se o papel do pai, cujo suporte vindo da instituição do *patriarcado* por mediação da figura do *pater* já não se sustenta, não vem a apoiar-se, agora, sobre outra instituição, conexa, mas diferente: a da *aliança* ou *laço conjugal*.

Daí que surge, segundo Julien, a necessidade de uma lei que, no curso de uma história de amor entre um homem e uma mulher, venha a instaurar "de um só golpe" um laço que une dois seres que são estranhos por suas origens familiares. Essa será a função preenchida pela "lei do desejo". A conjugalidade funda-se sobre um consentimento dado pela mulher, que a separa dos laços com a família de origem e a introduz em um laço novo. Deixar pai e mãe e fundar uma nova família, essa é a lei de toda sociedade humana.

Cada um, como filho ou filha, se tiver vivido uma verdadeira conjugalidade, recebe de seus pais um lugar marcado pela mãe, e ocupado, à sua maneira, pelo pai. É o lugar do pai, não de uma imagem percebida pela criança, não o pai real, mas o pai como nome na palavra da mãe. Aí se encontra a primeira dimensão da paternidade. Para a criança, o pai terá sido primeiramente um lugar instituído por uma mulher. Tal ato não se identifica com a legalidade pública, sendo, sim, de ordem privada. Poderá, inclusive, entrar em conflito com o marido legal por abjudicação ao amante, poderá ser transferido ao homem de um segundo matrimônio ou até "filiado" a um homem ausente, desejado em segredo como pai da criança.

Esse primeiro tempo permite a passagem a um segundo, aquele da presença de um homem, vindo a ocupar esse lugar na medida justamente em que ele é vazio e, portanto, marcado. É importante que ele ocupe esse lugar à sua maneira, e não de acordo com as imposições da mãe. Que ele realize tarefas, preencha um papel junto a ela. Com isso, fará, como vimos, significativa diferença no papel ocupado pela mãe, ou seja, pela mulher, nesse momento peculiar da evolução feminina.

8
A complexidade feminina em Clarice Lispector[12]

Com o intuito de analisar o modo como a complexidade feminina emerge em algumas personagens de Clarice Lispector, e logo depreender algo sobre a complexidade da própria autora, gostaria de estabelecer um paralelo entre duas de suas obras: *Uma aprendizagem ou o livro dos prazeres*, de 1969, e *A hora da estrela*, de 1976 (publicada em 1977). Reconhecendo nas duas o estilo inconfundível da autora, de um rigor e uma profundidade patentes, vale a pena pensar algumas das diferenças que existem entre as protagonistas, Lori e Macabéa.

De partida pode-se ver que Lori permitiu a Clarice uma grande liberdade de introspecção autobiográfica, o que fica evidente nas belas descrições de vivências em diversas cidades da Europa, no vazio que se deixa tingir

12 Apresentado na *II Semana de CineSofia* (Florianópolis, 20 a 26 de agosto de 1994).

pelas cores de cada uma delas. Loreley parte em busca de sua essência, quer ser o que entende como ela mesma, além de querer sentir mais intensamente e procurar o amor. "A mais premente necessidade de um ser humano era tornar-se um ser humano" (Lispector, 1982, p. 31). "Lori era – o quê? – mas ela era" (idem, p. 39). Trata-se de uma mulher muito rica em possibilidades, mas que está momentaneamente empobrecida e omissa. "Ela era inalcançável. E mais: não só inalcançável por ele, mas por ela própria e pelo mundo. Ela vivia de um estreitamento no peito: a vida" (idem, p. 40).

Macabéa, pelo contrário, é uma personagem marcada pela simplicidade, pela escassez, pela pobreza. É o que leitor apressado e prenhe de preconceitos poderia julgar como uma mulher carente de conteúdos. Considerando-se a exuberância de complexidade da autora, deve ter sido um sofrimento, como ela diz, conseguir trazer à tona essa figura tão singela, ao menos à primeira vista: "É que em uma rua do Rio de Janeiro peguei no ar de relance o sentimento de perdição no rosto de uma moça nordestina (...) e preciso falar dessa nordestina senão sufoco. Ela me acusa e o meio de me defender é escrever sobre ela" (idem, pp. 12 e 17).

O que Clarice viu nessa moça tão alheia a seu mundo é algo que jamais se poderá afirmar com precisão, mas penso que reconheceu o estrangeiro que habita em nós e que Júlia Kristeva (1994) diz que é a face oculta de nossa identidade; o espaço que anima a nossa morada, o tempo em que se afundam o entendimento e a simpatia.

"O estrangeiro começa quando surge a consciência da minha diferença e termina quando nos reconhecemos todos estrangeiros, rebeldes aos vínculos e às comunidades" (Kristeva, 1994, p. 9).

Em ambos os livros, Clarice busca retratar um despertar da mulher, mas em *A hora da estrela* a personagem não tem condições de chegar a esse despertar, a essa revelação que a constitua em sua identidade. Lori, no extremo oposto, de tanto ficar presa nas armadilhas de seu pensamento, não consegue dormir. Padece de algo que quase se pode entender como um excesso de profundidade. Mas ao menos pode esperar, porque tem condições de sentir e de descobrir por si própria quando está pronta para amar e ficar completa, aceitando o outro. Aí, como tantas outras vezes, a autora transmite a sensação de uma força interna que se impõe.

Mas a algo mais vale atentar nessa sequência de publicações: ao longo dos 10 anos transcorridos entre um livro e outro, à medida que Clarice ia ficando mais rica em sua compreensão de mundo e na análise de caracteres, é que foi ganhando o interesse e a capacidade de transcrever o vazio interior de Macabéa. Criar Macabéa foi uma síntese bem-sucedida: foi a expressão da existência de alguém totalmente diferente dela, e que só existe no âmbito de uma sabedoria "natural", algo que a autora já buscava desde antes.

Nesse sentido, podemos voltar rapidamente ao que antes aludi como o engano que pode provocar uma leitura precipitada: a ideia de que Macabéa é a personificação da ignorância, da carência de conteúdos. Como o próprio livro narra: "Esse não saber pode parecer ruim mas não é tanto porque ela sabia muita coisa assim como ninguém ensina cachorro a abanar o rabo e nem a pessoa a sentir fome; nasce-se e fica-se logo sabendo" (Lispector, 1998, p. 28-29).

Macabéa desperta piedade – entre outras razões por percorrer o caminho doloroso do "saber que se gosta de alguém que ninguém gosta". É também por isso que Clarice usa o artifício de inventar um intermediário entre ela e a personagem, um narrador que inclusive se indaga a respeito de sua própria eleição para contar aquela história: "... teria que ser homem porque escritora mulher pode lacrimejar piegas" (Lispector, 1998, p. 14).

Com Lori, o sentimento que vem à tona não é a piedade. Pelo contrário, o leitor acompanha a personagem em seu desafio de chegar à completude e ao prazer, o que está intensamente descrito nos últimos capítulos. Diante de uma busca tão altaneira, em que se estabelece cumplicidade e empatia, fica óbvio por que não há lugar para a piedade. Lori não é uma excluída: está em franco embate contra o mundo. "Um dia será o mundo com sua impersonalidade soberba versus a minha extrema individualidade de pessoa mas seremos um só" (Lispector, 1982, p. 77).

Como em *O estrangeiro*, de Albert Camus (1942), em *A hora da estrela* parece que o momento mais importante da vida é a morte. É com a morte que o ser alcança sua individualidade e seu estrelato, além de se tratar do que de mais exclusivo lhe pode ocorrer. No livro de Clarice, é eloquente essa valorização:

> Assim como ninguém lhe ensinaria um dia a morrer: na certa morreria um dia como se antes tivesse estudado de cor a representação do papel de estrela. Pois na hora da morte a pessoa se torna brilhante estrela de cinema, é o instante de glória de cada um e é quando como no canto coral se ouvem agudos sibilantes. (Lispector, 1998, p. 29)

Na adaptação desse livro para o cinema, esse apogeu da hora da morte é transmitido por meio de uma corrida feliz de Macabéa, que porta no rosto uma expressão de alegria que até então desconhecíamos.

Assim como o narrador-protagonista do livro de Camus, Macabéa aparece como uma estrangeira para si mesma, pois jamais alcança as palavras que quer dizer. Procura-as escutando o rádio, mas por alguma razão elas sempre continuam fora, alheias a ela. As palavras não lhe podiam acrescentar muito porque não lhe serviam para encontrar novas significações internas, em que pudessem ter ressonância. Assim, jamais se tornavam realmente dela.

Considerando a importância que Clarice dá nesse livro à morte, e sendo que a própria autora estava próxima da sua e o sabia, essa atenção ao inaudito, ao indizível, ganha um sentido especial. Pode-se dizer que, de modo geral, Clarice processava suas dúvidas e angústias através da escrita; desta vez, quando a morte assoma, a personagem escolhida está alienada de seus próprios sentimentos, não encontra palavras para expressá-los e, por conseguinte, parece viver e não sentir, e logo morrer sem sentir. Clarice pode ter precisado matar sua personagem assim, para que assim não fosse a sua própria morte.

9
Sexualidade, angústia e prazer[13]

Não há dúvida de que, como consequência das descobertas na área médica, a sexualidade humana evoluiu de forma significativa. Assim foi, por exemplo, quanto aos métodos anticoncepcionais que revolucionaram a prática da sexualidade. Os psicanalistas, porém, não se deixaram influenciar tanto assim pelas mudanças "reais", tanto físicas quanto morais, em relação ao sexual.

Essa reserva se deveu, em primeiro lugar, ao fato de que a psicanálise toma por objeto a sexualidade recalcada e suas sequelas inconscientes. Em segundo, de que as consequências com as quais trabalhamos com os pacientes adultos têm sua origem na sexualidade infantil e remetem a tempos anteriores.

13 Apresentado na Jornada Temática *O feminino e o imaginário cultural contemporâneo: corpos, sexualidades, diversidade*, promovida pele Departamento de Psicanálise do Instituto Sedes Sapientiae, no dia 18 de junho de 2015.

O lugar do sexual na teoria contemporânea vinha sendo mais reduzido do que nos primórdios da psicanálise. O sexual começou a ficar em perspectiva devido à importância dada às pulsões destrutivas, ao narcisismo, à desorganização que afeta o sujeito nas chamadas patologias do eu. A concepção psicanalítica da sexualidade não poderia extrair suas conclusões da sexualidade aparente; por isso se diferencia de qualquer outra, ao abranger as formas não visíveis, inconscientes, recalcadas, disfarçadas ou transformadas de uma sexualidade muito mais ampla que suas manifestações observáveis.

Em um breve percurso pela teoria freudiana, seguindo as ideias de André Green (1984), seria possível destacar uma série de descobertas realizadas por Freud a partir da etiologia sexual:

- A comprovação do papel da sexualidade nos sintomas, antes dele desconhecido e a descoberta da função do sonho como realização de um desejo infantil que se reatualiza no presente.
- A descoberta da sexualidade infantil, a descrição do desenvolvimento da libido e sua culminação no complexo de Édipo, que nos remete à sexualidade infantil como norma que explica sua natureza polimorfa, da qual as diversas perversões constituídas no adulto são falhas em sua evolução (conceito de fixação).
- O trabalho com a transferência, concebida como repetição do infantil recalcado.
- A situação conflitiva da sexualidade, sempre em oposição a uma força de condição equivalente, que no conjunto é constitutiva do recalque – o qual só

protege o eu de forma imperfeita, dando origem à angústia. A sexualidade como base sobre a qual se edifica o psiquismo, sustentada pela pulsão sexual, que não se manifesta a menos que um conflito de fundo a faça aparecer.

Tudo isso nos leva a falar em muitos momentos de *psicossexualidade*. O recalque (conservador) e o inconsciente (que desconhece o tempo) permitem o ressurgimento ou a reativação dos conflitos infantis e, assim, fica difícil uma resolução temporária.

A sexualidade infantil está caracterizada pelo apoio em uma função, por seu caráter autoerótico, e por sua multiplicidade. Trata-se de um feixe de pulsões, operando independentemente a partir das chamadas zonas erógenas. Assentam nos buracos corporais, regiões de borda, de limite entre o interno e o externo. São pulsões parciais e fragmentárias. Procuram satisfação em pedacinhos do corpo do outro. Freud distinguiu pulsões orais, anais, sádicas e voyeuristas. O processo de socialização impõe o estabelecimento de barreiras ou diques que implicam um reencaminhamento – dando lugar ao asco, à compaixão, ao pudor. Desejo, recalque e proibição serão progressivamente articulados ao longo da teorização.

O que a ideologia espontânea mostra como um destino natural de desejo erótico-amoroso pelo sexo oposto, sujeito, no entanto, a desvios, a psicanálise apresentará como um longo processo de investimentos, proibições, renúncias, identificações, havendo uma certa normatização de caminhos, sujeitos a bifurcações e alternativas.

Assim como os sonhos permitiram estabelecer uma via régia ao inconsciente, o estudo das perversões e o deciframento dos sintomas neuróticos formam a via para o acesso à questão, permanentemente aberta, da sexualidade. Os sintomas neuróticos são concebidos como vicissitudes da sexualidade. São soluções de compromisso entre os desejos e a defesa, que revelam as fixações, intensidades pulsionais e fantasias sexuais construídas ao longo de uma infância singular, sendo o conteúdo principal do inconsciente recalcado. No caso da histeria, terão o corpo como lugar privilegiado de manifestação. Quando a psicanálise fala do corpo não está se referindo ao corpo da biologia, da fisiologia, mas ao corpo erógeno, marcado pela linguagem. Corpo pulsional, desejante, fantasístico e expressivo, corpo transmutado pela relação com o psiquismo dos outros. O conceito de representação passa a ser a encruzilhada onde se entrecruzam os campos que possuem uma ação decisiva sobre o psiquismo. Ainda mais, o conceito de representação abre a possibilidade de pôr em relação os resultados da elaboração interna (intrapsíquica) do sujeito e os efeitos das relações que se formaram na experiência com o semelhante (o outro humano).

A tensão sexual não processada, não simbolizada, não transformada em libido, sem inscrição representacional, tenderia a determinar transtornos corporais próprios das neuroses atuais e das somatizações, assim como transtornos que envolvem o corpo e a ação compulsiva nas adições, nos transtornos alimentares, nas atuações impulsivas agressivas.

Presente com toda intensidade ao longo de boa parte da infância, o complexo de Édipo mobiliza as energias pulsionais e as capacidades psíquicas da criança, sendo seu desfecho crucial para a futura configuração subjetiva do indivíduo. Cumpre, nesse sentido, uma função normatizante postulada como universal, dado que a renúncia pulsional e as interdições do incesto e do parricídio constituem a lei fundamental da cultura, instituindo a saída para a exogamia, regulada pelas regras de parentesco, pela linguagem e por outros dispositivos simbólicos complexos, construídos pelas sociedades ao longo da história. É, assim, a base estruturante das sociedades e o eixo da socialização de seus membros.

A instauração do complexo exerce uma incidência estruturante da subjetividade individual. Sua resolução e o modo como se processa são decisivos para o tipo de escolha de objeto, para o acesso à genitalidade – visto que tal acesso não está garantido por processos de maturação biológica – e para a posição identificatória resultante do processo de sexuação. A resolução do complexo de Édipo tem um papel instituinte na tópica psíquica, dada a diferenciação e a estabilização do sistema "ideal de eu – supereu", e que tem um componente fundamental nos emblemas tipificantes em relação a masculino e feminino.

A restrição do sexual, que se fez presente em diversos momentos, conspira contra a ideia freudiana de que o sexual constituiria o laço eletivo entre o corporal e o psíquico, e que seria o inspirador e o agente impulsionador do desenvolvimento. Disso derivariam duas características principais: a primeira, estrutural, na hipótese de uma ponte somatopsíquica. A segunda, histórica, porque a dinâmica sexual é inseparável da temporalidade. Isto constitui um atributo essencial da sexualidade: está presente em seu difasismo e intervém no *après-coup*.

Quanto à relação com os outros, é Eros o que se inscreve no *topos* entre sexualidade, amor e vínculo: passa a ser entidade e princípio, agente e efeito, causa e consequência: "Eros que produz a coesão de tudo no mundo" (Green, 1998, p. 50). O prazer passa a ser o referente de uma rede em que vão se instalar o amor e seu contrário, o ódio; o sentido e seus índices (crença, incógnita, incerteza) e, logicamente, a angústia e a necessidade da defesa.

Existe uma pressão exercida de forma constante – força pulsional – e uma rebeldia permanente que se opõe à domesticação, o caráter passional (pulsão – paixão). A libido é o índice de Eros, o que quer dizer também seu representante, seu mandante, seu demandante e sua potência. Onde Eros está presente, a libido é a expressão psíquica da sexualidade. Eros, força do vínculo, ligará ao mesmo tempo o mundo interno (a psique) e a relação com o objeto situado no mundo externo, mas formado – por incorporação – no mundo interno. A energia disponível de Eros, a mesma que se exerce no amor, é a libido, que se situa no eu-isso indiferenciado.

Mas Eros e a função sexual devem se diferenciar na teoria – qual é essa diferença? A sexualidade, presente desde o início, têm uma evolução, um desenvolvimento. Tem também um declínio, por causa do envelhecimento. Eros, no entanto, é atemporal. Porque, se a força da função sexual é passível de experimentar variações de quantia, os traços mnêmicos das experiências eróticas, com as diversas expressões do objeto ligadas às da destrutividade, estão inscritos de forma atemporal (para sempre) na psique, graças ao inconsciente.

Compreende-se assim que é o amor – a pulsão de amor – que toma a dianteira sobre a sexualidade, sem se dissociar dela. O amor abrange então as diferentes expressões citadas por Freud (1921) em "Psicologia das massas e análise do eu" (amor dos amantes, entre pais e filhos, a amizade, o amor à pátria, etc.) e compreende também suas formas sublimadas. Assim, os objetos da sublimação, integrados na função objetalizante, sobrevivem às variações da sexualidade devidas à constituição biológica do homem. O biopsíquico tende ao psíquico. Nessas condições, a espiritualidade, tão manifestamente presente no amor, mas também tão manifestamente habitada pela sexualidade, encontra seu lugar na teoria freudiana como um dos avatares possíveis de Eros.

Introduzindo uma outra perspectiva, podemos dizer que a psicanálise nasceu da teoria traumática, que identificava o trauma com uma sedução. Foi abandonada depois como etiologia única das psiconeuroses em favor da concepção que privilegiava a fantasia. Desde então o problema não deixou de surgir e de ser reavaliado na psicanálise.

Ferenczi (1933) traz um aporte importante quando diz que o trauma não se limita à ação excessivamente violenta de uma excitação sexual prematura e imposta. O trauma estaria na ausência de uma resposta do objeto a uma situação de desvalimento – que mutila para sempre o eu porque conserva um núcleo primitivo que se reativará frente a certos estímulos durante a vida toda.

McDougall (2001) nos traz uma interpretação mais recente ou atual quando afirma a essencial natureza traumática da sexualidade e culmina na proposição das noções de *sexualidade adictiva e de neonecessidades sexuais* – práticas que aproximam o sexual das toxicomanias. Aborda também a intimidade das relações entre o sexual e o somático, estabelecendo uma ponte entre o psicossexual e o psicossomático e denominando-os "sexualidades arcaicas".

Existem traumas universais na existência humana: a existência do outro, a descoberta da diferença dos sexos e das gerações e a impossibilidade de evitar a morte. É importante considerar o valor de sobrevivência psíquica – consecutiva ao trauma – representada pelos "sintomas" sofridos pelo paciente. Podem surgir também mecanismos de desmentida (recusa) e de cisão, que tentam minimizar as perdas de objeto, as ameaças que pesam sobre a identidade, o medo, etc.

Essas descrições abrem novas perspectivas para a patologia do narcisismo – a negação da alteridade, a necessidade de autoafirmação do eu, não refreada por nenhuma consideração para com o objeto: o eu estaria tão sintônico com a pulsão sexual que até poderia se confundir com ela.

Uma das razões para que a sexualidade tenha sido relegada a um papel secundário na cura poderia referir-se à maior solicitação de atenção para com os pacientes que apresentam estruturas não neuróticas. A exploração ou pesquisa psicanalítica se afastaria da sexualidade para se dirigir ao eu ou ego. Os pacientes *borderline* foram objeto de um interesse crescente, e a sexualidade deixou de ser de fato um ponto central em relação ao papel que era conveniente atribuir-lhe na gênese das neuroses.

Quando Freud trata das relações neuroses-psicose em seus artigos de 1924 (1924a[1923]) (1924b(1923]), admite implicitamente que os processos de defesa que afetam o eu (cisão, intrusões, fissuras) são responsáveis pelas extravagâncias e loucuras dos homens e desempenham um papel equivalente ao da sexualidade nas neuroses. Outros autores centraram seu interesse no eu, suas regressões, fixações, arcaísmos inadaptados.

Não podemos negar que a escuta do material dos casos fronteiriços não revela, de forma tão clara quanto nas neuroses, as relações entre o discurso manifesto e a sexualidade, tal como se deixa adivinhar no discurso latente, inconsciente do neurótico. Pelo contrário, os problemas ligados à estrutura do eu ficam, nos pacientes fronteiriços, muito visíveis.

Desde Freud até a atualidade, a dissociação entre sexualidade e reprodução, possibilitada pelas técnicas biológicas, constitui o progresso maior da prática sexual legalizada (anticoncepcionais, parentalidade tardia, inseminação, procriação assistida). A isso se acrescentam as mudanças na estrutura familiar, antes marcada pela força da figura paterna: a possibilidade do divórcio, a transformação da condição social da mulher e a conquista da sua independência econômica alteraram consideravelmente as relações entre homem e mulher e, como consequência, entre pai e mãe. Ainda observamos, como psicanalistas, a distância entre hábitos, comportamento sexual, ideologia da sexualidade contemporânea e organização psíquica inconsciente no mundo interior. Mas não podemos deixar de pensar que, no decorrer do tempo, teremos que fazer uma reavaliação entre as incidências biológicas, sociais e psicológicas que afetam o sexual.

Como aparecerá no futuro a sexualidade infantil, e como se refletirá na criança esta série de novas normas? É possível supor que se manifestará em relações mais complexas entre a sexualidade e outros aspectos do psiquismo. Pensemos na importância atual das desordens do apetite (anorexia, bulimia) e em sua relação com as toxicomanias, que substituiriam hoje os sintomas mais diretamente vinculados à sexualidade genital.

Apesar de tudo isso, seria ingenuidade acreditar que a sexualidade estaria finalmente livre de sombras. A questão sexual é quase impossível de se resolver. O vínculo que junta sexualidade e prazer é o fundamento do sexual na psicanálise. Temos que considerar também o par prazer-desprazer, em que um dos termos não pode ser pensado sem o outro.

O princípio de prazer-desprazer ocupa o centro das manifestações da sexualidade. O princípio da realidade aparece como um princípio de prazer modificado, destinado a preservar o prazer e proteger contra os perigos. Por exemplo, a desorganização do eu pelo exercício sem freio das diversas formas de prazer (a droga) e, por outro lado, a transgressão em relação à Lei (o incesto, o abuso).

Temos que considerar também que, às vezes, o princípio do prazer deriva em fracasso, como na sexualidade criminal. Os estados críticos dos atos delitivos (violações, incestos) não vão só acompanhados de prazer. Neles se comprova a exigência de uma necessidade imperiosa, de uma pressão incontrolável, mais do que a realização de um desejo. Esta necessidade é acompanhada pela ameaça de desorganização do eu, que pode chegar à despersonalização. Prevalece o sentimento de dominação e de poder, onde o prazer – sádico, inclusive – se apaga em favor de afetos que se caracterizam pela vingança e pelo controle onipotente.

Podemos sustentar que a pulsão é a matriz do sujeito. Na teoria freudiana, o eu nasce das relações entre as pulsões e o mundo exterior. O eu é atuado pelas pulsões e tende a ligar-se ao objeto como a seu complemento.

Retomando o que se disse anteriormente, a sexualidade, nas análises hoje, não desempenha um papel tão claro como antes. Temos duas razões para isso:

1. As indicações de análise têm se deslocado para pacientes mais regressivos que os neuróticos, quer dizer, para estruturas não-neuróticas (casos fronteiriços, personalidades narcisistas, caracteres patológicos, síndromes psicossomáticas) onde o papel etiopatogênico da sexualidade pareceria menos evidente. São situações nas quais as desordens se atribuem mais ao eu. Nestas estruturas não neuróticas, a constelação sexual é mais diversa e complicada.

2. Mas a sexualidade é menos aparente também porque os psicanalistas, em uma proporção cada vez maior, trabalham inconscientemente para que o papel da sexualidade fique menos em destaque. Isto é, ela ainda está presente no material que o paciente traz através de suas fantasias, de seus sonhos e na transferência, mas o analista prescinde dessas manifestações, considerando-as contingentes ou defensivas. Ele se dirige ao que acredita mais pertinente, que se situaria em um momento anterior, primordial, que seria o determinante dessas manifestações.

Depois de todas estas considerações, o que podemos afirmar ao certo é que a sexualidade é uma dimensão do psíquico e que está em contínuo movimento.

10 A insistência do traumático[14]

Estamos falando do traumático na clínica cem anos antes de serem escritos os primeiros trabalhos de Freud referidos ao tema. A psicanálise nasce com a teoria traumática e o conceito de *trauma psíquico* percorre toda a sua história, ao longo da qual sofre uma evolução considerável. Domina em certos momentos a cena teórica, particularmente:

1. Na época das descobertas iniciais de Freud no campo das neuroses: "Estudos sobre a histeria" (Breuer & Freud, 1893-95), ligado à teoria da sedução;
2. Sofrendo um certo deslocamento, quando seu papel na causação das neuroses é relativizado a favor do papel das fantasias sexuais infantis;

14 Apresentado na Reunião dos *Estados Gerais da Psicanálise* (Paris, 8 a 11 de julho de 2000) e publicado originalmente no livro *A clínica conta histórias*, organizado por Lucía Barbero Fuks & Flávio Carvalho Ferraz (São Paulo: Escuta, 2000, pp. 119-133).

3. Voltando a aparecer na reformulação metapsicológica, que começa a partir dos anos 1920. Aí, os escritos fundamentais são "Além do princípio do prazer" (Freud, 1920), com a introdução da pulsão de morte, tendo como um dos referentes clínicos as neuroses traumáticas, e "Inibição, sintoma e angústia" (Freud, 1926).

Na obra dos psicanalistas pós-freudianos, o conceito de trauma psíquico tem uma presença crescente, e o seu espaço de referência clínico – isto é, o que se considera e descreve usando a categoria de *traumático* – tem sido ampliado.

Um dos elementos a destacar na teorização contemporânea é a recuperação e o aprofundamento das ideias que giram em torno do termo freudiano de *Nachträglich*, também chamado *après coup*, *a posteriori*, *retroatividade* ou *ressignificação retroativa*, que era um dos componentes fundamentais da constituição do trauma psíquico em dois tempos, nas formulações da época do nascimento da psicanálise. Como veremos, essas ideias ganham importância para a compreensão do trabalho analítico em sua totalidade.

A concepção mais elaborada sobre o papel do traumático na causação das neuroses, na época inicial, está centrada no conceito de *traumatismo sexual precoce*, que implica um determinado encadeamento temporal de fatos psíquicos: *em um primeiro tempo*, uma cena em que o que produz impacto vem de fora, não compreendendo a criança o sentido que tem para o adulto perverso ou a criança mais velha, nem os meios utilizados por essa pessoa que faz parte, em geral, da própria família. O papel da criança é de alguém passivo, ignorante ou impotente, que consente; *em um segundo tempo*, o do *a posteriori*, no momento da puberdade, acontece um incidente que lembra, a partir de um traço associativo, o primeiro. A criança poderia conceber agora o sentido sexual daquela cena, reorganizando e internalizando o cenário, em função da sua própria evolução intelectual e afetiva (depois, acrescenta Freud, em função de seus próprios fantasmas).

A reativação dessa lembrança provoca um fluxo de excitação que transborda as defesas do ego. O aparelho psíquico se vê invadido por um afeto demasiado intenso para suas possibilidades de domínio; torna-se impossível dizer algo, ao menos em um primeiro momento; a fuga, presa de uma vivência de terror, apresenta-se como a única saída no exemplo paradigmático, descrito no "Projeto de uma psicologia científica" (Freud, 1895). Os sintomas, já constituída a neurose, serão também uma forma de colocar em cena e mostrar aos outros, na posição de espectadores, uma representação do cenário patógeno.

Dois elementos definem o essencial da concepção freudiana do trauma: o caráter sexual do mesmo e a significação aportada *a posteriori* pelo segundo tempo. Se o acontecimento é chamado traumático por Freud, é pelo seu efeito *après coup* (*Nachträglich*). É importante destacar esse ponto de inflexão teórica, que é visto por diversos autores como uma desaparição da dimensão do energético a favor do sentido. O traumatismo, seja qual for, deixa uma marca que, no entanto, só terá efeito *après coup*.

Podemos sustentar, no entanto, que essa dimensão fundamental que estamos valorizando, a partir da teoria da constituição do trauma em dois tempos, não deve ser enfocada como uma desaparição do energético. Pelo contrário, tem um fluir de excitação incontrolável, proveniente da lembrança de um acontecimento que se torna sexualmente excitante ao ser unificado pela cena atual. Fluxo de excitação que, no exemplo do "Projeto..." (Freud, 1895), só parcialmente poderá ser elaborado e tornado consciente como atração sexual por algum personagem da cena, ficando, na sua maior parte, manifestado como afeto de terror que impulsiona para a fuga. Por isso, falar em *ressignificação* retroativa permite sublinhar esta dimensão do sentido.

O texto "Psicoterapia da histeria" (*in* Breuer & Freud, 1895) marca o ponto de ruptura de Freud com Breuer. O trauma fica mais complexo pelas cadeias associativas e "enfeites" ou enriquecimentos da lembrança. Freud introduz o conceito de *defesa*: a partir daí, para ele, a causa volta para o sujeito (neurótico) em relação a um conflito irredutível.

A afirmação de que *o traumatismo está relacionado a uma fonte de excitação interna* implica que o traumatismo externo só tem valor ou ressonância traumática em relação com a mesma. Consequentemente, o acontecimento é traumático só na relação que pode existir entre o encontro traumático e algo que o sujeito já conhece. O *après coup* será visto como a própria constituição do sujeito. Isso ainda não estava sendo dito na época em que sua teorização desenvolveu-se especificamente a respeito de acontecimentos traumáticos.

Freud explicava a necessidade de repetição, em parte, como uma tentativa de modificar *après coup* as condições em que se havia produzido o trauma e chegar a torná-lo progressivamente mais inócuo, com o aporte da angústia-sinal – que faltava no momento de sua produção –, impossibilitando a instrumentação de medidas defensivas. Atualizar o trauma, fazê-lo vigente (atual) é o que permite, finalmente, superá-lo e mudar a história, tanto em um processo espontâneo como no tratamento, no qual a repetição transferencial tem um papel importante.

A nova historicização que se consegue na análise muda o sentido e a intensidade dos traumas; pode relativizá-los, intercambiar seus pontos de impacto e as figuras neles implicadas. O conceito de *Nachträglich* explica a possibilidade de ação da psicanálise. "Se não existisse esta retroatividade na construção do trauma, também não existiria a possibilidade de modificação da nossa história." (Baranger, Baranger & Mom, 1998, p. 750)

Com o conceito de *Nachträglich*, Freud abandona o modelo da causalidade mecânica e da temporalidade linear, segundo a relação passado-presente, a favor de um modelo dialético de causalidade, em que o futuro e o presente condicionam-se e significam-se, reciprocamente, na estruturação do passado. Em 1897, na carta nº 69 que envia a Fliess, Freud (1892-1899) manifesta sua decepção a respeito da teoria traumática. Ele diz: "Já não acredito mais na minha neurótica" (p. 301). É um passo importante de questionamento da sua teoria da sedução motivada pela decepção diante do fracasso das curas que pensava levar até o fim, por meio da revelação da cena traumática. O fim do tratamento teria lugar com uma ab-reação.

O trauma representa um ponto de detenção, um limite na cura. Sua aparição a plena luz não tem o efeito esperado de resolução do sintoma. Temos de destacar, então, que, desde 1897, Freud não acreditava na eficácia da ab-reação. Assim, ele introduz as fantasias infantis na sua abordagem do complexo de Édipo.

Segundo Guy Briole (1998), psicanalista francês, Freud não opõe o trauma ao fantasma, mas indica que o trauma deve ser situado no mesmo plano que o fantasma. Substituindo o real traumático com a ficção do fantasma, "a cura se desloca da rememoração do acontecimento traumático ao tema do desejo do sujeito, que se dialetiza na cura" (p. 27). No entanto, manterá sempre como exigência achar a cena traumática, ainda que, às vezes, sua lembrança esteja mascarada.

Esses objetivos metodológicos que orientam sua clínica entram em intersecção com as inquietações teóricas que o levam a especificar o conceito de *recalque originário*: para que exista *recalque propriamente dito* é necessário que se tenha constituído um primeiro núcleo do recalcado. Freud associa à experiência original do trauma a constituição deste primeiro núcleo que, posteriormente, atrai todos os outros recalcamentos.

Entraremos agora no que caracterizamos como o terceiro momento da elaboração freudiana: em 1926, com o trabalho "Inibição, sintoma e angústia", Freud procede a uma revisão da teorização da angústia e do trauma.

O modelo freudiano do traumatismo é o da separação do *objeto primordial* (materno), perdido desde sempre e impossível de ser reencontrado como tal. O fantasma é o que tenta recriar, imaginariamente, o vínculo com o objeto perdido e, recobrindo a operação inicial, conter o real pulsional interno, ao mesmo tempo em que protege do perigo externo.

O ego, como disse Freud em "Além do princípio do prazer" (1920) – pela ideia de *paraexcitações* – deve defender-se tanto de um perigo externo quanto dos movimentos pulsionais internos. O perigo interno pulsional provém do fato de que a satisfação da pulsão representa um perigo externo, o qual tinha levado Freud a dizer que o sujeito situa a ameaça interna, por projeção, no exterior. Para que um perigo externo tenha sentido para o ego, é necessário que este tenha procedido a uma interiorização: é necessário que ele tenha sido reconhecido em sua relação com uma situação vivida de depressão. O perigo externo somente é um perigo quando contém para o ego a lembrança da primeira ameaça: a da depressão posterior à separação do objeto primordial. Freud associa essa depressão ao que originariamente é traumático.

Consideraremos, agora, dois diferentes percursos teóricos pós-freudianos, que têm como ponto de partida alguns aspectos das formulações de Freud nessa etapa de sua elaboração teórica.

Desde "Além do princípio do prazer" Freud (1920) descreve, por meio do conceito de *compulsão à repetição*, a manifestação, a partir do inconsciente, não do prazer, mas sim do sofrimento. Este último insiste, reaparecendo e repetindo-se sem nunca perder seu caráter de sofrimento, mas levando-nos a pensar não só que o sujeito não consegue dele se desprender, mas também que não queira fazê-lo: pelo contrário, procura-o, indo, inconscientemente, em busca de situações que o provoquem.

Segundo Briole (1998), aquilo que fixa o sujeito a partir do inconsciente, deixando-o na incapacidade de dizer (característica das situações traumáticas), é de outra ordem: trata-se do *gozo*. Do prazer e do desprazer o sujeito pode dizer algo: adapta-se a eles, ainda que esteja insatisfeito. O gozo, por sua vez, supera toda possibilidade de ser localizado pelo sujeito: ele nada pode dizer a respeito. Isso é o que Freud (1909) percebe quando o Homem dos Ratos relata a cena do suplício dos ratos que o cruel capitão lhe contara: "vê-se no seu rosto uma expressão complexa e estranha, expressão que não poderia traduzir mais que como o horror de um gozo que ele mesmo ignora" (p. 133).

O gozo que se impõe no traumatismo deixa o sujeito na incapacidade de dizer alguma coisa, seja lá o que for. O que não significa que ele não se encontre aí implicado: pelo contrário, ele o está na sua própria singularidade. Deste modo, não se poderia conceber um trauma absoluto, hipótese frequentemente utilizada para as neuroses traumáticas, em que não se considerasse que o sujeito estivesse implicado.

Ainda que esteja comprovado clinicamente que todo sujeito pode apresentar uma "patologia traumática", não se pode afirmar que exista uma "constituição" prévia que o predisponha a tal. Em um determinado grupo exposto a um traumatismo, a efração se produzirá em alguns sujeitos sem nada ter a ver com tal "constituição" prévia e nem com uma distribuição aleatória; *uma situação é traumática para um sujeito quando ocorre em um momento preciso de sua história.*

Freud destacou a importância determinante do *efeito surpresa*. Esse efeito deve entrar em tensão com a posição particular do sujeito, a respeito de seu fantasma, no momento mesmo em que se produziu o encontro traumático. O que faz a singularidade do trauma para um sujeito é, então, aquilo no que foi pego de surpresa. É isso justamente o que Freud marca: a narração do suplício dos ratos surpreende ao sujeito em um momento fantasmático particular. Em um outro lugar, o sujeito se encontrará confrontado com sua própria morte, no momento em que seu ódio aponta a outro com a rivalidade edípica.

A eficácia traumática do confronto com a possibilidade real da morte, em uma situação inusitada de perigo, depende dessa fantasmática e produz um acordar aterrorizante disso que, até o momento, eram fantasias referidas à morte de outros. É o real irrepresentável da morte referida a si mesmo o que não pode ser processado. Wittgenstein (*apud* Briole, 1998) diz: "A morte não pode ser vivida, não é um fato da vida" (p. 24). Ele a considera como um acontecimento, ou seja, aquilo que sucede e não pode ser dito. Dessa forma, como tinha percebido Freud, todo trauma está estruturado como um *après coup*.

Nem todos os encontros traumáticos produzem os mesmos efeitos, seja qual for a aparente intensidade do acontecimento. Cada sujeito responde com sua singularidade segundo o momento no qual se produz o encontro, segundo a ressonância que pode ter com sua própria história, mas também segundo a posição que se adota diante dessa experiência única. Ao sujeito também cabe interrogar-se sobre a parte de si mesmo nos efeitos do encontro e se perguntar: "que possibilidades me restam?"

Uma paciente, a quem se indicou biópsia em virtude do aparecimento de um nódulo de mama, tendo uma história familiar de tumores ginecológicos, disse, quando pôde vir à sessão: "Isso acabou comigo! Como vou poder viver depois disso? Me diga o que fazer".

O psicanalista coloca o possível no campo da ética. Como diz Roland Chemama (1995), uma posição de saber, um ego de realidade hierarquizado, "se opõe à ética da psicanálise, à medida que um tal saber sobre o gozo permitiria gozar do sintoma do outro e utilizá-lo" (p. 92).

Consideremos agora a outra perspectiva mencionada anteriormente. Os psicanalistas concordam que a prematuridade e o desvalimento biológico do lactente no seu encontro com o mundo – com o adulto que o cria, maduro biológica e psiquicamente – implica um impacto traumático. Esses acontecimentos transcorrem deixando traços no psiquismo sem que, necessariamente, cheguem a produzir efeitos traumáticos. Podem-se converter em traumas quando, a partir de novos acontecimentos e dentro de um nível de maturação maior, são ressignificados *a posteriori*.

Masud Khan (1963) denominou *traumatismo cumulativo* as tensões e ansiedades vivenciais experimentadas pela criança no contexto da dependência do seu psiquismo em relação ao de sua mãe. Este adquire, por acumulação, o valor de traumático. Ao introduzir este conceito, o ponto de partida de Masud Khan é a constatação de que "a importância atribuída à relação lactente-mãe modificou o marco de referência relativo à natureza e ao papel do traumatismo" (p. 160). Chama a atenção, no pensamento deste autor, a mudança no conceito de barreira antiestímulos que, tendo originariamente uma significação econômica impregnada de conotações biológicas, passa a operar dentro de um campo relacional, já que a barreira protetora encontra-se situada fora do organismo ou do indivíduo considerado. Ele examina a função da mãe no papel de escudo protetor, papel esse que constitui "o ambiente normal que se pôde esperar para as necessidades anaclíticas do bebê" (p. 61).

A denominação "escudo protetor" remete ao texto de Freud (1920) "Além do princípio do prazer", no qual ele postula a importância de uma *proteção contra os estímulos* como função de preservação dos modos particulares de funcionamento energético do organismo ante as ameaças de grande magnitude provenientes do mundo exterior. Normalmente, esta espécie de barreira protetora funciona dosando – atenuando – o impacto dos estímulos externos e internos do *infans*. Se fracassar como tal, pode-se produzir uma invasão disruptiva e desorganizadora do seu psiquismo. O trauma cumulativo resulta das fendas observadas no papel da mãe durante todo o curso do desenvolvimento da criança, desde a infância até a adolescência.

As fendas no escudo não produzem trauma na época ou no contexto em que ocorrem. É mais exato dizer que elas, repetidas no correr do tempo e entremeadas no processo de desenvolvimento, acumulam-se de forma silenciosa e invisível. O fracasso se dá quando esse papel da mãe é invadido pelas suas necessidades e conflitos pessoais. O papel de escudo protetor da mãe não é passivo: é o resultado das funções do ego materno, operando em forma discriminada, sem recorrer a defesas patógenas.

Esses conceitos fundamentam-se, em parte, sobre ideias de Winnicott, em especial as de *desmoronamento* e de *deficiência da mãe* na sua função de dosar e regular os estímulos externos e internos, chegando a uma situação de invasão que tem um efeito disruptivo sobre a organização e a integração do ego. Masud Khan (1963) destaca que, para produzir o efeito de trauma cumulativo, as falhas têm de ser importantes e frequentes e ter um ritmo e uma regularidade que afetem a integração do psiquismo da criança, resultando em invasões que ela não tenha como eliminar. Nesses casos, eles formam um núcleo de reação patogênica. Essas falhas não são observáveis nem se visualizam como traumas nos momentos em que se produzem e não "adquirem o valor de traumatismo senão por acumulação e em forma retrospectiva" (p. 63).

Referir o trauma ao objeto[15] introduz uma série de variantes na teoria: contribui para aumentar o conhecimento de uma quantidade significativa de situações patógenas, podendo, no entanto, tender a apagar a especificidade do conceito de "situação traumática".

Na perspectiva que estamos considerando, o objeto angustiante, por sua ausência, sua presença interna ou externa ou por sua hiperpresença, sempre se apresenta subjetivamente como possibilidade de adjudicar o trauma a alguém que não fez o que devia fazer ou fez o que não devia. Esses objetos nos preservam, assim, do "trauma puro", conceito do qual passaremos a nos ocupar.

Freud postula a existência de duas classes diferentes de angústia:

- a *angústia automática*, que se caracteriza pela inundação do aparelho psíquico por magnitudes de excitação difíceis de manejar e produz um estado de desorganização psíquica;
- *a angústia-sinal*, com a qual o ego lida com a finalidade de impedir a irrupção da primeira e de construir sintomas defensivos mais ou menos adequados, nos quais a angústia tem seu lugar, mas limitada, domesticada e integrada à vida do sujeito.

Os quadros psicopatológicos, assim como as formas de controle consideradas "normais", têm como finalidade comum evitar que se apresente essa forma extrema de angústia, tão primária que, para descrevê-la, são necessários

15 Para certos autores, não há situação traumática sem objeto (trate-se de objetos internos, como em Melanie Klein, ou de objetos externos, como em Balint, Winnicott e Masud Khan).

termos econômicos: rompimento de barreiras, inundação por magnitudes incontroláveis e desamparo total. A primeira coisa que os pacientes tratam de fazer é estabelecer um sistema de nomes destinado a conter, regular, situar esse perigo indizível: "tenho medo de baratas, de exames, intranquilidade pelo funcionamento cardíaco", etc.

Essa forma de angústia "automática" poderia ser caracterizada como o trauma inicial, isto é, o trauma puro, sem sentido, totalmente disruptivo, resto inassimilável que, segundo Freud, corresponde ao mais "pulsional" e "demoníaco" da pulsão, e que o levou a postular o conceito de *pulsão de morte*. Na teoria do trauma, trata-se do "trauma puro" – exclusivamente econômico, de energia livre, desligada, catastrófica –, que pode ser pensado como o encontro na história do sujeito com essas vivências insuperáveis, impossíveis de assimilar, inomináveis, mudas como a própria pulsão de morte. O primeiro tempo do trauma permanece mudo até que, posteriormente, permite-se falar e constituir-se, então, em trauma propriamente. A análise poderia se definir como historização (*Nachträglich*) *versus* a pulsão de morte.

Os efeitos patógenos da situação traumática seriam intentos fracassados de ligação, de fazer falar a parte de morte que não conseguiu e nem conseguirá transformar-se em um discurso coerente. A tentativa de ligar a pulsão de morte cercando-a *a posteriori* dentro da construção de um trauma psíquico infantil não tem nunca um êxito total; o essencial da pulsão de morte sempre escapa da construção traumática.

Passemos agora ao relato de um caso:

Mariana, de 14 anos, vem à consulta com um quadro depressivo e ameaças de suicídio, ficando fechada o dia todo em seu quarto sem querer ir para o colégio, do qual acaba desistindo ao longo do ano. Os problemas começaram justamente a partir da entrada nesse colégio, muito valorizado socialmente pelo nível elevado da formação e pelo caráter exigente e difícil dos exames de ingresso. Até então, sempre fora uma "menina modelo", até um pouco fora de época, ao gosto de sua mãe. Boa aluna, roupas de "menininha", religiosa.

Quando começa o colegial, na escola mencionada, iniciam-se as mudanças "negativas" segundo o olhar da mãe: vira rebelde e com ideias de esquerda. Para Mariana trata-se, na verdade, após o momento inicial de triunfo e orgulho pelo ingresso, de uma fase de dificuldades crescentes em se ver aceita pelas colegas, de percepção das diferenças socioeconômicas, de vergonha da sua casa e de isolamento. Termina o primeiro ano com dificuldades.

No decorrer do segundo ano, conversando com uma colega, esta lhe pergunta se tem pai. Quando responde afirmativamente a amiga demonstra suas dúvidas, já que Mariana usa o sobrenome materno. A partir daí, fecha-se no seu quarto, recriminando a mãe pela mentira de que tinha sido vítima.

A mãe chegara ao país bem jovem e cheia de grandes expectativas. Começou a trabalhar em um banco onde progrediu até certo ponto. Conheceu e tratou constantemente com investidores, clientes do banco, iludindo-se com a ideia de que viriam a constituir-se como seus amigos. Começou a sair com um homem de quem gostava muito, mas que lhe fazia sentir que estava longe das expectativas de sua família, com relação a como deveria ser sua futura esposa. Desiludida, começou a sair com outro, de quem não gostava, mas que parecia aceitá-la. Ficou grávida e, ao comunicar-lhe o fato, ele sumiu, não voltando a se verem nunca mais. Logo depois do parto, passou por uma situação difícil; pensando que poderia morrer, telefonou para ele a fim de dizer-lhe que tomasse conta da filha. Sua resposta foi que ela poderia morrer, mas que ele não tinha nada a ver com isso.

A menina cresce sendo, como já disse, uma "filha modelo", um pouco antiquada, mas fazendo tudo para agradar, permanentemente, tanto à mãe quanto à avó materna que mora com elas. Moram em um apartamento pequeno onde compartilha o quarto com a avó, sendo quase impossível usufruir de alguma privacidade. Isso deveu-se ao desejo da mãe de morar em um bairro de classe média alta, pelo qual teve de renunciar a ter um quarto a mais, o da Mariana.

A figura masculina aparece representada pelo "padrinho", que é o homem pelo qual a mãe tinha se apaixonado inicialmente (e que lhe falou, tempos depois, do arrependimento que sentiu por não tê-la escolhido) e pelo tio materno, figura enfraquecida pelo lugar lateral ocupado na família e pelos sucessivos fracassos profissionais. A mãe contara a Mariana que seu pai tinha estado muito próximo dela na infância, brincando com ela e fazendo-a dormir à noite, só que ela não lembrava por ser ainda muito pequena.

Vimos já os acontecimentos associados à entrada no colegial, em que a percepção do sobrenome ausente desmente a bela mentira, desencadeando a crise traumática, que a leva a abandonar o colégio na metade do ano, mergulhada em uma profunda depressão.

Começa a frequentar a praça, fazendo-se amiga de pessoas muito pobres, quase vagabundos. Diz que nesse ambiente se sente melhor. Parece fazer exatamente o contrário de sua mãe, que sempre teve expectativas de ascensão social. Ela seria o contrário e, por momentos, considera que tem a missão de ajudar aos pobres. Quer ir para uma favela.

A mãe se posiciona contra os tratamentos psiquiátricos e psicoterapêuticos porque Mariana diz que os psicólogos a autorizam a fazer o que queira, dizendo-lhe também que não é necessário ficar obedecendo à mãe.

Mariana cursa atualmente o segundo ano em outra escola pública onde voltou a ser uma aluna muito boa. Namora um rapaz de 25 anos, proveniente de uma favela, drogadito e sem nenhuma formação. Ela "o está salvando". Agora ele quer começar a estudar.

A retração, a depressão, as ideias de morte e o confronto crescente com a mãe e com o mundo que a rodeia mostram a intensa comoção que está afetando a vida psíquica de Mariana. Esse choque traumático atua como organizador de experiências, condensando inúmeras situações disruptivas e dissociativas anteriores sob a aparência de um único episódio chocante. Essas foram, no entanto, silenciadas e mascaradas mediante um conjunto de defesas rígidas e um tanto bizarras próprias de um ego precocemente desenvolvido e sobreadaptado que caracterizou sua infância até a puberdade.

Como foi dito anteriormente, as fendas neste escudo, situado por Masud Khan (1963), como função da mãe, não produzem trauma na criança na época ou no contexto em que ocorrem. Só adquirem valor de trauma em forma cumulativa e retrospectivamente. Por exemplo, levam a um prematuro e seletivo desenvolvimento do ego (desenvolvimento acelerado usado como defesa ante invasões desagradáveis). Podem levar também a uma conformidade especial ao temperamento da mãe, conformidade que cria um desequilíbrio na integração dos impulsos agressivos.

O caráter explosivo do episódio traumático atual é proporcional e contrastante com o modo silencioso e imperceptível com que o trauma cumulativo age e se fixa ao longo da infância até a adolescência.

A fase em que a própria criança toma conhecimento dos efeitos cruéis e distorcivos desse laço lesivo com a mãe é na adolescência. Sua reação então é de tremenda rejeição à mãe e a todo seu investimento libidinal em relação a ela (Khan, 1963, p. 74).

Verifica-se uma tentativa de remodelar intencionalmente a própria identidade, anulando o passado, os interesses e os vínculos. Configura-se uma encruzilhada com diversas saídas: a retração em um vazio inerte, o desenvolvimento de laços impregnados de futilidade ou, como ocorre no momento do relato, a busca de objetos e ideais novos e a assunção de papeis onipotentes (a "salvadora"). O vínculo com a mãe pode quebrar-se totalmente ou, mais provavelmente, transformar-se em uma sequência repetitiva de confrontos sem caminhos possíveis de elaboração. Nos primeiros contatos, era visível que a mãe não tinha consciência de quanto suas dificuldades e "percepções" rejeitadas sobrecarregavam a filha. Começa a poder dizer algumas coisas como: "ao longo desses anos tratei de não pensar que não tinha casado; foi uma grande vergonha para mim". Ela espera, dissociadamente, que lhe devolvam a menina modelo que tentou – e em grande medida conseguiu – fabricar compensatoriamente.

Gostaria que aquilo que consideramos ao longo desta apresentação nos fosse útil para entender o papel do traumático na teoria e na clínica psicanalítica contemporânea e para visualizar possibilidades terapêuticas que possam se abrir, apoiadas na potencialidade ressignificante desse tipo de processo. Tentei esclarecer como o modelo do traumático, principalmente no que se refere ao *après-coup*, ajuda a entrever uma dimensão fundamental que caracteriza este modo de "contar a história" que é o nosso trabalho.

José Saramago (1983), em seu romance *Manual de pintura e caligrafia*, pode nos dizer algo nesse sentido:

> ... não o sabia quando o escrevi, sei-o agora ao voltar a escrever (lição importante: nada se deve escrever uma vez só). Em verdade denunciei-me, mas ninguém o iria adivinhar, porque a primeira vez se usa sempre uma língua secreta que tudo diz e nada consente entender. Só a segunda língua explica, mas tudo voltaria a ficar oculto se o código da primeira língua, nesse preciso momento, fosse esquecido ou perdido. A segunda língua, sem a primeira, serve para contar histórias, as duas juntas é que fazem a verdade... (p. 129)

11
Trauma e contemporaneidade[16]

Através de diversos caminhos ou encadeamentos causais, como a piora das condições de vida, o desemprego, o esvaecimento do futuro e de projetos coletivos e individuais, o pragmatismo e a exaltação das saídas imediatistas, a ruptura dos laços de solidariedade, a impunidade generalizada visível na cena pública, etc., tem se produzido um aumento generalizado da violência. Tal aumento une-se ao paradoxo de uma crescente sensação de desproteção, que, por sua vez, associa-se a uma certa banalização que faz com que as pessoas reajam com menos horror à situação de conjunto e com maior atenção aos episódios truculentos transmitidos por programas informativos sensacionalistas.

A vítima individual da situação de violência, ou cada vítima de um conjunto afetado, considerada isoladamente, tende frequentemente a viver a situação como um drama

16 Apresentado no *II Fórum Social Mundial* (Porto Alegre, 31 de janeiro a 5 de fevereiro de 2002).

estritamente individual, considerando-se uma vítima do destino ou, pior ainda, de sua própria irresponsabilidade por ter saído de casa, ter-se exposto em excesso, etc. O trabalho de prevenção permite atuar de modo a desculpabilizar o indivíduo, à medida que torna possível uma consciência individual e coletiva do conjunto da problemática.

Os estudos sobre os lugares em que são frequentes os acidentes demonstram que esta frequência não é acidental. Convocam dessa maneira os diversos atores em jogo para encarar sua análise, e a consciência progressiva coletiva permite arbitrar as medidas de prevenção. O conhecimento dos efeitos traumáticos destas situações deveria incluir-se dentro dessa tomada de consciência para poder operar melhor o atendimento posterior.

Cada sociedade está acompanhada de sua própria cultura da violência. Os limites e as transgressões dentro de uma sociedade são interdependentes, influindo-se reciprocamente. Esta interdependência desempenha um papel importante na sexualidade, na criminalidade e nas formas de agressão permitidas ou rechaçadas.

A agressão é uma emoção ubíqua, independentemente do fato de que há tantas maneiras distintas para sua transformação, sua contenção ou sua realização pelas pessoas. Onde quer que seja que a agressão se transforme em violência, nela estão envolvidos, entre outras coisas, o ódio e as dificuldades para o processamento das diferenças associadas com a alteridade.

Quero referir-me aos efeitos traumáticos que ocorrem depois de situações de violência, imprevistas, que, como sabemos, passaram a fazer parte, cada vez mais, de nossa vida cotidiana. Em um contexto absolutamente corriqueiro (ir ao banco, sair do cinema à noite, de um supermercado, etc.) pode nos aguardar uma situação de violência que tem possibilidades de desencadear um processo de neurose traumática.

Em que isso consiste? Em síntese, consiste em confrontar-se com a morte de forma imprevista. A sensação de perigo e de impotência, misturada à falta de sentido da situação leva a uma crise egoica. Assinalo o sem sentido da situação porque, em outros contextos (guerra, guerrilha, defesa de lugares ocupados), o perigo também existe, mas, nestes casos, faz parte da lógica própria da situação, encontrando-se o psiquismo mais preparado para se defender.

Poderíamos falar de prevenção primária da situação traumática, considerando a possibilidade de inserção do indivíduo em uma sociedade mais justa e menos sujeita à violência. E também em prevenção secundária, uma vez que o indivíduo já passou pela situação traumática; esta consistiria em realizar uma intervenção o mais precocemente possível a fim de evitar que se estruture o quadro de "neurose traumática", com sua sintomatologia repetitiva e invalidante.

Em 1918, no Congresso de Psicanálise de Budapeste, o conceito de *neurose traumática* tomou forma a partir da guerra e de sua relação com o traumatismo psíquico (Lafont, 1998, p. 18). Hoje está novamente atualizado, através das situações de catástrofe, dos acidentes da vida urbana, das agressões e da violência sexual. A neurose traumática de guerra não desapareceu.

Freud (1920) diz que um impacto é traumático quando surpreende o sujeito, sem existir um estado de angústia prévia, apresentando-se uma vivência de pavor ou de susto ligado a um sentimento de impotência e de desamparo frente a um perigo que não poderá ser evitado ou dominado. A angústia, que estava ausente no sujeito no momento anterior, é concebida como tendo uma capacidade de antecipação; é a angústia "diante de" que prepara o sujeito para uma defesa. Nesse sentido, a ausência de angústia é ausência de preparo.

A primeira coisa que os pacientes tentam fazer para sair de um estado inicial de desorganização psíquica é estabelecer um sistema de nomes destinado a conter, regular e situar esse perigo indizível: "tenho medo de baratas, de exames, intranquilidade pelo funcionamento cardíaco", etc. A reação não é só de um organismo, mas de um sujeito cujo sistema de representações e de linguagem deve ser considerado porque será o mediador indispensável de todo trabalho terapêutico.

A noção de *acontecimento* implica uma relação entre o fato e o sujeito ou a sociedade que se encontram confrontados entre si. São as consequências do acontecimento que lhe conferem suas qualidades, sendo a principal a de permanecer na memória. Um acontecimento tem dois períodos: o antes e o depois. Isso define um conjunto de posições subjetivas que vai desde o desencadeamento psicótico, no qual predomina a dimensão imaginária, até a patologia neurótica, na qual o acontecimento leva um significado simbólico.

O acontecimento, quando é traumático, não se situa em nenhuma dessas categorias. Nenhuma dá conta daquilo que o sujeito enfrenta de forma brutal: o encontro com a morte – sua morte – que escapa a toda representação. A eventualidade mais clássica é a presença de um acontecimento que ameaça brutalmente a vida do sujeito.

Um atentado, uma agressão ou o fato de ser tomado como refém são exemplos de acontecimentos cujo alcance traumático é intenso pela razão de virem a romper subitamente o curso habitual da existência e colocarem o sujeito frente a um perigo vital para o qual não tinha preparo algum.

A noção de *surpresa* é significativa da natureza traumática de um acontecimento. Devemos considerar também que, nas situações de guerra declarada, a "surpresa" pode não ser tanta. Entram em consideração fatores que não são exclusivamente externos. Estes representam uma oportunidade na qual se estabelece uma relação direta com a morte. A surpresa se caracteriza, assim, por se estar frente a uma realidade que nenhuma representação permitia antecipar. O termo *ruptura* é o que melhor se aplica à violência disruptiva desse encontro.

Um mesmo acontecimento pode não comportar a mesma carga traumática para todos. As reações podem ser bem variadas, indo desde manifestações de pânico, ansiedade, reações depressivas e crises histeriformes, até estupor e manifestações psicossomáticas. Em alguns indivíduos verificam-se, entre as consequências imediatas ao acontecimento, certos transtornos agudos consideráveis.

A partir da clínica destes estados agudos inicia-se uma estratégia de ações no lugar do fato (desabamentos, catástrofes, acidentes, atentados, etc.) que vão se desenvolvendo cada vez mais. A assistência psicológica, associada à atenção de emergência no local, está se divulgando bastante. Os transtornos agudos vão regredindo e desaparecem depois de algumas semanas.

O fato de se chamar de *latência* este período não significa que ele seja totalmente silencioso. Os estados depressivos, a euforia paradoxal com hiperatividade e as somatizações são indícios disto. O que falta é a marca específica reconhecida como *síndrome de repetição traumática* (Lafont, 1998, p. 21). O período mudo já está marcado pela fixação ao acontecimento traumático. Nesta etapa são acionados dispositivos de investimentos de energia que se organizam em torno do traumatismo inicial.

Estes "paliativos" sustentam um equilíbrio que pode se desestabilizar. E a desestabilização, por sua vez, aparece quando o indivíduo é confrontado com uma situação que lembra, por analogia, seu próprio encontro traumático. Às vezes esta analogia é evidente.

Um outro traumatismo pode desempenhar essa função desencadeante: um luto ou situações atuais que impliquem fatos similares. A relação aparece mais indireta, menos objetiva, mais articulada com a história própria do sujeito quando se trata de um acontecimento de ressonância afetiva (separação, perda do trabalho ou até acontecimentos triviais). Mas todos esses fatos têm algo em comum: remetem o indivíduo a uma experiência de ruptura, de fracasso ou de rejeição, e desestabilizam os dispositivos organizados ao redor do traumatismo, o que nos permite entender por que o tempo de latência é tão variável.

A relação dos pacientes com seus sintomas é complexa. Para algumas pessoas, ter sintomas pode ser uma consequência "natural" depois das experiências vividas, enquanto, para outras, representa a expressão de uma vulnerabilidade que pensavam não ter. A última posição é frequente entre aqueles que trabalham em grupos de excelência (Cruz Vermelha, socorristas profissionais, combatentes em missões especiais, etc.). Eles trazem para nós a "face oculta" do traumatismo, desvelada no momento em que um socorrista pode ficar estupefato a ponto de ver-se impedido de atuar com eficácia e salvar uma vida.

O traumatismo significa o indizível, o irrepresentável, a vergonha e a culpabilidade. Por isso, a consulta muitas vezes se produz por motivos tangenciais. Em muitos desses pacientes coexiste um estado de exceção, que pesa sobre eles em razão da frequente inscrição destes acontecimentos na atualidade "midiática". Em um primeiro tempo privilegiam a versão jornalística, conhecida por todos, na qual toda referência e experiências pessoais estão ausentes.

No início o trabalho terapêutico com esses pacientes consistirá na formulação dessa experiência pessoal e, além disso, na formulação das modalidades de inscrição do traumatismo dentro da história pessoal. A reticência do paciente pode se encontrar com a resistência do terapeuta para ouvir o horror. Depois, é o fascínio deste último junto com o do paciente o que constitui uma das maiores dificuldades, que pode fixar a relação na repetição indefinida do mesmo relato.

O sonho de repetição traumática reproduz o acontecimento nas mesmas condições de local, pessoas e situações, e perturba o sono, mergulhando o paciente em um estado de angústia. Mais do que uma reprodução, trata-se de uma repetição, ou seja, de "reviver" a cena inicial, não só no plano perceptivo, mas também no afetivo. Podem-se observar verdadeiras suspensões do estado de consciência, os chamados *flashbacks*, durante os quais as imagens da cena traumática impõem-se ao sujeito, acompanhadas por seu conteúdo afetivo.

A ruptura traumática é produzida pelo susto, às vezes de forma muito breve (décimos de segundos), às vezes de forma prolongada (estado de petrificação, de estupefação, de dissociação). O estresse e a angústia invadem o sujeito só de forma secundária e tornam-se, nesse caso, a manifestação clínica mais evidente das consequências pós-imediatas do traumatismo.

Devemos considerar três etapas da ação psicológica características deste quadro:

1. o horror do acontecimento invade a consciência de um sujeito completamente desconcertado;
2. desenvolve-se uma reação psíquica contra este "corpo estranho interno" e se coloca o problema de saber o que fará com ele, o "traumatizado";
3. quando está constituída a neurose, trata-se de dar ao sujeito a oportunidade e a possibilidade de questionar o "acerto" com o qual consegue satisfação, apesar do seu sofrimento, e de afastar-se da fascinação que exerce sobre ele a imagem traumática.

A atenção imediata

É interessante, sempre que se faz possível, intervir nos minutos ou nas horas que seguem ao traumatismo. É mais fácil que o atendimento se dê desta maneira nas situações de guerras, acidentes ferroviários, colisões entre veículos, etc. É menos fácil na vida civil, embora na França tenham sido implementadas, em 1995, as "células de emergência médico-psicológica" (Lebigot, 1998, p. 62), por meio das quais essas intervenções imediatas começaram a se organizar. Este dispositivo de emergência originou-se com atendimentos após atentados na rede de metrô de Paris.

O mais importante nesta prática é estabelecer com a vítima um vínculo de fala, propondo-lhe que ponha em palavras a experiência que acaba de viver. Falar com alguém nesse momento já implica tomar um pouco de distância das imagens de horror que produziram marcas no aparelho psíquico. Falar com alguém é, também, segurar-se no mundo dos humanos – a "comunidade dos vivos" – e escapar, dentro do possível, ao poder de atração do horror e da morte.

A atenção imediata sempre é útil: por um lado atenua o sofrimento atual e pode prevenir comportamentos que agravariam a depressão como, por exemplo, isolar-se e abandonar-se em um estado de total desamparo. Por outro lado, permite ativar um movimento de evasão que, a partir de então, ajuda o sujeito a não se constituir totalmente em prisioneiro da cena de horror que acaba de viver.

A experiência mostra que este primeiro encontro, no lugar do acontecimento, facilita os passos terapêuticos subsequentes. Indica também que a vítima, ainda que pareça ter-se recuperado rapidamente do choque imediato, procurará, nos dias seguintes, o terapeuta que viu naquele momento.

A atenção pós-imediata

A atenção pós-imediata é a etapa decisiva no tratamento, prova de que a precocidade da atenção é o principal elemento que determina seu êxito. Em geral, três, quatro entrevistas, ou mais, permitem que o sujeito se livre do domínio da repetição, presente ou por vir, e veja diminuir a sua angústia. Esta atenção tem lugar entre 1 a 5 dias subsequentes ao acontecimento. Às vezes, quando os transtornos aparecem de forma diferenciada, pode-se tentar fazer um trabalho similar no caso de surgir a síndrome de repetição.

O acontecimento é o primordial, e seja de modo privado, seja durante um trabalho de elaboração coletivo, deve-se tentar voltar a percorrer com o paciente todo o desenvolvimento dos fatos, as emoções sentidas e os pensamentos que surgiram em determinados momentos. Nada deve permanecer na sombra, visto que aquilo que se tem que desvendar não é o "real", mas o que o sujeito fez com "isto".

As digressões que o paciente faz são valiosas, à medida que demonstram que o processo associativo está em marcha e que a imagem traumática traduzida por "esse corpo estranho interno" começa a estabelecer vínculo com as representações do inconsciente.

Quando o traumatismo não foi demasiadamente maciço, violento ou prolongado e o sujeito não se encontra muito desestabilizado, algumas entrevistas podem ser suficientes para liberá-lo do domínio do trauma. Este não será esquecido: apenas terá as características de uma lembrança. Em alguns casos deve-se realizar um trabalho mais longo e difícil, que não se diferencia de qualquer psicoterapia de um sujeito neurótico.

O simples fato de "desculpabilizar" os sujeitos não serve de nada, podendo, inclusive, favorecer o estabelecimento de um silêncio. Esse "sentimento de culpa" deve poder ser expresso, o que é uma boa forma de aliviá-lo. E, se se dá início a trabalho terapêutico, veremos que é graças a ele que a vítima poderá sair desses traumas (Lebigot, 1998, p. 64).

Frequentemente o sonho que fecha o tratamento de uma neurose traumática é um sonho de tribunal, em que o sujeito aparece como culpado. No decorrer do trabalho surgem, ainda, sonhos nos quais não aparecem mais imagens da cena: esta aparece relatada por algum personagem.

A atenção tardia

A atenção tardia, em geral, é mais complicada. A neurose traumática já está instalada, e a fascinação pelo trauma vence o horror. O que o paciente pretende, nesse momento, é encontrar uma ajuda para viver "com isso".

Trabalhando como supervisora no Ambulatório do Estado de São Paulo, na cidade de Diadema, verifiquei que frequentemente surgiam, no grupo de profissionais, discussões referentes ao papel do psiquiatra e do psicólogo frente às situações de emergência. Ficava claro, então, que, tanto para o psiquiatra quanto para o pessoal administrativo, era fácil determinar o conceito de *emergência psiquiátrica* (surto, crise de violência, alcoolismo agudo), mas, quando se pensava na *emergência psicológica*, tudo parecia mais difícil. Daí a queixa dos psiquiatras frente aos colegas psicólogos de que, para os últimos, tudo era mais fácil, visto que sempre tinham o trabalho agendado.

Começamos a pensar, então, na formulação do conceito equivalente de *emergência psicológica*, a partir da pressuposição de que tal conceito poderia ajudar a implementar os atendimentos. A ideia, em síntese, seria a de poder ajudar a população que vive em situação de risco, aumentando suas potencialidades para lidar com a mesma, além de propiciar o reconhecimento de limitações que inibam a procura de ajuda, como certas autoexigências restritivas tais como "lidar com coragem", "não se deixar vencer pelo medo", etc.

Toda situação traumática deve poder implicar os outros, envolvendo instâncias coletivas de diversos tipos. Isso tem sido enfatizado por todos os que se enveredaram por este tema. E, para nós, adquire hoje um valor especial, não como utopia, mas como horizonte desejável e possível pela gratificação resultante de uma luta comum e solidária contra múltiplas adversidades, algumas delas incrementadas e agudizadas ao máximo pelo mundo neoliberal.

12
Trauma, elaboração psíquica e desorganização somática[17]

Tentarei neste trabalho relacionar o trauma, a elaboração psíquica e a doença orgânica a partir da hipótese – verificada, a meu ver, na clínica – de que, quando há um aumento da excitação não metabolizada, a enfermidade somática surge como uma consequência, mas também como uma saída alternativa diante da falha, da diminuição ou da falta de mecanismos de ligação e de trabalho elaborativo. Como hipótese auxiliar consideraria a imagem inconsciente do corpo como um dos pivôs fundamentais em torno do qual giram e se apoiam os processos elaborativos, mas que condiciona também o modo, a localização e o grau de alteração em que se faz presente a doença somática.

17 Publicado originalmente no livro *Psicossoma IV: corpo, história, pensamento*, organizado por Rubens Marcelo Volich, Flávio Carvalho Ferraz & Wagner Ranña (São Paulo: Casa do Psicólogo, 2008, pp. 307-314).

As situações mais frequentes em que surge um transtorno psicossomático são as perdas narcísicas, como os lutos pela perda de um ser querido, as feridas narcísicas dos fracassos amorosos, as decepções com os ideais laborais ou profissionais, as perdas patrimoniais: de posições ou bens que são sentidos como partes de si mesmo.

Pode-se estabelecer, além disso, uma ligação entre transtorno psicossomático e depressão. Nas situações de perda, o trabalho do luto também compromete o corpo, o que se evidencia na ocorrência da insônia, na inibição motora, na perda de apetite, todos componentes expressivos das vivências de tristeza, pesar e dor.

Entretanto, a impressão que transmitem os doentes que estamos considerando é que seus sintomas somáticos são o oposto de uma elaboração. A impressão de que, por meio deles, conseguem anular toda vivência de luto, como se seus mal-estares somáticos, únicos mal-estares que reconhecem e sobre os quais aceitam falar, lhes permitissem evitar toda dor psíquica. Quanto maior o peso da economia narcísica, mais frágil fica o eu, mais incapacitado para integrar a percepção da perda (e aí se procede o mecanismo da recusa), de elaborar a dor e de contar com o outro para o alívio da tensão. Nessas condições, diz Galende (1997), cresce a *vulnerabilidade somática*.

Quando esses sujeitos aceitam entrar em análise e começam a mexer com os lutos congelados que só sentiam como enfermidade corporal, surgem ideias de afetos incontroláveis, de não suportar o vivido porque os levaria a uma explosão ou a uma desintegração, com sensações persecutórias intensas pela ameaça que sentem pairar sobre sua integridade corporal fálica (Galende, 1997, p. 291).

Passemos a ver como se iniciam esses processos.

Na infância, corresponde aos pais cumprir uma dupla função de preservação da vida somática e da vida psíquica, transformando em informação psíquica os estímulos que chegam do mundo externo e sendo, então, parte ativa tanto no prazer como no sofrimento.

A mãe é quem dá o sentido às expressões de prazer ou sofrimento – experiências que precisam ser reconhecidas como tal e não ser invertidas ou desviadas em sua intencionalidade; essa decodificação materna é vital para o *infans*. Vale notar, também, que é preciso haver coerência na percepção do que acontece com o bebê, na relação entre o que sente e o que transmite, caso contrário o transmitido será indecifrável – a mãe deverá perceber essas variações que expressa o bebê para poder cuidar dele.

O sentido e a forma da experiência corporal acham-se condicionados pelo modelo da linguagem. É do "corpo a corpo" entre a mãe e o bebê que surge a palavra, inicialmente como algo sonoro, depois como índice, como signo e, por fim, como significante.

Em consequência disso que vimos observando, o sofrimento no corpo, seja proveniente de uma alteração orgânica ou devido à participação somática em uma patologia psíquica, necessariamente implicará a mãe. Exigirá dela uma resposta que possa mudar esse sofrimento.

Inúmeras são as situações em que a mãe "não escuta" o sofrimento psíquico, não está atenta à tristeza, ao retraimento, à sensação de abandono. Frente ao sofrimento orgânico, sabemos, não acontece o mesmo: ele adquire um caráter de evidência que em geral impede a negação, e essa percepção pode até ser exagerada, razão pela qual a mãe dificilmente ficaria indiferente.

Precisamente por isso, em muitos momentos a criança tentará comunicar-se através de um sofrimento de origem somático, como reação à falta de resposta e de compreensão de seu sofrimento psíquico. Trata-se de um tipo de comunicação que, quando internalizado, facilita a reprodução desse modelo na relação dela com seu corpo, repetindo o vínculo com a mãe e abrindo uma nova forma de instalação da "potencialidade somática". O que se verifica é o recurso da doença como demanda.

Françoise Dolto (2001) mostra como a imagem inconsciente do corpo intervém nos processos de "saúde" e de "doença". Trata-se da imagem própria de cada indivíduo. Está ligada ao sujeito e a sua história. É a síntese viva de nossas experiências emocionais, inter-humanas, repetitivamente vividas através das sensações erógenas. É a encarnação simbólica inconsciente do sujeito desejante, e guarda em seu interior a linguagem memorizada da comunicação entre sujeitos.

O corpo insere-se e inscreve-se em um mundo simbólico que o precede e o significa: necessita sempre de um outro que lhe outorgue qualidades diferenciais que incidem na construção de sua imagem inconsciente. Nessa construção, a família desempenha um papel fundamental que pode, às vezes, deixar marcas geradoras de patologia.

É por meio da palavra que desejos pretéritos podem se organizar em imagem do corpo. As palavras, para adquirir sentido, precisam ter corpo,[18] isso é, precisam ser metabolizadas em uma imagem de corpo relacional. O nome próprio,

18 "Oh, matemáticos, esclareçam seu erro! O espírito não tem voz, porque onde há voz, há corpo" (Leonardo da Vinci).

que reafirma a coesão narcísica do sujeito, contribui desde o nascimento para estruturação das imagens desse corpo. Essa pregnância da palavra, de que o nome próprio é um exemplo típico, mostra que a imagem inconsciente do corpo é a marca mnêmica estrutural da história emocional de um ser humano.

É uma estrutura que provém da "memorização" olfativa, auditiva, gustativa, visual, tátil, de percepções experimentadas como linguagem de desejo do sujeito em sua relação com o outro, percepções que se apoiam sobre as tensões sentidas no corpo, produto das necessidades vitais. Para a psicanálise, o corpo não coincide com o organismo: é uma construção em que participam fundamentalmente as palavras, tramitadas por via do desejo do outro (no início, principalmente pelo desejo da mãe). Corpo erógeno, marcado pela pulsão e percorrido pela sexualidade, que o transporta além da necessidade biológica, na busca de uma satisfação mais complexa, como é a sexual – na qual corpo, pulsão e linguagem juntam-se em torno ao desejo do outro.

Em relação ao conceito de apoio, Flávio C. Ferraz (2007) afirma que o corpo somático fica fora da área de ação do apoio, permanecendo, portanto, como corpo somático propriamente dito, sem se "converter" em corpo erógeno. Dejours (1991) dirá: "sem sofrer o processo de subversão libidinal".

Ninguém duvida do papel protagônico que a família desempenha na estruturação da subjetividade de um indivíduo. Mas ela tem também importância pelo lugar que ocupa na construção da *imagem corporal inconsciente* e, em geral, da unidade psicossomática. É um dos organizadores fundamentais para garantir, de certa forma, a saúde psicofísica ao longo da vida. Vale observar que temos que entender esses processos como fatores que predispõem ou possibilitam a saúde ou a doença, não como fenômenos causais, já que devemos considerar também o imprevisível no devir de um sujeito.

O conceito de *atuação somática* tem seu antecedente no sentido dado ao termo *Agieren*, usado por Freud e traduzido ao inglês como *acting-out* e ao português como "passagem ao ato". Na análise, um *acting-out* pode significar uma chamada, um desafio, uma réplica que encena uma falha no dizer, que responde a uma intervenção no real ou significa o que resta intocado pela interpretação (Kaufmann, 1996). Mas é também aquilo que está pedindo ter acesso à interpretação e à abertura de espaço para a palavra.

Como sabemos, para Freud as formas de recuperação do passado são basicamente a repetição e a rememoração. Quando a lembrança está recalcada, o sujeito está condenado a se repetir de diversas maneiras, às vezes atuando esse passado no *acting-out*. É por isso que a psicanálise tenta modificar os processos de repetição por meio da rememoração.

Em geral, a expressão *passagem ao ato* é utilizada para nomear atos violentos, impulsivos, agressivos e/ou delitivos – "o sujeito passa de uma representação de uma tendência, ao ato propriamente dito" (Laplanche, 1979).

Lacan estabeleceu uma diferença entre passagem ao ato e *acting-out*. O primeiro supõe uma saída de cena, uma fuga do outro, onde a simbolização parece impossível. No *acting-out*, o sujeito permanece em cena, tem uma mensagem, um apelo ao outro. Quando falamos de *atuação somática*, a ideia que temos é de algo que não pôde entrar no processo simbólico da elaboração e se degrada através de transtornos corporais.

O *ato-sintoma*, postulado por Joyce McDougall (1999) não é nem uma comunicação neurótica nem uma restituição psicótica. É uma descarga que produz um curto-circuito no trabalho psíquico. A ausência de elaboração e a falta de simbolização, com um atuar de caráter compulsivo para aliviar a dor, ocupa o lugar de um sonho que não foi sonhado. Para esta autora, os atos-sintoma compreendem as adicções, os processos de somatização, a sexualidade adictiva, o vínculo adictivo como relação de objeto. Trata-se de um curto-circuito na mentalização e na simbolização. No lugar da elaboração mental (palavra, pensamento, fantasia, representação), aparece essa ação (o atuar como um bebê, sem palavra, pura descarga).

Trata-se de pessoas que têm dificuldades para conter o afeto; não suportam as representações ligadas aos afetos, produzindo-se assim a descarga no ato (seja de caráter adictivo ou através de um adoecer no corpo). A alteração ou a diminuição do princípio de realidade, ao que se pode acrescentar a prevalência do ego ideal, é o que determinaria a dificuldade do sujeito em estabelecer limites a suas possibilidades em diferentes situações: trabalho, sexualidade, atividade esportiva. A tendência excessiva para a ação coloca-o em risco e aumenta a possibilidade de acidentes.

Os atos-sintoma driblam o trabalho de elaboração psíquica, mas são uma tentativa de controle de conflitos, ainda que possam significar uma ameaça para a vida. Esses fatores permitem falar de "uma estrutura somatopsíquica vulnerável". A ideia de um sujeito suscetível a contrair doenças frente a situações de conflito de difícil resolução tem sido uma preocupação constante nas investigações e nos desenvolvimentos dentro do campo psicossomático.

Quando usamos a metáfora *linguagem corporal* estamos nos referindo às manifestações corporais que acompanham a palavra ou que às vezes a substituem. Dizemos, por exemplo, que o corpo *encarna* um conflito, um drama vital, em referência à expressão que ele consegue fazer desse conflito.

O corpo é uma realidade que se constrói – o organismo é diferente do que em psicanálise chamamos corpo. Para construir um corpo, necessita-se de um organismo vivo, somado a uma imagem aprendida no especular e investida libidinalmente pelo outro (Lacan, 1976).

Para a compreensão e a explicação da enfermidade somática é importante o ponto de vista econômico. Relaciona-se com a hipótese segundo a qual os processos psíquicos consistem em circulação e distribuição de uma quantidade, ou seja, de uma energia pulsional suscetível a aumentos ou diminuições.

Essa energia pode: ligar-se a determinadas representações constituindo investimentos, tentar vencer o recalque ou, de maneira diversa, produzir alterações quando o caminho está bloqueado. Para Freud, isso se especifica no conceito de *neuroses atuais*.

A tentativa de relacionar trauma, elaboração psíquica e doença somática responde a esses critérios econômicos. O trauma significa um aumento poderoso e disruptivo de excitação em um breve período de tempo, o que produz uma interrupção do processo elaborativo e o transforma em algo não metabolizado; consequentemente, em um fator de perturbação se não conseguir uma via de expressão. A qualidade do trauma está diretamente relacionada com a incapacidade do indivíduo para estabelecer contracatexias que permitam fixar e ligar o *quantum* de excitação de acordo com o princípio do prazer.

O trabalho de elaboração permite integrar as excitações pulsionais e estabelecer entre elas conexões associativas, o que levaria à recuperação do equilíbrio. O que confere ao acontecimento seu valor traumático, entre outras coisas, é a impossibilidade de integrar no psiquismo a experiência por que se passou. Desse modo, os traumatismos poderiam ser definidos pela quantidade de desorganização que produzem, e não pela qualidade dos acontecimentos que os produzem.

Por meio da repetição, o aparelho tratará de dominar ou ligar as excitações que, pelas circunstâncias da sua gênese, foram traumáticas – o sonho traumático é um exemplo disso, um esforço de domínio.

A doença orgânica, assim como a atuação, implicaria uma resposta por meio de mecanismos primitivos, modificando as funções e/ou os órgãos ante a dificuldade de organizar o pensamento para a elaboração da situação angustiante. André Green (1988) afirma: "podemos dizer que reações somáticas e passagem ao ato teriam a mesma função: uma descarga defensiva frente a realidade psíquica".[19]

O interjogo entre corpo, pulsão e linguagem produzirá efeitos sobre esse mesmo corpo, alinhavando sintomas conversivos, quando estão sustentados em uma cena fantasmática, ou simples descargas pulsionais que carecem de um texto, de uma cena que as sustente, que procuram ligações com palavras que coloquem limite a sua insistência compulsiva: os fenômenos psicossomáticos revelam um grito silencioso, e a ausência de um registro significante que signifique esse corpo.

O corpo é uma realidade reveladora da história pessoal, que desde um primeiro momento reage, transforma-se, adapta-se

19 Levkowicz (1997) diz, fazendo a comparação entre trauma, catástrofe e acontecimento, que o trauma é concebido como um impasse na lógica que põe em funcionamento certos esquemas prévios, o acontecimento como invenção de uns esquemas diferentes diante desse impasse, e a catástrofe como retorno ao não ser.

ou se revela frente às pressões familiares, que por sua vez são porta-vozes dos diferentes discursos culturais a que se submetem. Lacan dizia que a anatomia se constrói segundo as ideias, claras ou confusas, que cada cultura tem sobre as funções corporais. Corpo heterogêneo, corpo histórico-social, biológico, político, erógeno, da cultura, da linguagem, sexualizado. Não se trata de um corpo único, mas de vários corpos na mesma pessoa.

Existe, também, uma correlação entre a desmentida ou recusa, a cisão do ego como resultado dela e a vulnerabilidade somática à qual o indivíduo poderia ver-se exposto pelo uso prevalente e reiterado desse mecanismo defensivo. O ego cindido é um estado favorável ao aparecimento de doenças somáticas desorganizativas.

Esse mecanismo de recusa, que surge por ocasião de uma realidade intolerável, pode operar em relação aos estímulos provenientes do próprio corpo. O paciente que recusa parece não perceber os sinais que lhe chegam de seu interior: cansaço, dores, incômodos. No caso da neurastenia e da neurose de angústia, tanto como se pode verificar nas neuroses atuais em geral, o característico é a falta ou falha no processamento psíquico, mais do que a presença de um mecanismo de recusa.

A resistência física de um sujeito às agressões depende da solidez de sua constituição mental; a desorganização das defesas psíquicas coincide com a desorganização das defesas biológicas. São, assim, estruturas psíquicas vulneráveis aquelas que propiciam a desorganização somática ante agressões diversas. Quando não conseguem um restabelecimento através de uma elaboração psíquica, podem cair na desordem somática.

O trabalho de teorização metapsicológica em torno às questões suscitadas pelos sintomas psicossomáticos pode contribuir para afinar e ampliar nossa escuta em relação a esses chamados, fechados às vezes a toda compreensão. Dessa escuta e do acolhimento psíquico por parte do analista surge a possibilidade de uma redução da vulnerabilidade somática, e de uma ampliação dos recursos elaborativos dos pacientes, tanto no que se refere ao desbloqueio dos lutos congelados quanto no enriquecimento de sua vida representacional com produções do inconsciente que permitam transformar sua atualidade estagnada e sofrida. Finalmente, também, na possibilidade de construção de uma história significativa e assim, no limite, redentora ou transformadora.

13
Violência e gênero[20]

A violência sistemática

Tanto as mulheres quanto os homens podem ser objetos e sujeitos da violência, mas a situação de subordinação social das mulheres favorece que, na maior parte das vezes, sejam elas as destinatárias de violências estruturais e conjunturais.

A palavra *violência* indica uma maneira de atuar que ofende e prejudica o outro por meio do uso da força. Não apenas da força física, mas também da pressão psicológica, sob a forma de violências emocionais, invisíveis, simbólicas, econômicas. Um ato violento – a agressão corporal, a intimidação, o abuso de poder, a violência sexual – gera diversos tipos de reação na comunidade, na vítima e no agressor.

20 Publicado originalmente no livro *Interlocuções sobre o feminino na clínica, na teoria, na cultura*, organizado por Silvia Leonor Alonso, Danielle Melanie Breyton & Helena H. F. M. Albuquerque (São Paulo: Escuta / Instituto Sedes Sapientiae, 2008, pp. 302-310).

As manifestações das mulheres que passaram por essas situações, das testemunhas e das demais pessoas que acabam se envolvendo são variáveis. Não são poucos os casos em que se verifica certa indiferença em diversas instâncias, um interesse aparente, predominantemente burocrático dos que recebem os depoimentos, uma justificação do ato em função de um suposto descuido ou um gesto de facilitação, quando não a interpretação de que tudo foi fruto de uma provocação por parte da vítima ("alguma razão tem que ter!"), para não falar da autoculpabilidade da mulher, também como um modo de dar sentido ao inexplicável. No outro extremo, está a indignação, a crítica, a condenação, culminando até em um ódio contido ou que pode explodir em um desejo de vingança.

A resistência das pessoas – e, eventualmente, de grupos inteiros – a tomar conhecimento ou mesmo a escutar quando se relata um ato de violência é um mecanismo defensivo muito frequente, servindo para negar ou dissimular uma realidade incômoda e ameaçadora. Desse modo, tem-se uma dificuldade maior para reconhecer certos padrões de comportamento como violentos, adiando-se com isso uma atitude crítica em relação a eles.

Os mitos e estereótipos que subjazem a essas omissões configuram o imaginário social em relação aos atos violentos contra a mulher. Eva Giberti (1988) alega que esse imaginário responde à dinâmica de complexos processos sociais que, na forma de ideologias, privilegiam determinados valores e banalizam outros, propondo e defendendo éticas diferentes que se autodefinem como as únicas e as melhores. Trata-se de um imaginário social que atua sobre o imaginário pessoal, transformando a ideologia que o promove em pensamentos e ações imutáveis e carentes de todo questionamento. Configura crenças que persistem ao longo do tempo, reproduzindo-se por consenso social e perpetuando uma eficácia simbólica que opera como a instância da verdade.

Em consequência, minimizam-se ou são negados os atos de violência, que passam a serem considerados "normais" ou "habituais", desmentindo-se assim as experiências das mulheres e extraviando-se a responsabilidade dos agressores. A comunidade, de maneira geral, deseja esquecer o que produz desprazer, obliterar o espetáculo da violência "como se conhecê-la e atuar sobre ela fosse tão perigoso quanto a própria violência". Os afetados por esses atos acabam perdendo o contexto em que se inserem, e passam a serem tidos como singularidades isoladas que devem permanecer no segredo e no silêncio.

Tal silêncio, que se impõe de maneira bilateral, tanto da parte da sociedade quanto da vítima, encobre os mecanismos sociais de produção e reprodução das violências cotidianas. Se observarmos a violência exercida sobre a mulher, ficam visíveis as formas em que se relacionam e articulam a violência, o poder e os papeis de gênero.

Para a Organização das Nações Unidas (ONU), a violência de gênero abrange múltiplas e heterogêneas problemáticas, como a violência física, sexual e psicológica que tenha lugar dentro da família ou em outra relação interpessoal. Essas diferentes formas de violência se evidenciam a partir dos estudos de gênero, que permitem identificá-las e relacioná-las com pautas culturais e sociais diferentes para homens e mulheres.

Nesse sentido, não é difícil entender a omissão frente à violência como uma estratégia da desigualdade de gênero: se os atos de violência são considerados "naturais", perdem visibilidade enquanto violência, sendo legitimada e justificada a arbitrariedade como forma natural da relação entre os gêneros.

Mas convém estabelecer certas definições básicas antes de aprofundar essa avaliação e suas importantes decorrências. Emilce Dio Bleichmar (1988) afirma que o conceito de *gênero* corresponde ao agrupamento dos aspectos psicológicos, culturais e sociais da feminilidade/masculinidade, e diferencia-se do conceito de *sexo* porque este se define por componentes biológicos e anatômicos. Essa distinção reduz o papel do instintivo, do herdado, do biologicamente determinado, em favor do caráter significativo que as marcas da anatomia sexual adquirem para os sujeitos através das crenças da cultura. Existe um contraste entre "virilidade"/"feminidade", termos que se referem mais ao sexo biológico, e "masculinidade"/"-feminilidade", mais voltados às diferenças de gênero.

A definição de gênero apoia-se na relação de duas proposições:

1. o gênero é um elemento constitutivo das relações sociais baseadas nas diferenças que se percebem entre os sexos, e
2. é uma forma primária de significar as relações de poder.

O gênero é um campo no qual se articula e distribui o poder como controle diferenciado sobre o acesso aos recursos materiais e simbólicos.

Gênero: naturalização e violência invisível

Gênero é a forma social que adquire cada sexo uma vez que recebe conotações específicas em termos de valores e normas. É uma aquisição cultural que se obtém através do processo de socialização que prepara os sujeitos para que cumpram adequadamente seus papeis – isto é, para que, quando socializem, possam ser o que se diz que são por natureza. É justamente devido a essa noção de natureza que se adjudicam às mulheres os papeis de dona de casa, mãe socializadora e mediadora, produtora e reprodutora do cotidiano. Essa atribuição "por natureza", que não deixa alternativas possíveis e que não pode ser questionada, tem sido definida como uma violência simbólica invisível.

A operação ideológica de naturalização cumpre, também, uma função de encobrimento. Acreditar que esses papeis são naturais facilita que não se veja a violência simbólica que, por meio deles, se exerce sobre as mulheres: concordar ou aceitar que ser mulher equivale a cumprir o estereótipo de gênero, ignorando-se as potencialidades individuais.

A *violência visível* ou *manifesta* é contingente – pode estar ou não presente na família. A *violência invisível*, pelo contrário, é inerente à própria constituição da família. Está implícita nos papeis designados às mulheres em função de concepções "naturalistas", de sua condição de gênero, ignorando assim o caráter de construção cultural que está presente.

Trata-se de uma imposição que não se aplica às mulheres por coerção manifesta ou violência explícita. É invisível porque se apoia na naturalização dos papeis dados às mulheres pela cultura, mas continua sendo violência porque, em se tratando de papeis fixos, compromete as escolhas individuais e a autonomia pessoal – "cuidar do lar" é um eufemismo que já não consegue ocultar o caráter coercitivo do trabalho sistemático que encerra para aquela que o realiza.

Quando, apesar dos obstáculos, as mulheres alcançam o âmbito público e conseguem se inserir no mercado profissional remunerado, surge outra dimensão da violência invisível: a dupla jornada de trabalho que decorre do acréscimo das tarefas que desenvolve no seu trabalho novo às funções inerentes a sua condição feminina. Como a anterior, esta consequência da violência invisível e tantas outras que se manifestam de diferentes formas no cotidiano da mulher aparentemente não são percebidas pela sociedade.

Mas consideremos agora outro aspecto: o que é o invisível? O invisível não é o oculto, e sim o denegado, o que foi interditado e não pode ser visto. Mais preciso é dizer que os processos mencionados não *são* invisíveis, e sim *estão* invisíveis. Ou seja, que as características da subordinação de gênero – exclusões, desqualificações, discriminações, seja no trabalho ou impondo uma forma de pensar, sentir, atrair – encontram-se naturalizadas. São, portanto, resultado de um complexo processo sócio-histórico ou cultural. Desigualdade, discriminação e violência fazem parte de um circuito de realimentação mútua que se visualiza através da produção social das diversas formas de aceitação que legitimam tanto a desigualdade como as práticas discriminatórias, também deixando invisíveis as violências.

Bourdieu (1985) diz que "os atos de nomeação detêm o poder de configurar os grupos, constituindo seu senso comum e seus consensos" (p. 27). Uma das formas do poder político é a de nomear e fazer existir através da nomeação, tendo como correlato tornar inexistente o que não é nomeado. Nomear o mal-estar das mulheres não é só um ato semântico. É importante, por exemplo, diferenciar reprodução de maternidade. A reprodução está referida à ordem da espécie; a maternidade entra na ordem da cultura.

Consideramos "natural" que a mulher seja mãe. Em nossa sociedade, a maternidade se qualifica como fenômeno da natureza, e não da cultura. Essa inscrição faz com que seja desnecessária a consideração de determinantes histórico-sociais, econômicos e culturais, definindo e consolidando o fato como pertencente à ordem biológica.

O mito de que ser mulher é igual a ser mãe tem eficácia simbólica por duas razões: pela capilaridade da difusão discursiva e pela repetição do conteúdo central do mito. Opera por violência simbólica já que, através do mecanismo de totalização, exerce uma apropriação, negando valor às diversidades de sentido que diferentes mulheres podem ter em relação à maternidade. Um significado universal obtura assim possíveis singularidades de sentido.

A imaginação criativa

É importante diferenciar o conceito de imaginário social da noção de *imaginário* em psicanálise. Para a psicanálise, o imaginário se refere ao especular, à "imagem de", imagem que se reflete. A ideia do imaginário como a imagem no espelho ou no olhar do outro é tributária da acepção do ilusório como ficção.

Na expressão *imaginário social*, por sua vez, o imaginário assume uma outra ordem de sentido, já não como "imagem de", e sim como capacidade imaginante, como invenção ou criação incessante sócio-histórica-psíquica de figuras, formas, imagens. Em síntese, como produção de significações coletivas.

Uma sociedade também é um sistema de interpretação do mundo – isto é, de construção, criação, invenção de seu próprio mundo. Entretanto, para a própria sociedade, essas situações, ações simbólicas imaginantes, podem ser vividas como ataques a sua identidade, e as diferenças podem ser percebidas como ameaças.

Quando as diferenças se apresentam como perigo, pode-se dizer que o princípio de conservação dessa sociedade é a conservação dos seus atributos arbitrários e específicos; a conservação de suas significações imaginárias sociais instituídas. Os mitos que cada sociedade institui são cristalizações de significação que operam como organizadores de sentido na ação, no pensamento e no sentimento dos homens e das mulheres que configuram essa sociedade, sustentando por sua vez a orientação e legitimidade de suas instituições. Assim, esses mitos (imaginário efetivo ou instituído) constituem peças-chave na disciplina de uma sociedade.

O mal-estar do gênero na cultura do futebol

Um dos avanços mais interessantes, nos últimos tempos, na ampliação dos espaços de protagonismo para as mulheres e da imaginação social criadora de novos sentidos é sua participação crescente no âmbito do futebol. Uma área tão emblemática na construção social instituída do gênero masculino que a bola de futebol sagrou-se, ao longo de muitas gerações, como o primeiro presente a ser dado a um bebê varão por seu pai. O desempenho das mulheres como jogadoras tem sido reconhecido e aplaudido por espectadores de todas as idades, homens e mulheres – em um processo que se iniciou no exterior e agora tem se traduzido no Brasil com satisfação, deleite e admiração particulares. Aqui, as mulheres até têm chegado a postos de autoridade em campo, na condição de "bandeirinhas" e de juízas.

Contudo, apesar desses bons indícios, em se tratando de um espaço de ação e expressão tão investido libidinalmente na subjetividade contemporânea, com toda lógica passou a ser lugar de emergência do sintoma no campo social. Lugar de retorno não só do recalcado, mas *do que achávamos superado*, lembrando as palavras de Freud (1919) ao formular suas primeiras hipóteses sobre o "*Unheimlich*". No exemplo a seguir, o que retorna, desta vez visivelmente, é o preconceito de gênero contra a mulher, manifestado aos brados por um público predominantemente masculino, ferido narcisicamente por uma derrota inesperada.

O caso a que recorro a título de exemplo, porque sem dúvida a mesma postura pode ser verificada em outros episódios, é de um jogo entre Botafogo e Figueirense realizado em maio de 2007. Uma partida tão peculiar que, em um texto da *Folha de S. Paulo*, o articulista José Geraldo Couto (2007) chamou-a de "jogo dos sete erros". Erraram, patentemente, um goleiro que sofreu um chamado "frango", "escandaloso" na definição do autor, e um zagueiro que cometeu o tão malquisto "gol contra". A torcida, no entanto, preferiu absolver esses dois jogadores e revoltar-se contra a bandeirinha, uma mulher, que marcara impedimento em dois lances duvidosos que resultariam em gol.

Com muita perspicácia, Couto relata e observa: "Após seu primeiro erro, a arquibancada gritava em uníssono: 'Piranha, piranha!'. Nesse caso, o que emergiu foi o preconceito contra a mulher, bem expresso no comentário infeliz do vice-presidente de futebol do Botafogo, Carlos Augusto Montenegro, de que ela 'devia estar naqueles dias de mulher'. É curioso: diante de um erro equivalente cometido por um bandeirinha ou árbitro homem, o que se grita é: 'Filho da puta, filho da puta!'. Quer dizer, a culpa é sempre da mulher, esse estranho ser que perturba e desestabiliza os machos quando invade um de seus últimos redutos, o estádio de futebol".

Efeitos traumáticos da violência sistemática

Uma consequência traumática da violência que, em grande variedade de formas, se faz presente na cotidianidade das mulheres é o fenômeno da *desestruturação psíquica*, que atinge os aparelhos de percepção e psicomotor, o raciocínio e os recursos emocionais, impedindo uma reação adequada aos ataques. Todo ataque ao corpo é um ataque à identidade e à subjetividade. A característica central da violência e, em especial, da *violência sistemática*, é o fato de atingir a subjetividade, isto é, atingir aquilo que nos constitui como pessoa.

O que torna traumático um acontecimento nesses casos de violência sistemática? Vários fatores: a acumulação de situações penosas, o aumento excessivo de cargas afetivas e a significação conflitiva que cada sujeito outorga a esses fatos. A condição de indefeso se deve ao processo de *dessubjetivação* promovido pela violência reiterada.

Diante da violência sistemática, uma grande quantidade de mulheres acaba inclusive perdendo a vida, seja por serem assassinadas ou por se verem levadas ao suicídio. Outras, em casos não menos dramáticos, ficam profundamente afetadas ou sofrem lesões que provocam a invalidez.

Também as pessoas que sofrem agressões psíquicas, como o assédio moral, podem ser consideradas vítimas, pois têm seu psiquismo atingido de forma transitória ou definitiva. Quando as vítimas dessa violência – quase sempre invisível – procuram atendimento individual, apresentam quadros muito variados, podendo estar marcados por inibição intelectual, falta de confiança em si mesmas, dificuldades de autoafirmação, estados de depressão permanente com resistência a antidepressivos ou, às vezes, depressões severas que podem levar ao suicídio.

Em muitos casos, as vítimas não são conscientes dessa violência subterrânea ou não têm coragem para se queixar de determinadas situações – a confusão psíquica que se estabelece às vezes faz esquecer que se trata de uma violência objetiva. O ponto comum de todas essas agressões é que são indizíveis: a pessoa, ainda reconhecendo seu sofrimento, não consegue pensar que existiu violência e agressão e, quando tenta relatar os acontecimentos, acaba tendo a impressão de não conseguir transmitir claramente de que se trata.

Os pequenos atos perversos são tão cotidianos que parecem normais; podem começar como uma simples falta de respeito, como uma mentira ou manipulação. Se o grupo social no qual apareceu não reage, tais atos se transformam em condutas perversas que trazem sérias consequências para o equilíbrio psíquico das vítimas: por não ter certeza de que serão acolhidas em sua queixa, as pessoas calam e sofrem em silêncio. Em linhas gerais, podemos dizer que tais situações se iniciam como abuso de poder, às vezes culminando em abuso sexual, e logo se convertem em abuso narcisista, com perda de autoestima por parte da vítima.

Essa destruição moral existe desde sempre, tanto nas famílias, onde se mantém oculta, quanto nos ambientes de trabalho, onde as vítimas procuram preservar seus empregos em detrimento da própria saúde física e psíquica. Tomados em conjunto, o que chama a atenção nesses relatos de sofrimento é a repetição: o que cada um acredita ser singular é, na verdade, compartilhado por muitos indivíduos.

Um dos pontos fundamentais, claro está, é romper esse ciclo de silêncio, e sem dúvida a psicanálise desempenha alguns papeis importantes nesse processo. Por um lado, a abordagem clínica das vítimas da violência coaduna – na possibilidade de uma abertura para a palavra – com a dimensão terapêutica de uma reestruturação subjetiva e com a dimensão ética de uma restituição da dignidade. Por outro, contribui para a investigação e para o conhecimento dos processos de dominação e de sujeição no campo complexo da construção e da instituição social do gênero.

14
Abuso sexual de crianças na família[21]

A psicanálise viu-se levada a marcar posições, nos últimos 20 anos, em diversos campos clínicos. Uma maior abertura para as questões sociais, aliada a uma frequente inserção em trabalhos institucionais, levaram-na a enfrentar variados desafios associados à gravidade dos problemas, à magnitude da demanda e a uma maior complexidade das intervenções.

A própria difusão e a penetração cultural da psicanálise levam-na cada vez mais a ser solicitada, inclusive em espaços alheios às instituições assistenciais de saúde, como é o caso da medicina legal ou das varas judiciais. Torna-se presente, nessas situações, tanto o convívio como a confrontação,

21 Publicado originalmente na revista *Percurso* (ano X, nº 20, 1998, pp. 120-126) e reproduzido no livro *Abuso sexual en la infancia*, organizado por Jorge Volnovich (Buenos Aires: Lúmen, 2002), cuja tradução foi publicada no Brasil (Rio de Janeiro: Lacerda, 2005).

necessária – e em boa medida interessante e enriquecedora – com outras disciplinas, outros profissionais e outros pontos de vista, associados a uma compreensão teórica ou clínica dos fenômenos psíquicos em jogo diferente da nossa.

A questão do abuso sexual no contexto familiar – sendo este o incesto que *se consuma*, não ao modo do mito de Édipo, mas com implicações não menos trágicas – é hoje objeto de um investimento significativo em diversos lugares do mundo. Esse interesse está associado em boa medida ao combate à violência e à preocupação mais abrangente com a criança, com a mulher e com a família.

Essa preocupação e esse combate adquirem, na América Latina, uma significação fundamental, tanto por sua magnitude como pela importância das questões sociais e políticas com que se articulam. Os estudos desenvolvidos por centros que trabalham a partir de uma perspectiva assistencial, bem como por organismos que os incorporam à esfera da luta pelos direitos humanos, buscam estabelecer critérios para se orientar na análise dessa problemática.

Alguns alinhamentos conceituais bastante difundidos no Brasil valorizam dois processos fundamentais de produção de crianças-vítimas em sociedades como a nossa:

1. o processo de vitimação;
2. o processo de vitimização.

É consensual o uso do neologismo "*vitimizar*" para referir-se à precariedade nas condições de vida, em particular quando se associa à pobreza. Entretanto, fala-se em "*vitimização*" quando as situações envolvem especificamente violência física, sexual, psicológica, assim como negligência, sem discriminação de classe.

No primeiro caso, as crianças são vítimas da violência estrutural que caracteriza as sociedades marcadas pela extrema desigualdade distributiva e a dominação de classe. A fome é elemento primordial nesse cenário, encabeçando o conjunto das necessidades básicas insatisfeitas. Nesse caso, podemos considerá-las, de acordo com Azevedo & Guerra (1989), crianças em "situação de alto risco", porque é alta a probabilidade de que sofram, cotidiana e permanentemente, a violação de seus direitos humanos mais fundamentais: vida, saúde, alimentação, educação, segurança, etc. Trata-se, então, de um processo de violência estrutural que se imprime sobre os "deserdados".

No processo de *vitimização*, por sua vez, destaca-se uma dimensão mais pessoal, ou interpessoal, no exercício da violência. Dessa forma, essa violência, em forma de maltrato, negligência, abuso/exploração de natureza sexual, especialmente quando se faz presente no seio da família, é exercida em todas as classes sociais, sendo *vitimizadas* não só crianças mais pobres, mas também as de classe média e alta.

Entretanto, é inegável que, também no caso da vitimização, a engrenagem social responde pela produção de vítimas. Os processos se sobrepõem e se combinam porque as crianças estão mais expostas, por suas condições de vida, à crueldade e à exploração por parte dos adultos e até das crianças ou adolescentes mais velhas do que elas. Mas ambos os processos, enfatiza Azevedo, têm suas raízes em uma ordem social alterada, na qual as relações sociais estão atravessadas pelo poder.

A vitimização é uma forma de aprisionar a vontade e o desejo da criança, de submetê-la, portanto, ao poder do adulto para coagi-lo a satisfazer seus interesses, expectativas ou paixões. Como essa violência interpessoal constitui uma transgressão (menos ou mais consciente) das normas que regulam a função disciplinadora do adulto, este exige que a vítima seja "cúmplice" em um "pacto de silêncio". A vítima, assim, não só tem restringida sua potência de ação e reação, mas também censurada sua palavra, passando a viver ante a ubiquidade do medo: medo da coação, da revelação, de punições a partir de um possível descobrimento. A vítima só poderá ser resgatada desse cerceamento de sua liberdade e de sua autonomia à medida que, como iremos ver, possa recuperar o poder de sua própria palavra, tornando pública a violência privada a que tem sido submetida.

"O abuso-vitimização de crianças consiste em um processo de completa objetalização destas, isto é, de sua redução à condição de *objeto de maus-tratos*. Tal como no caso da vitimação, há várias maneiras de maltratar uma criança, de vitimizá-la, de abusar de sua condição, de domesticá-la" (Azevedo & Guerra, 1989, p. 35).

O abuso sexual infantil, que é uma dessas formas, supõe, em resumo, a exploração de uma relação de poder sobre as crianças para a gratificação sexual de um adulto ou de outra criança significativamente maior. O fator que o define é a *relação de poder* e a incapacidade das crianças de dar um consentimento informado. Qualquer participação de crianças em atividades sexuais nesse contexto implica, portanto, uma *traição da confiança* depositada naqueles que, em oposição à vulnerabilidade infantil, detêm um conhecimento, capacidades e acesso maior aos recursos.

Tornam-se necessárias, assim, delimitações conceituais e a análise cuidadosa das alternativas de compreensão e intervenção para o trabalho que vem se desenvolvendo neste difícil terreno.

O incesto e suas consequências

Se uma ampla definição do incesto seria "gozar sexualmente com os pais", deveríamos, em primeiro lugar, delimitar o conceito de incesto para a psicanálise e, depois, o conceito de incesto como abuso sexual.

Segundo Serge Leclaire (1992), o conceito de incesto para a psicanálise se refere à situação edipiana e, dentro dela, especificamente à situação pré-edipiana na relação com a mãe. Esta teria de cumprir duas funções: uma nitidamente biológica, ligada aos cuidados que asseguram a sobrevivência da criança, e outra que não possui uma delimitação tão clara, já que visa mais a erogeneidade, mas que também cumpre uma função importante. Não poderíamos lhe outorgar o lugar de uma necessidade vital, mas ela é vital para o psiquismo. A mãe que cumpre sua função estaria conciliando e juntando as duas.

E o pai, que lugar ocupa? No contexto do conflito pré-edípico, cabe a ele cumprir uma função de clivagem, de introdução da lei. Quando isso não acontece se configura a situação de incesto mãe-filho. Falo aqui da relação com a mãe, tanto para a menina quanto para o menino. Se uma criança goza sexualmente com a mãe, isso indica que algo não funciona com a figura do pai.

Estamos falando em tomar o corpo da mãe como objeto sexual, desde que se leve em conta que não se trata de sexualidade acabada, adulta. Trata-se de tomar o corpo como objeto de uma pulsão ou do conjunto de pulsões parciais.

Todo o processo de desenvolvimento (fases libidinais) deixa em aberto diferentes possibilidades, que podem ser reativadas posteriormente, através da regressão. E como a força pulsional é constante na procura de satisfação, os caminhos já percorridos e nunca esquecidos podem ser reabertos facilmente.

Como caracterizar, então, utilizando os recursos conceituais da psicanálise, esse encontro tão particular que ocorre na situação incestuosa já como abuso sexual, principalmente tratando-se de um adulto (geralmente um pai) e uma criança (geralmente uma filha)? Trata-se propriamente de um "encontro" no sentido de algo que suponha, para além da assimetria, alguma reciprocidade, identificação, um movimento de colocar-se no lugar do outro, um reconhecimento dessa alteridade do outro?

Isso é duvidoso, pelo menos no caso do protagonista adulto.

O pai abusador

O pai perverso não tem condições de "representar-se as representações do outro", de reconhecer suas emoções e pensamentos. Ele percebe apenas seu próprio mundo mental e é de um modo genuinamente sincero que goza com sua filha/filho: sem nenhuma representação das perturbações que possam ser infligidas à criança. Funciona em uma espécie de "recusa às avessas" (perversa), da sexualidade infantil.

Alguns autores ingleses situam, como fator que predispõe essa dificuldade na relação com o outro, certo determinismo sociocultural no nível da sexualidade masculina. Para Glaser & Frosh (1997), membros do *Lewisham and North Southwark Child Sexual Abuse*, de Londres, a masculinidade tradicional tende à dominação, atitude que valoriza a competitividade e deixa de lado a intimidade. Existe o temor à emoção, identificada como traço feminino. Esse medo da emoção faz com que o sexo seja sobre e subinvestido pelos homens. O sexo é, assim, um dos poucos modos aceitos pelos homens para aproximar-se dos outros, e, como tal, converte-se em portador de todos os desejos não-expressos que a "ignorância emocional masculina" produz. No entanto, esse mesmo poder da emoção faz com que ela se torne perigosa para os homens cuja identidade está construída sobre sua rejeição. "O sexo, então, fratura-se, limitando-se à atividade do pênis, em um ato mais do que em um encontro" (p. 41).

O sexo torna-se, assim, uma maneira de passar a ocupar um lugar especial no mundo dos homens: a conquista sexual como símbolo da potência masculina. A relação entre essa forma de masculinidade e o abuso sexual fica visível: o abuso, em geral, seria inerente a uma modalidade de organização da personalidade que rejeita a intimidade. O sexo como triunfo transforma-se facilmente em sexo como rejeição e degradação do outro.

Podemos conceber ao pai abusador, como um indivíduo com essas características, apesar de se comportar em muitos aspectos de sua vida de forma pacata e até moralista, e que tem a particularidade de utilizar-se do poder paterno para transformar a intimidade de sua família em um reduto reservado à realização impune deste ideal sexual onipotente e narcísico. Pode estar sustentado, nesse contexto, por um fantasma coletivo que foi delineado pela psicanálise através da teoria-mito da horda primitiva e do protopai da mesma. Aquele cuja derrubada é necessária para entrada da lei da cultura na constituição e o desenvolvimento da subjetividade humana.

Por outra parte, este ser único, capaz de ultrapassar o tabu fundamental da cultura e fundante do desejo humano para ter acesso a um gozo de caráter absoluto, goza em sua faceta de sedutor, da potestade de escolher a quem iniciar, a quem conceder o privilegio narcísico de acesso a um prazer erótico prematuro e proibido.

Do lado da criança

Seria errôneo ver do lado da filha exclusivamente a dimensão traumática, concebida como excesso quantitativo que atropela e ultrapassa os recursos defensivos e elaborativos. A sedução sexual difere de outras violências físicas porque está dirigida à satisfação sexual do sedutor e ao despertar de sensações sexuais na vítima. Ainda sendo passiva fisicamente, a criança participa psiquicamente na atividade sedutora através de desejos, afetos, fantasias que podem facilitar, contrariar ou complicar a sedução propriamente dita.

Não reconhecer isso equivaleria a ignorar o longo percurso realizado pela psicanálise, em torno dessas questões. Nos primeiros tempos, a cena de sedução incestuosa acontecida na infância aparece como um achado clínico, a partir do trabalho de rememoração iniciado com adultos neuróticos, ganhando valor etiológico como fator predisponente. A participação do sujeito infantil, neste acontecimento, é concebida por Freud como totalmente passiva e de repercussão afetiva limitada, dada uma hipotética condição pré-sexual do momento evolutivo da criança. Essa cena adquire um caráter traumático *a posteriori*, ao ser ressignificada por uma segunda cena em que o sexual pode estar presente em forma apenas alusiva e que acontece depois da maturação puberal. A sobrecarga de excitação (traumática) dispara um mecanismo de defesa repressivo que conduz, ulteriormente, à formação dos sintomas neuróticos.

Com o progresso da investigação clínica e da teoria, a subjetividade da criança é concebida como ativa produtora de fantasias eróticas de um matiz explícito ou veladamente incestuoso, como expressão ou manifestação de uma intensa vida pulsional. Passando pela formulação de diversas e variadas "teorias sexuais", ela chega a representar-se, por volta dos cinco anos, a vida sexual dos adultos em uma versão bastante próxima da realidade. Nas encenações imaginadas pelo fantasiar, a criança ocupa frequentemente, por identificação, o lugar reservado a um dos pais. A superestimulação resultante de episódios reais de sedução conduziria a fixações libidinais e a uma patogenização das fantasias concomitantes.

Sabemos que a teorização do complexo de Édipo, leva-o a ocupar um lugar nodal tanto no plano psicopatológico, quanto no nível do processo de sexuação inerente a todo ser humano e sua inserção na cultura pela constituição do ideal do ego. A renúncia pulsional, o abandono do objeto sexual infantil, passa a ser condição necessária para o estabelecimento das identificações propiciatórias de um devir sexual exogâmico.

A própria "entrada" no Édipo, o voltar-se para o pai no caso da menina, permite o abandono da mãe como objeto sexual e um certo apaziguamento da relação intensamente ambivalente carregada de ressentimento narcísico (complexo de castração) que a criança mantém com ela no final da fase pré-edipiana a que se referia Leclaire. Sabemos, por exemplo, da importância que dava Freud ao desenvolvimento das fantasias de "ter um filho com o pai" como indicando a existência de um processo de alta eficácia simbólica (a série das equivalências simbólicas) na elaboração de uma posição feminina que envolve a própria erogenização da cavidade vaginal. É importante que o afeto do pai permita prestar o suporte necessário a este delicado movimento, sem que um agir pulsional sexual real venha a invadir este espaço tão importante para a vida psíquica da criança, provocando sua fragmentação patógena (Ferenczi, 1933). É com esta perspectiva, ou com este tipo de formulações, que tendemos a pensar hoje a dimensão do traumático nas situações de incesto, para além da dimensão de submissão dentro de uma relação de poder.

Podemos dizer que o tempo todo está presente o pulsional da criança e sua conjuntura evolutiva, os caminhos que estão sendo transitados e aqueles já percorridos, porém reativáveis, na busca da satisfação. Desde este ponto de vista, a não proibição do adulto-pai autoriza a consecução do prazer. E poderíamos supor que esse prazer existe inicialmente, embora esteja misturado com constrangimento, porque também está em jogo uma relação de poder. Na figura do pai incestuoso amalgamam-se o excesso transgressivo, o abuso de poder e a omissão de interdição enquanto representante falido da lei cultural. O pai incestuoso renega a lei cultural, impondo a lei de seu próprio desejo.

Todas essas dimensões configuram o efeito de violência sobre a subjetividade da criança. As consequências nesse plano dependerão de seu grau de estruturação simbólico-libidinal. É diferente pensar nos processos de genitalização precoce e transgressiva operando nos níveis edipianos (neuroses, perversão) e considerar os seus efeitos numa organização pré-edipiana perverso-polimorfa (desestruturação, somatizações, psicoses).

Temos diversas provas de que os efeitos posteriores ao abuso sexual são prejudiciais à criança. Os sintomas que aparecem frequentemente são depressão, culpa e diminuição evidente da autoestima. Entre os efeitos a curto prazo observa-se também a aparição de fobias, atraso escolar e enurese. E, mais tardiamente, gestações na adolescência e tentativas de suicídio.

As vítimas de abuso sexual mostram uma tendência a sexualizar todas suas relações como uma tentativa de receber afeto, contribuindo para a configuração de um círculo vicioso. Na adolescência isso pode levar a um quadro autodestrutivo de promiscuidade, pelo estabelecimento de diversas relações igualmente abusivas.

A mãe

No trabalho clínico vemos que os adultos que sofreram abuso sexual na infância ficam lesados em sua autoestima, especialmente no que se refere à autoimagem narcísica sexual. Em consequência disso, a vulnerabilidade das mulheres em relação a homens sexualmente exploradores aumenta e sua capacidade de proteger os filhos diminui.

Seguindo esse caminho, é possível verificar que a ocorrência do abuso sexual pode prejudicar várias gerações. Existe uma vinculação estatisticamente significativa entre ter sofrido abuso na infância e ter filhos que por sua vez passam pela mesma experiência.

Essa repetição corroborada na clínica deixa margem, no entanto, para uma interrogação quanto ao modo como essa continuidade intergeracional se produz.

Glaser & Frosh (1997) o enunciam nos seguintes termos:

> O desconcertante é que o encadeamento estatístico descende pela linha materna (mulheres que foram abusadas quando

crianças têm filhas que são objeto de abuso) e, no entanto, são os homens que, na realidade, abusam (alguns terão sido também abusados na infância, mas esse fato deixa ainda sem explicação o encadeamento materno). (p. 41)

Podemos pensar em várias possibilidades.

- A confusão entre afeto e atividade sexual experimentada por crianças que foram objeto de abuso as converte, no futuro, em alvos fáceis para exploradores sexuais.
- O vínculo afetivo com o pai pode continuar e a manutenção dessa proximidade aumenta o risco para seus próprios filhos, sendo frequente que um homem que abusou de uma filha venha a fazê-lo com as netas ou netos.
- Pela história de vida da mãe, essas mulheres acreditam que as relações mãe-filha são necessariamente competitivas, ambivalentes e hostis (essa crença é transmitida como algum tipo de legado). As próprias necessidades insatisfeitas e a baixa autoestima levam a que as intensas demandas de seus filhos provoquem nelas ansiedade e rejeição.

Podemos postular a este respeito, tomando como referência as hipóteses psicanalíticas antes mencionadas, que a relação mãe-filha, vista agora pelo lado da mãe, está impregnada pelas vicissitudes narcísicas própria da fase pré-edipiana. A culpabilização da filha inocentando ao marido pode fazer parte da mesma constelação.

A partir dessas considerações, poderíamos perguntar, também, se os fatos incestuosos se produzem sobre um fundo edipiano carregado de intensas ligações passionais e rivalidades ou, pelo contrário, em um contexto psiquicamente cindido privado de uma configuração cênica genuinamente triangular.

Diversas interrogações surgem no momento de encarar uma inquietante constatação clínica: as contradições e as ambiguidades presentes na atitude da mãe perante a situação de abuso.

Como pensar este papel? Que rejeição da "realidade sexual" que a rodeia opera quando ela insiste em "ignorar" os fatos? Que excessos se manifestam em seu papel erógeno quando, presa em uma fantasia de rivalidade, ela só admite como "culpabilidade" possível uma intenção sedutora da filha? Por que não exerce a função interditora "paterna", que a teoria psicanalítica conseguiu situar como separada e disponível para qualquer um dos membros da dupla parental? Tenderia ela a facilitar inconscientemente a situação abusiva?

Ferenczi (1933), que realiza uma análise ampla dessa problemática no trabalho sobre "Confusão de língua entre os adultos e as crianças", afirma que "a personalidade ainda tênuemente desenvolvida reage ao brusco desprazer não pela defesa, mas pela identificação ansiosa e a introjeção daquele que a ameaça ou agride". Abre-se, então, a possibilidade de que essa identificação opere condicionando não uma agressão direta, mas uma tolerância ou cumplicidade inconscientes.

As conivências

Este determinismo complexo próprio das situações de abuso sexual intrafamiliar tem sido pensado desde diferentes vertentes teóricas. Alguns teóricos dos "sistemas familiares" trazem a questão do papel "causal" da mãe no abuso e fazem uma distinção entre causa e responsabilidade. Sem diminuir a responsabilidade individual do agressor, dizem que o comportamento de todos os integrantes da família faz parte do problema.

O conceito de causalidade circular explicita que todo comportamento dos integrantes da família é, por definição, uma parte do problema até que este seja eliminado. Dentro desse quadro, é inevitável que as mães desempenhem um "papel" no abuso, papel este que consiste em não saber (e daí que o fracasso da comunicação entre elas e a criança seja o problema), ou em suspeitar e não conseguir tomar as medidas necessárias para detê-lo. Essa conduta tende a ser qualificada por estes pesquisadores como conivência.

Existe, ao mesmo tempo, um considerável potencial de confusão e manipulação da realidade por parte dos abusadores através do controle da informação, bem como de outros recursos. As mulheres abusadas pelos seus companheiros nem sempre são conscientes disso no momento, já que o abuso emocional que subjaz todas as formas de violência implica em uma distorção da realidade subjetiva que diminui a confiança nas próprias percepções.

Nos Estados Unidos, as feministas defendem o direito de desconhecimento das mães imersas nessa situação, no intuito de deixar clara a culpabilidade do homem. O abuso sexual a uma criança pode ser pensado como uma forma de violência sexual contra a mãe.

Por outro lado, Carol Ann Hooper (1994) – autora norte-americana da Universidade de York que dedica muita atenção ao lugar da mãe na proteção ou desproteção dos filhos – destaca a complexidade da situação, chegando a denominar como vitimização secundária o efeito produzido na mãe pela suspeita inicial e a descoberta posterior do abuso do qual é objeto o filho (vitimização primária).

Por que se fala em vitimização secundária? Porque a mãe está implicada na rede de relações afetivas e, assim, diferentemente do que ocorre em um ataque externo, cada uma das pessoas comprometidas tem um vínculo próprio com essa mulher, a qual, de uma forma ou de outra, seria atingida por uma forte situação de perda.

Podemos supor que, ao tomar conhecimento do abuso, a mãe é lesada de diversas maneiras. Em geral, isso aparece como uma "revelação", um momento de descoberta, embora posteriormente possamos ver que ela passou por longos períodos de dúvidas em relação a suas percepções. O que quer dizer que, perante os indícios, a mãe muitas vezes tenta renegar suas próprias percepções, no intuito de proteger uma certa unidade familiar, ou ainda por sentir medo da própria violência do agressor.

Diferentemente de outras situações de vitimização secundária, como a de maridos ou mães perante estupros, nesse caso a mãe tem relações antigas com o abusador. A situação configura-se como uma difícil escolha e não é de forma imediata que a mãe passa a acreditar na filha ou a querer que o companheiro saia de casa.

O papel das mães encontra-se fragilizado e, frequentemente, elas parecem "desistir" de ocupar os lugares de mulher e mãe; isso antecede, por vezes durante bastante tempo, a concretização do abuso.

Uma das vertentes considerada importante atualmente propõe o trabalho com as mães para fortalecê-las e assim conseguir um maior cuidado de seus filhos, já que é considerado mais importante que o agressor saia de casa e a criança continue dentro da vida familiar. Fica evidente nesses casos, porém, que toda a família está comprometida e que a abordagem terapêutica deveria ser o mais abrangente possível.

Os autores que enfatizam a violência do abusador que vitimiza tanto mães como filhos com agressões sexuais e manobras de encobrimento, receiam que a posição dos psicanalistas venha minorar estas constatações, dividindo as culpas, descriminando o abusador e descaracterizando, através da postulação da universalidade dos desejos incestuosos, a situação de abuso que se verifica objetivamente nessas famílias.

Sempre se poderia imputar a uma psicanálise ingênua o achado de fantasias incestuosas e condutas sedutoras nas crianças incluindo a fabricação imaginária de cenas inexistentes; sempre se poderia acusar a mãe de ser uma cúmplice inconsciente ou de não reagir por reprimir histericamente a percepção da sexualidade que a rodeia, por ser ela também portadora de desejos incestuosos e rivalizantes com a filha em decorrência de sua própria estrutura neurótica. Temos apontado a complexidade das fantasias incestuosas, assim como a variabilidade de sua significação a cada momento do desenvolvimento libidinal. Por outra parte, Ferenczi enfatizou seu caráter lúdico, que tende a ser confundido pelo adulto que não consegue representar para si adequadamente a sexualidade e o psiquismo da criança.

Que as repressões e as cumplicidades inconscientes da mãe existam, e a clínica parece testemunhá-lo com certa frequência, não impede que elas venham a ser aumentadas pela situação de submissão e o efeito das manipulações.

O traumatismo sexual precoce tem passado por vários momentos de revalorização na história da psicanálise, em uma diversidade de aspectos teóricos e clínicos, e hoje atravessamos, possivelmente, um deles. Nesse sentido, as observações realizadas por todos aqueles que se envolvem neste difícil terreno das situações de violência e de abuso sexual intrafamiliar, são do maior interesse.

Por que as crianças não falam?

A resistência a falar deriva principalmente do temor de perder o afeto ou a boa vontade do abusador, de que não acreditem nela ou de que os adultos a achem culpada. A criança também pensa que sua mãe sabe do que está acontecendo.

Aqui novamente o silêncio da menina é proporcional ao grau de proximidade com o agressor. Quanto menor for a lealdade que sentir pelo agressor, maior a possibilidade da denúncia: fala-se menos quando o abusador é o pai natural e existe um vínculo afetivo com ele, para além do medo. O papel do medo, no entanto, não deve ser subestimado, dado que suas consequências vão além do temor às represálias que possam vir a acontecer a partir da denúncia. Ferenczi (1933) afirma que "este medo, quando atinge seu ponto culminante, obriga-as a submeter-se automaticamente à vontade do agressor, a adivinhar o menor dos seus desejos, a obedecer esquecendo-se de si, e a identificar-se totalmente com o agressor" (p. 102).

Muitas crianças sentem raiva e se sentem traídas pela mãe por ela não as ter protegido do abuso. Por vezes, ficam mais ressentidas com a mãe do que com o pai abusador.

O abuso sexual confronta as crianças com dolorosas percepções sobre sua impotência. Isso é reforçado nas meninas quando percebem que suas mães também estão dominadas pelos homens e são dependentes deles. Dirigir a ira na direção das mães permite às meninas romper parcialmente sua própria identificação com elas e, a partir daí, superar a vivência de impotência e sentir-se digna de proteção contra o abuso.

Os efeitos do abuso sobre o casal parental

Perante a descoberta do abuso, uma das exigências legais é que a criança e o abusador sejam separados. A mãe, nesses casos, enfrenta, em geral, a difícil escolha entre seu companheiro ou outro membro residente da família e a criança abusada. A decisão de "cuidar", inerente à função de mãe, torna-se mais complexa, já que entram em jogo imperativos opostos entre o cuidado materno e o matrimônio.

Graham (*apud* Hooper, 1994), em 1977, encontrou diferenças entre "as mulheres para as quais a maternidade é central em seu projeto de vida, sendo o matrimônio o quadro institucional para isso, e aquelas outras para as quais ter filhos é a consequência e não a razão do casamento" (p. 143).

A reação das mães, em geral, é de maior proteção do filho quando o abusador é o padrasto ou outro membro da família, e menor quando se trata do pai biológico. Nesse momento o novo companheiro é visualizado como alguém "de fora". O pai biológico, ao contrário, as deixa mais inseguras quanto aos seus direitos de defesa, já que a paternidade compartilhada pode reduzir sua influência numa relação desigual.

Acredita-se mais facilmente nas denúncias de crianças menores. O medo do conflito deixa as mulheres despreparadas para uma situação na qual alguém tem de ser lesado, e seu papel é escolher a vítima. As mulheres com uma ideia clara de que suas próprias necessidades e as do filho são legítimas têm melhores condições de optar pela separação de um companheiro abusivo.

O abuso sexual infantil, uma vez revelado, confronta todos os que entram em contato com ele com uma situação de perda. Perda da sensação de normalidade, do lar e da família como lugares seguros, e ainda perda da privacidade, quando outros técnicos e profissionais passam a estar comprometidos no caso. Globalmente, experimenta-se a intensa sensação de que toda uma visão de mundo está ameaçada, que os suportes de opinião compartilhados, a confiança e a predictibilidade de que dependem a vida e as interações cotidianas foram transtornados.

Possibilidades de intervenção terapêutica

A complexidade dessas situações e os diversos obstáculos que as atravessam conferem ao abuso sexual intrafamiliar o caráter de uma "armadilha" da qual é difícil escapar e cujo desmonte requer forças de pensamento e de ação vindas do espaço extrafamiliar que possam implicar-se vivamente nessa tarefa.

A ajuda especializada ganha aqui um papel de relevância. Está confirmado estatisticamente que a criança abusada ou a mãe buscam, em primeiro lugar, a ajuda de pessoas próximas diferenciadas, ou na escola, ou com médicos. É por isso que é tão importante ampliar o conhecimento em torno dessa problemática: isso ajuda a evitar atitudes omissas devido à angústia ou ao despreparo perante situações que comprometem essas pessoas em seu lugar familiar ou profissional.

Por trabalho terapêutico entendo aqui uma abordagem ampla, multidisciplinar, na qual deveriam coexistir a psicoterapia familiar, as visitas domiciliares feitas por assistentes sociais e, sem dúvida, o lugar da lei, que deve estar presente através das varas da Infância e Adolescência. Também é necessária a abordagem terapêutica individual tanto da vítima como do agressor e, muitas vezes, de outros membros da família. Já vimos a importância do fortalecimento da figura materna para uma recuperação posterior da família como um todo.

Para a vítima, é imprescindível o retorno à escola, que é uma via fundamental de fortalecimento da identidade. Chama a atenção nessas famílias a dificuldade, se não a resistência, em socializar e aculturar seus filhos, inserindo-os no universo extrafamiliar com suas normas e instituições. Essas seriam as medidas terapêuticas imediatas e diretas, dentro da situação de "crise" trazida pelo reconhecimento do abuso.

Através de minha experiência como supervisora no Centro de Estudos e Atendimento Relativos ao Abuso Sexual (CEARAS)[22], observei que um grande número de famílias apresenta alto grau de desorganização e de falta de normas. Essa diluição dos limites poderia, talvez, orientar-nos no sentido de estabelecer uma lógica possível das intervenções, pensando nos reconhecimentos a ser promovidos, nos limites a ser colocados, nas funções a ser restabelecidas ou até "preenchidas" desde algum lugar exterior à própria família. Promover falas que possibilitem

22 Departamento de Medicina Legal, Ética Médica e Medicina Social e do Trabalho da Faculdade de Medicina da Universidade de São Paulo.

a recuperação de sentido das experiências vividas, mas não processadas, ajudando na elaboração das "perdas e danos" narcísicos permite prevenir a recaída das vítimas em culpabilizações melancólicas e principalmente em esquecimentos-recusa, que predispõem para à repetição. Este é um dos aspectos mais importantes em que uma intervenção e uma escuta de tipo analítico podem contribuir ao trabalho terapêutico.

15 Consequências do abuso sexual na infância[23]

A psicanálise viu-se, nos últimos anos, cada vez mais solicitada a responder, tanto por sua compreensão quanto por suas possibilidades de intervenção, às prementes questões originadas no terreno do abuso sexual na infância. Isso a levou a entrar em contato com âmbitos novos, diferentes das instituições assistenciais de saúde, como é o caso da medicina legal ou das varas judiciais. Tornou-se evidente, nessas situações, a complexidade do fenômeno do abuso, que exige uma estratégia de abordagem multidisciplinar que envolve várias profissões e orientações variadas.

A transmissão de informação, imprescindível para a construção e desenvolvimento de um campo de pesquisa

23 Publicado originalmente na revista *Percurso* (ano XVIII, nº 36, 2006, pp. 41-52) e reproduzido no livro *Perversão: variações clínicas em torno de uma nota só*, organizado por Cassandra Pereira França (São Paulo: Casa do Psicólogo, 2005, pp. 49-73).

integrado, exige a superação de múltiplas dificuldades. Contudo, essa superação não depende apenas do uso de diferentes linguagens, ou modelos e procedimentos. Há obstáculos relativos à própria natureza do tema em questão. A descoberta de um caso de abuso provoca reações fortemente emocionais na família da criança, mas também nos profissionais intervenientes. Incide sobre um conjunto de valorações, ideias e sentimentos a respeito da família, a sexualidade e a criança que nos são caras.

Que a possibilidade ou a suspeita de abuso pode levar a um ensurdecimento defensivo, no entorno imediato, uma criança que está dando pequenos indícios da experiência que está atravessando, isso já é sabido. Entretanto, uma vez reconhecido e revelado o fato do abuso, as reações defensivas podem persistir, imperceptivelmente, nas dificuldades para compartilhar as informações, nos conflitos de opiniões sobre responsabilidades e culpas dos adultos envolvidos, na definição do que é prioritário nas intervenções a serem feitas. Assim, um risco dessa multiplicidade de abordagens e discursos sobre o abuso é levar a criança que o padece a ficar dessubjetivada, passando a ser só uma "vítima", não se compreendendo a importância de propiciar e acompanhar uma elaboração, por assim dizer, em "primeira pessoa do singular".

O abuso sexual representa uma verdadeira catástrofe na vida de uma criança e produz uma devastação da estrutura psíquica que afeta seus distintos aspectos. É um tipo de violência diferente de outras. Implica uma vivência de solidão extrema e constitui uma situação limite para a sustentação do funcionamento psíquico, enquanto afeta o núcleo mais pessoal e básico de identidade: o corpo.

A sedução sexual difere de outras violências físicas porque está dirigida à satisfação sexual do sedutor *e* ao despertar de sensações sexuais na vítima. Mesmo sendo passiva fisicamente, a criança participa psiquicamente na atividade sedutora através de desejos, afetos, fantasias, que podem facilitar, contrariar ou complicar a sedução propriamente dita.

Falar dos efeitos do abuso, imediatos ou de longo prazo, é falar justamente da ameaça de um bloqueio danoso dos processos de subjetivação, da impossibilidade para a criança, sem auxílio dos outros, de simbolizar o traumatismo experimentado. A experiência persiste longamente em seus efeitos e impede que a vítima possa reencontrar-se como sujeito. Temos que reconhecer que é uma irrupção trágica e real na vida dessas crianças, e que não é fácil, por diversos fatores, que possam falar disso. Assim sendo, um dos grandes desafios para os profissionais da área, também, comum a outros tipos de problema, é conseguir que esse traumatismo seja simbolizado.

Os psicanalistas têm trabalhado, em geral, com adultos, que relatam experiências de abuso durante sua infância, possibilitando a difícil e trabalhosa reelaboração, no contexto transferencial, das marcas deixadas pelo acontecimento. Mais adiante nos ocuparemos dos diversos aspectos desse processo. Antes, é importante apontar uma diferença fundamental observada nos casos em que quando se trata de crianças a intervenção opera sobre um abuso que está acontecendo, que está despertando suspeitas ou que acaba de ser revelado. Nesse caso, não é suficiente a instauração do *outro* da transferência; esta pode até nem ser possível, a menos que se faça intervir um outro, aquele que represente formal e efetivamente a lei, que faça possível a palavra a partir da denúncia e que possa exercer o poder de interferir sobre o real da situação de abuso. O conhecimento psicanalítico pode realizar, por isso, avanços significativos a partir dos desafios teóricos e clínicos resultantes da presença dos analistas em campo, como parte de equipes multiprofissionais e interdisciplinares montadas especialmente para essa finalidade.

O delito em números

Para a Organização Mundial da Saúde (OMS) o abuso sexual em crianças implica que estas sejam vítimas de um adulto ou de uma pessoa com uma diferença significativa de idade, com a finalidade da satisfação sexual do agressor.

O delito de abuso pode assumir diferentes formas: ligações telefônicas obscenas, apresentação de imagens pornográficas, ofensas ao pudor, contatos sexuais físicos ou simplesmente tentativas de concretizá-lo, violação, incesto ou prostituição do menor. É um problema, em suas diversas modalidades, mais frequente do que pensamos. As estatísticas demonstram que 25% das mulheres e 12% dos homens sofreram abuso sexual antes dos 17 anos.

Os abusadores são, na sua grande maioria homens, e em geral amigos ou parentes da criança vitimizada; quase 75% das vítimas femininas conhecem o agressor, dos quais quase a metade pertence à família. Isso permite entender por que tão poucas crianças falam, uma vez que têm também motivos bastante pragmáticos para não fazê-lo: existe, por exemplo, o temor de serem castigados pelos pais ou de sofrerem represálias daqueles que estão próximos. Veremos, no decorrer deste trabalho, que certas formas de omissão ou de silêncio podem vir a corroborar esse temor.

O abuso como perversão

Todos os atos sexuais entre crianças e pessoas que tenham poder sobre elas são sexualmente abusivos. Embora os abusadores se defendam com a "anuência" da criança, esta não tem a capacidade de dar consentimento informado às atividades sexuais com adultos.

Alguns analistas, principalmente na França, designam como *perversão* "o tipo de prática em que se força alguém a manter uma relação contra sua própria vontade, como nos casos de abuso sexual ou em que se escolhe um objeto incapaz de decidir por si mesmo, como no caso da pedofilia" (Ferraz, 2000, p. 16).

> Quando examinamos a forma como a tradição psicanalítica passou a compreender o sentido da palavra perversão, vemos que é possível encará-la como designação de uma estrutura psíquica particular não necessariamente ligada à perversidade manifesta, mas também muitas vezes – por que não dizê-lo? – caracterizada por uma relação com os objetos na qual estes são manipulados de modo a serem usados, na pior das acepções do termo. (idem, p. 17)

O abuso sexual na infância entra na categoria de perversão no sentido amplo, isto é, a apropriação do corpo infantil do outro para obter prazer. Se esse abuso é, ainda mais, incestuoso, a transgressão é dupla, porque a ele se acrescenta a transgressão da proibição social de intercâmbios sexuais entre gerações de uma mesma família.

A relação de abuso

A relação de abuso é a imposição de um ato violento frente ao qual a condição de sujeito do outro fica suspensa ou abolida, e em que não existe a possibilidade de negativa imediata do ato. No abuso de crianças o agravante é que a violência é exercida por um adulto, representante do poder e portador dos emblemas da cultura.

Gartner (1999), em sua investigação sobre o abuso sexual em meninos, utiliza o conceito de "traição sexual", que para ele é mais abrangente que os termos de "abuso sexual", "incesto" ou "trauma sexual". Dizer traição, assim como dizer abuso ou incesto, é usar conceitos referentes a relações interpessoais. O trauma refere-se ao efeito da traição na subjetividade da vítima. O autor considera que a traição é uma violação de confiança implícita ou explícita. Na traição, todo laço aparentemente sólido se altera, sendo introduzida a aleivosia nas relações mais pessoais e privadas. Trata-se de uma relação íntima traída, cuja forma mais extrema seria a violação no sentido de violentação física.

O abuso acrescenta a exploração a uma relação de poder previamente existente que procura a satisfação das necessidades próprias do abusador, a pessoa que ocupa o lugar dominante, sem consideração das necessidades que possa ter o abusado.

Quando assumem sua responsabilidade, os próprios abusadores costumam afirmar que eram motivados pela insegurança e uma consequente necessidade de poder, por uma incapacidade para aliviar-se de outro modo que não envolvesse agressão sexual, e ainda por uma urgência interna de ter contato interpessoal, embora de forma distorcida.

Como essa violência interpessoal constitui uma transgressão, menos ou mais consciente, das normas que regulam a função disciplinadora do adulto, o ator do abuso exige que a vítima seja "cúmplice" em um "pacto de silêncio". A criança, dessa forma, encontra-se em uma situação de patente ambivalência: por um lado, em parte, sente-se seduzida por compartilhar um segredo com um adulto importante em sua vida; por outro, sente-se coagida pelo medo do castigo que poderá receber da mãe, ou do desgosto que poderá causar.

Abuso e incesto

O *incesto* é uma forma ainda mais catastrófica do abuso sexual, tendo consequências de longo alcance, mais marcantes do que as provenientes de casos de abuso sexual extrafamiliar. Isso se justifica pelo fato de se produzir cronicamente, no contexto de um sistema familiar que de alguma forma o apoia. A situação incestuosa configura-se como uma trágica arapuca sem chances de escapatória.

Temos descrito o pai *perverso*, nos casos de incesto, como alguém que não tem condições de representar-se as representações do outro, ou seja, de reconhecer suas emoções e pensamentos. "Ele percebe apenas seu próprio mundo mental e é de um modo genuinamente sincero que goza com sua filha ou filho: sem nenhuma representação das perturbações que possam ser infligidas à criança. Funciona em uma espécie de 'recusa às avessas' (perversa) da sexualidade infantil." (Fuks, 1998, p. 121)[24] Pode comportar-se em muitos aspectos de sua vida de forma pacata e até moralista, sem que isso o impeça de utilizar o poder paterno para transformar a intimidade de sua família em um reduto reservado à realização impune de um ideal sexual onipotente e narcísico. Torna-se, assim, "capaz de ultrapassar o

24 Ver Capítulo 14 deste livro.

tabu fundamental da cultura e fundante do desejo humano, para ter acesso a um gozo de caráter absoluto, e goza, em sua faceta de sedutor, do poder de escolher a quem iniciar, a quem conceder o privilégio *narcísico* de acesso a um prazer *erótico* prematuro e proibido" (idem, p. 122).

Em relação ao *silêncio* que se instala e se sustenta em relação ao fato, é importante a diferença entre abuso e incesto. O silêncio – dependente de um determinismo complexo – é mais frequente nas situações de incesto, em que o vínculo entre abusador e vítima facilita a "coerção amorosa": "eu sei que você gostou, mas é algo que deve ficar entre nós".

A criança é levada, assim, a fantasiar que foi ela quem provocou a situação, e o pai abusador consegue tirar proveito, também, da necessidade da vítima de elaborar uma explicação possível presente invariavelmente, como veremos, nas situações traumáticas.

Por todos esses fatores, ao longo de todo o período em que o abuso se mantiver, essas crianças passarão por estados de solidão, impotência e culpa. Os danos, entretanto, não se atêm a esse presente. O abuso sexual na infância é um traumatismo que altera a história do sujeito, tendo efeitos variáveis, mas sempre presentes no devir de sua existência e, dependendo do processamento da situação traumática, chegando a afetar, também, a geração seguinte. Acontecem fraturas na transmissão intergeracional devidas a conluios, omissões e mentiras, que condicionam a presença de áreas de vazio de referências ou de repetições inconscientes do acontecimento transgressivo. Acontecimento cuja página foi rasurada ou arrancada da história familiar justamente por meio do pacto de silêncio.

Alguns autores falam da presença, às vezes, de verdadeiras "criptas" intrapsíquicas em que jazem guardados os segredos que manchariam as imagens dos patriarcas familiares. Funcionam como fonte de mensagens que se exprimem como manifestações delirantes, atuações, somatizações, que afetam diversos membros da família. O filme dinamarquês *Festa de família*, o primeiro da série inspirada nos princípios do movimento cinematográfico Dogma 95, mostra, de forma dramática e perturbadora, o que acontece quando começa a ficar exposto na família o que devia ficar escondido.

Abuso, traumatismo e subjetividade

O trabalho clínico com essas crianças, assim como com adultos com história de abuso sexual na infância, permite afirmar que em todos eles o abuso adquiriu caráter traumático, ocasionando efeitos marcantes na subjetividade. A ideia de *traumatismo* está associada a acontecimentos da vida do sujeito que se caracterizam pela sua intensidade, pela incapacidade do sujeito de responder a eles adequadamente e pelas consequências patológicas. A ideia de *situação traumática* – em que o sujeito está imerso – enfatiza o papel de um real exterior que produzirá o impacto traumatizante. Nas situações de abuso, sempre variáveis e complexas, terá relevância o *outro*, muito embora ela sempre envolva ainda *outros* e o *corpo*. Além disso, a ideia de situação traumática implica também – pondo agora o foco na interioridade – a possibilidade que o sujeito terá ou não de representá-la e pensá-la.

O abuso sexual na infância e o incesto implicam algo da ordem do *sinistro*, no sentido do que não pode ser representado e por isso mesmo resiste a ser colocado em palavras. A condição mesma de sujeito, a persistência ou vigência da subjetividade em si, fica ameaçada e fragilizada como efeito do abuso.

Nenhum sujeito que tenha padecido de abuso sexual na infância pode considerá-lo uma experiência ou um incidente de iguais características a outros ocorridos ao longo de sua vida. O traumatismo produzido no abuso de uma criança adquire um *status* singular que o diferencia de outros traumatismos de que podem padecer os seres humanos (luto, acidente, etc.). Nos acidentes individuais ou nos traumatismos coletivos, ativam-se mecanismos intersubjetivos de identificação e de solidariedade, que darão, da forma mais rápida possível, junto ao socorro físico e material, a proteção e o respaldo anímico necessários ao processo de elaboração subjetiva. O caso de abuso, por sua vez, transcorre ao longo do tempo em um contexto de solidão e de vergonha, sem acompanhamento, sem testemunhas ou com testemunhas silenciosas temerosas de um envolvimento que as prejudique.

Segundo Velázquez (2003) as pessoas traumatizadas por situações de abuso – em sentido amplo – apresentam três tipos de sentimento:

1) *O sentimento de desamparo*: ser amado e protegido é uma necessidade inerente à natureza humana. Sentir-se desamparado é a reação-protótipo para todas as situações vividas como traumáticas, dado que essa necessidade básica de proteção não se satisfez no momento de surgir um perigo real que deixou o sujeito em situação de impotência. Uma vez instalado esse sentimento, se não surgir a ajuda adequada, vão-se gerando outros sentimentos como o medo, a tristeza e o desassossego.
2) *A sensação de estar em perigo permanente*: provém do sentimento de desvalimento e se vincula com a

magnitude do perigo, seja real ou imaginário. Acaba sendo muito difícil integrar na própria vida um fato para o qual não se estava preparado e que supera a capacidade de tolerância devido a seu caráter inesperado e desconhecido.

Valeria enfatizar, de nossa parte, o fator ligado à significação para o sujeito da quebra de confiança e a desidealização das figuras das quais cabe esperar proteção amorosa. Os sentimentos de desamparo e de estar em perigo permanente, que o autor descreve, podem se dever ou ser incrementados pelo brusco desinvestimento de libido do outro idealizado, daquele que havia sido colocado no lugar do ideal do eu, seguindo a explicação dada por Freud para o pânico que desestrutura a massa quando perde seu líder, ou que põe em fuga desorganizada um exército quando corre o rumor de que "o general perdeu a cabeça".

3) *Sentir-se diferente dos outros*: a lembrança, a reatualização do abuso padecido, atua de modo traumático, e seus efeitos se fazem sentir por longo tempo e em diferentes aspectos da vida. As crianças e mulheres abusadas acreditam, em geral, que são as únicas vítimas. Essa crença provoca sentimentos de humilhação, desprezo, perda de esperança e isolamento. Todos esses sentimentos são provocados pela dor e pela impotência frente à impossibilidade de transformar esse passado que deixou marcas no corpo, no psiquismo e na vida cotidiana.

No início, os atos que exercem os abusadores são sentidos como estímulos externos intrusivos, mas, em um segundo momento, surge uma resposta em forma de reação pulsional que não consegue discriminar-se dos estímulos. Trata-se de uma submissão corporal, uma cumplicidade forçada, a transgressão de normas, o desconcerto e a humilhação, induzindo, em conjunto, a uma vivência de confusão. Esse estado se caracteriza por uma percepção sem consciência, e por uma sensorialidade sem registro representacional. As vítimas parecem não se lembrar da aproximação abusiva e tentam se convencer de ela que não aconteceu. Essa negação afetará posteriormente o psiquismo, atingindo a possibilidade de registro do fato traumático, até o ponto de às vezes parecer que inexiste qualquer registro. Uma tal falta de registro é encontrada com maior frequência nas situações de incesto paterno-filial. Quando não há palavras para descrever, torna-se impossível simbolizar. Ligaremos mais adiante esses fenômenos intrapsíquicos ao mecanismo de recusa.

Em outras situações, as pacientes evocam as cenas do abuso sem o afeto correspondente. Seria um afastamento de suas próprias percepções, já que lhes resulta impossível ligar o afeto experimentado com qualquer pensamento sobre o que foi vivenciado. Nesse desligamento afetivo, muitas vezes colabora a própria família, que, como vimos, também sustenta a negação dos fatos.

Para que o abuso fique inscrito no psiquismo como um fato traumático deve levar-se em conta uma série de fatores: as condições psicológicas em que se encontra o sujeito no momento do abuso, a possibilidade de integrar esses fatos a sua personalidade consciente, e o poder de pôr em funcionamento as defesas psíquicas que lhe permitam conviver com o trauma. Nas evoluções favoráveis, desenvolve-se um processo no qual o sujeito consegue se sobrepor ao sofrimento e à dor na medida em que pode liberar-se da submissão aos mandatos do agressor e reagir às situações impostas pelo trauma. Ao seu modo, cada pessoa ressignificará o acontecimento traumático, isto é, irá desprendendo-se da lembrança penosa para transformá-la em uma lembrança suscetível de ser considerada e verbalizada.

Consequências imediatas e tardias

Como consequências, tanto imediatas como tardias, do abuso sofrido se fazem presentes a culpa, a ansiedade, a depressão, a vergonha e a autoestima baixa. Esta aparece na ideia de que mereceram o abuso que sofreram. Frequentemente, os abusados são ativamente autodestrutivos, colocando-se em situações de risco ou tendo atitudes suicidas concretas.

A longo prazo, podem aparecer quadros de anorexia, bulimia, personalidade antissocial, problemas de conduta, perturbações do sono, pesadelos, terrores noturnos e tendência às adicções. Nos meninos, o abuso pode levar a uma crise sobre sua orientação sexual e identidade de gênero. As experiências de abuso em meninos apresentam diferenças em relação às sofridas por meninas, como veremos logo adiante. Em termos de frequência, os agressores são predominantemente homossexuais e se confirma um envolvimento menor de membros da família.

Em síntese, poderíamos dizer que as consequências mais abrangentes são a autoestima baixa e um sentido ou percepção de ego danificado. Isso os leva a se sentirem isolados e marginalizados. Surgem dificuldades de estabelecer limites nas relações interpessoais e para controlar os afetos. Em outros casos, o abuso impregna toda a vida do sujeito, atuando quase como organizador e usurpador do lugar principal entre os diversos acontecimentos de sua vida.

Quando o abusado é um homem

As expectativas que a sociedade coloca sobre os homens levam-nos a pensar que devem ter um grande controle sobre suas vidas e que isso os protegerá de serem abusados. Outras características outorgadas *a priori* são: menor emotividade, maior independência, forte competitividade e disponibilidade plena para os encontros sexuais no momento em que possam surgir. O "homem de verdade" deve engravidar a mulher, proteger quem depende dele e sustentar sua família, além de ser generoso (Gilmore, 1994). O homem que não pode sustentar esse lugar esperado, ou que sofreu um abuso, fica fragilizado, sentindo-se atingido em sua autoestima.

Como se pode observar, nossa cultura não abre muito espaço para o homem como vítima. Aqueles que viveram essa situação sentem-se feminizados, castrados, com vergonha e com a sensação de terem deixado de pertencer ao gênero masculino. A vergonha está relacionada com o sentimento de que não foram capazes de deter o abuso, ou seja, um sentimento de impotência frente à situação vivida.

Assim, culpar-se do abuso lhes permite sustentar a ideia de que tinham controle sobre o acontecido, preserva-lhes a masculinidade esperada socialmente e permite que se mantenha, por outro lado, uma imagem idealizada dos adultos responsáveis por eles. Por isso, costumam afirmar, mais facilmente que as mulheres, que eles queriam e sentiam prazer na atividade sexual.

A ideia de domínio sobre a situação de abuso é ainda mais frequente quando o abuso foi protagonizado por uma mulher, já que os homens, muitas vezes, julgam que podem ser admirados pela atividade sexual precoce com mulheres.

O conceito de traumatismo

Em termos do modelo econômico, o traumático se caracteriza por uma afluência excessiva de excitações em relação à tolerância do sujeito e sua capacidade de controlar e elaborar psiquicamente essas excitações.

São situações em que a criança é submetida a um excesso de estímulos, que ela não consegue evacuar, devendo proteger-se deles ou ligá-los, para que não se produza uma ruptura que signifique uma consequente desorganização psíquica. O efeito desse esforço maciço é o fechamento em uma espécie de cápsula destinada a imobilizar esses elementos, que, por sua quantidade e intensidade, seriam devastadores para a superfície psíquica.

Existem, no psiquismo, diferentes modos de simbolização, diferentes formas representacionais que se articulam, dando conta dos efeitos da vivência, iniciando-se um processo de recomposição acorde com as possibilidades do sistema simbólico. A construção, pelo sujeito, de uma teorização fantasmática pode ser considerada uma resposta fundamental ao traumático.

Há, no entanto, uma especificidade no traumatismo provocado pelo abuso sexual na infância. Devemos ter em conta que, uma vez constituído o ego e diferenciadas as diversas instâncias e subsistemas no interior do aparelho psíquico, uma vez configurados os sistemas de significação que referenciam e balizam os limites do sujeito, a incidência inesperada e massiva da realidade relativa ao abuso faz explodir aquilo que já se construíram, de modo que os modos usuais de funcionamento começam a desarticular-se, o que compromete a relação do sujeito consigo mesmo e com a realidade que o circunda e o atravessa.

A elaboração, com o recurso da fantasia, desse real que invadiu e perturbou a vida da criança é enfocada, por alguns autores, como um trabalho de verdadeira "teorização singular do trauma real". Silvia Bleichmar assinala duas opções: em primeiro lugar, considerar o traumático como desencadeante de algo que já está pré-formado no sujeito; em segundo, entendê-lo como substitutivo e, inclusive, como constituinte do funcionamento psíquico que se dá sob o efeito da obrigação do psiquismo de elaborar aquilo que lhe chega, isto é, de dar-lhe um destino, de evitar sua destruição pelas quantidades que tem que metabolizar para manter sua complexidade e continuar sua evolução.

Pensando nos termos da segunda opção, seria necessário precisar de que ordem é o que afeta a vida psíquica para que essa complexidade se instaure, e sob que premissas e excessos se produziriam fenômenos não metabolizáveis que levariam a sua destruição.

O efeito da impossibilidade de simbolizar impregna o sujeito, somado às fortes sensações de desvalimento, à vivencia de um terror sem nome e à percepção de que os recursos disponíveis não serão suficientes para proteger o psiquismo do desabamento. Seu correlato é a impossibilidade, também, de imaginar um futuro construído sobre os inúteis pilares de um presente desorganizador.

O terror se produz quando o sujeito sabe do que tem medo, mas não tem a possibilidade de instrumentar defesas frente ao temido. O ego sabe o que pode esperar, mas não tem forma de se proteger daquilo que pode atacá-lo. Desenvolve-se, assim, um estado de hipervigilância que, apesar de consumi-lo, não o protege da repetição do acontecimento.

Para alguns autores, esses estados de desvalimento se devem ao efeito da violência cotidiana e prolongada sobre a subjetividade. E implicam, na verdade, um aprender a "não se defender" que é dessubjetivante e empobrecedor. Em algumas crianças, a situação traumática é segregada do restante da personalidade, e assim o episódio traumático permanece como em suspenso, não assimilado e intacto. Em outros sujeitos, põe-se em marcha um processo que parece corresponder ao modelo das neuroses traumáticas: o retorno das imagens, a compulsiva reaparição do vivido, a tentativa de evacuação para evitar os processos de desestruturação. Todos esses elementos estão presentes em traumatismos violentos. A identificação com o agressor e a transformação passivo-ativo são também mecanismos, há muito tempo conhecidos, de resposta às situações traumáticas.

Nas situações de abuso crônico, o sujeito perde a capacidade de experimentar-se a si mesmo como agente de suas próprias ações e sentimentos. As tentativas de suicídio frente à repetição seriam uma forma paradoxal que eles encontram para sustentar o sentido de serem agentes e protagonistas de suas próprias vidas.

Pensamos que, em todos esses casos, é fundamental, para evitar a implosão do psiquismo e sua devastação concomitante, que a memória possa se reconstruir. Referimo-nos a uma memória identitária que restitua ao sujeito a noção de sua própria existência. Quando se consegue trabalhar e reconstruir esses episódios silenciados por muito tempo, produzem-se movimentos importantes no posicionamento subjetivo, movimentos que abrangem o sentimento de si e as relações objetivas.

O traumático na teoria

O traumatismo, concebido como o impacto do real no sujeito psíquico, tem uma longa história na teoria psicanalítica. Já na obra freudiana podem ser reconhecidos diferentes modelos.

A concepção mais elaborada, na época inicial, sobre o papel do traumático na causalidade das neuroses está centrada no conceito de *traumatismo sexual em dois tempos*, que implica um determinado encadeamento temporal de fatos psíquicos. em um primeiro tempo, uma cena em que o que produz impacto vem de fora, a criança não compreende o sentido que as ações em que se vê envolvida têm para o adulto perverso ou para a criança mais velha, nem os meios utilizados por essa pessoa que faz parte, em geral, da própria família. O papel da criança é o de alguém passivo, ignorante, impotente, que consente sem entender do que se trata. em um segundo tempo, o do *a posteriori*, já na puberdade acontece um incidente que lembra, a partir de um traço associativo, o primeiro, que ficou isolado e esquecido. A criança poderia conceber agora o sentido sexual daquela cena, *ressignificá-la*, reorganizando e internalizando o cenário em função da sua própria evolução intelectual e afetiva.

A reativação dessa lembrança provoca um fluxo de excitação que desborda as defesas do ego. O aparelho psíquico se vê invadido por um afeto demasiado intenso para suas possibilidades de domínio; dizer algo se faz impossível, ao menos em um primeiro momento; a fuga, consequência de uma vivência de terror, se apresenta como única saída no exemplo paradigmático, descrito no *Projeto para uma psicologia científica* (Freud, 1895). A lembrança reativada, carregada de uma quantidade de afeto, é recalcada e em seu lugar se instala uma neurose fóbica, pela qual o sujeito foge de certas situações sem saber com clareza de que está fugindo.

Essa concepção inicial, que sofreu posteriormente diversas modificações, principalmente pelo reconhecimento da existência da sexualidade infantil, assentou, entretanto, as bases para a compreensão de que o traumático não se reduz ao acontecimento, mas também inclui o efeito. Um efeito, proveniente do real, que se produz num psiquismo que já tem certas organizações constituídas e que está ligado ao acontecimento, mas que em si mesmo não é determinante senão pela forma em que opera em relação às inscrições prévias. Sabemos que há acontecimentos que se tornam necessariamente traumáticos, mas esses traumatismos não se convertem necessariamente em patologias. Apesar disso, podemos afirmar que sempre exigem trabalho psíquico. A produção de patologia, como acabamos de ver no caso de neurose esquematizado por Freud, é o efeito de *um* modo de resolução do traumático.

A teorização fantasmática é a resposta que o sujeito constrói frente ao traumático. A simbolização será impossível se algo não se inscreve no psiquismo como traço ou marca de algum tipo de vivência. Como o traumatismo abre um enigma, existem também simbolizações que, apesar de serem *culpabilizantes*, propõem ao sujeito uma teoria, que lhe permite posicionar-se no lugar do ator. Assim, o sujeito pensa "mostrei-me demais, aqui está a consequência". Se, em lugar disso, pensa "se eu me comportar bem, não acontecerá comigo nem violentação nem abuso", incrementa a onipotência, constituindo uma simbolização "eficaz".

É importante precisar que essas racionalizações não podem ser questionadas e desarticuladas sem levar-se em conta que vieram a preencher uma necessidade simbólica. O analista deverá trabalhar sobre a fantasia do sujeito para ver de que maneira se produziu o encontro com o real a partir das fantasias preexistentes. Nesse complexo lugar, o sujeito – no trabalho de análise – vai reconstruindo seu próprio relato.

Desde os primeiros estudos psicanalíticos, Freud afirma o valor curativo do ato de pôr em palavras. Todo acontecimento se inscreve e deixa suas marcas, seus traços mnêmicos. Nunca é uma impressão passiva, e sim um fato a construir. Um intenso trabalho psíquico abre caminho para o conhecimento da realidade, entendendo-a como a apreensão complexa do acontecido, que envolve dimensões pensáveis em termos de "realidade psíquica". A apreensão de qualquer acontecimento passará necessariamente por todos esses passos, e a construção do fato como experiência subjetiva estará frequentemente distante de uma realidade puramente "factual".

Os traumas sexuais precoces que Freud descreveu e sobre os quais teorizou, como vimos, no início da psicanálise, são fatos reais, processos de "sedução" ou de abuso produzidos, em geral, por pessoas próximas: pai, irmão, tio ou avô. Desencadeiam afetos incapazes de consciência, irrepresentáveis, que não chegam a ligar-se a representações de palavra.

Os efeitos desses acontecimentos sexuais precoces são duradouros. Incluem, pela ação do recalcamento e o retorno do recalcado, a produção de sintomas neuróticos. Também, o efeito da recusa e seu fracasso – o retorno do recusado, seria possível dizer – ocasiona a emergência de alterações de caráter, passagens ao ato e somatizações. Além disso, poderão apresentar-se fenômenos de sideração e de dessubjetivação próprios da psicose.

A nova historicização que se consegue na análise muda o sentido e a intensidade dos traumas, podendo relativizá-los, intercambiar seus pontos de impacto e as figuras implicadas neles. O conceito de retroatividade (*Nachträglich*) explica a possibilidade de ação da psicanálise. A ação da retroatividade na construção do trauma está presente também ao longo do processo analítico, tornando possível a modificação de uma história.

A psicanálise desenvolveu uma concepção de história pela qual esta não é uma crônica de fatos que se sucedem linearmente, e sim uma multiplicidade de acontecimentos que se inscrevem e entrecruzam-se em um jogo de interpretação sucessiva e simultânea, armando uma rede de relações complexas que obrigam o ego a um trabalho interpretativo e a uma reconstrução permanente. Os acontecimentos não existem isoladamente, e sim inseridos em uma trama relacional, e é por meio do trabalho de deciframento, interpretação e re-historicização que essa trama pode tornar-se inteligível.

A atitude coletiva frente à violência do abuso: negação e silêncio

As formações sociais estão sustentadas por discursos e dispositivos defensivos, imaginários, que garantem o consenso em pensamento e ação de modo a excluir todo questionamento do sistema de convicções que opera como verdade e realidade. Minora-se a importância dos fatos de violência que não podem ser marginalizados, jogados para fora e para as margens do conjunto social ao qual se pertence. Tais fatos tendem, assim, a ser minimizados ou a ser objeto dessa complacência recusante conhecida como banalização. Sistemas de crenças baseadas em preconceitos servem para colocar em dúvida, por exemplo, as experiências relatadas pelas mulheres desviando-se a responsabilidade dos agressores.

O feminino foi tido ao longo da história, tal como o revelam os discursos religiosos, mitológicos ou literários, como fonte de intenções provocadoras e sedutoras, potencialidades (atribuídas) cuja presença e moderação acabou fazendo parte do papel de gênero com o qual as mulheres devem identificar-se. O estudo das atitudes coletivas, em casos de abuso sexual em mulheres, foi o ponto de partida para verificar a magnitude e extensão da tendência geral à culpabilização das vítimas em situações de violência sexual.

Montam-se, assim, vários mecanismos de *negação* e de *silenciamento*, que operam como cerco de aparente proteção, mas são, na realidade, efetiva estigmatização dentro do qual as crianças e mulheres abusadas, consideradas casos particulares e isolados, devem permanecer justamente em segredo. Esse silêncio é exercido tanto pela sociedade como pelas vítimas.

Frente a um caso de presunção de abuso é frequente que a menina passe a ser considerada como vítima, mas, também e ao mesmo tempo, alguém de quem se suspeita, pondo-se em dúvida a veracidade de sua queixa, de suas lembranças, de seu sofrimento, de sua percepção da realidade. Essa falta de confiança na palavra da criança produz uma perda na autoestima que a levará a renegar suas percepções da realidade exterior. Enquanto isso, o abusador nega ou minimiza o acontecido, e a criança, com suas palavras e condutas, denuncia cada vez mais fracamente, mas ainda esperando que alguém ponha fim a seu padecimento privado.

A recusa dos fatos e de sua significação

Um mecanismo de defesa comum frente ao trauma é acreditar que a própria percepção dolorosa é equivocada, de modo a ser negada com veemência. Esse mecanismo nos levaria ao que falamos inicialmente sobre a *recusa*, que tenta manter afastadas as experiências traumáticas e os sentimentos associados com elas, o que provoca uma alteração séria na constituição psíquica.

O conceito de recusa, como mecanismo através do qual o sujeito rejeita reconhecer a realidade de uma percepção traumatizante que socava seus alicerces narcísicos, ocupa um lugar importante na teoria e na clínica psicanalítica. Presente em diferentes escritos que o antecipavam, foi formalizado por Freud em 1927 no contexto de trabalho sobre a perversão fetichista. Diferentemente do que ocorre na psicose, preserva-se a relação convencional com a realidade às custas de uma profunda cisão do psiquismo, de características diferentes das do recalcamento.

Esse mecanismo, quando utilizado intensamente, produz danos no psiquismo. No caso do abuso sexual, a situação é ainda mais complexa porque não recorre à recusa somente a vítima, mas também os que participam indiretamente e os que escutam e não acreditam em quem denuncia.

Algo que existe é tratado como inexistente, o que danifica o ego ao ser atacada sua capacidade de reconhecer uma percepção, de aceitar algo como existente, de discriminar como própria uma sensação corporal. Todo acontecimento real requer operações de elaboração e de reelaboração, equivalentes a traduções, com parte do processo de inscrição psíquica. A ação da recusa implica uma interferência nessas operações, de que resulta uma suspensão de significação. O bloqueio da via da elaboração psíquica no processamento das tensões habilita o funcionamento evacuativo da compulsão de repetição. Uma paralisia concomitante na produção do sentido da existência afeta o senso de temporalidade. Um dos traços mais frequentes nas vítimas de abuso sexual na infância é um vazio de futuro.

Podemos pensar que a reconstrução, a lembrança e a reelaboração desses fatos em análise provocam recomposições que permitem que essas mulheres mudem seu posicionamento subjetivo, ao deterem a compulsão à repetição a que estavam submetidas. Na compulsão à repetição, o sujeito situa-se ativamente em situações penosas, repetindo experiências antigas, sem se lembrar das características delas e achando que se trata de algo motivado na atualidade.

"Freud explicava a necessidade de repetição, em parte, como uma tentativa de modificar *après coup* as condições em que se havia produzido o trauma e chegar a torná-lo progressivamente mais inócuo, com o aporte da angústia-sinal – que faltava no momento de sua produção – impossibilitando a instrumentação de medidas defensivas. Atualizar o trauma, fazê-lo vigente, atual, é o que permite superá-lo e mudar a história, tanto em um processo espontâneo como no tratamento, no qual a repetição transferencial tem um papel importante" (Fuks, 2000, p. 121-122).[25]

Papel da mãe

A investigação clínica dos casos de abuso intrafamiliar revela, com inquietante frequência, junto à incontestável superioridade numérica dos casos de incesto entre o pai e filha, a presença de contradições e ambiguidades na atitude da mãe perante a situação de abuso.

A sua *incredulidade* em relação à fala e às demonstrações diretas e indiretas das crianças revela uma tendência a recusar a percepção da realidade sexual que a rodeia, que compromete o cumprimento das funções de proteção de sua prole. No período inicial das investigações clínicas associadas às perícias legais, tendeu-se a relegar essa constatação a um segundo plano, pelo receio de incorrer em mais uma desculpabilização do agressor masculino através de um deslocamento de responsabilidades para o lado das vítimas femininas.

O desconhecimento, por parte da mãe, do fato transgressivo leva à preservação de uma imagem familiar ilusória, tornando-a susceptível à manipulação do abusador, que opera em favor da distorção da realidade através do enfraquecimento da confiança dos diversos protagonistas da cena familiar em suas próprias percepções. O abusador, em geral, tem uma racionalidade perversa que tenta transformar sua

25 Ver Capítulo 10 deste livro.

racionalidade privada em pública e também em intencionalidade da vítima. Como dito anteriormente, isso pode levar a vítima a fantasmatizar-se como agente da situação, porque essa é uma forma de controle do inesperado.

Outros fatores operam no mesmo sentido. Uma história infantil de conflitos familiares e situações traumáticas, inclusive ter sido vítima por sua vez de abuso e incesto, condiciona, na mãe, uma subjetividade fragilizada, associada a uma autoestima deficitária e uma autoimagem feminina rebaixada, que a torna vulnerável na relação com homens exploradores. As pesquisas sobre abusos em gerações sucessivas demonstram que mulheres que foram abusadas na infância tendem a expor, inconscientemente, suas filhas à proximidade e até à proteção da mesma pessoa que abusou delas, sendo este geralmente seu pai, ou seja, o avô da futura vítima. Uma trágica situação desse tipo é tratada no filme *Chinatown*, de Roman Polanski (1974).

Para muitas mulheres acaba sendo difícil visualizar o incesto porque elas mesmas não percebem que são abusadas ou maltratadas. Para elas, era comum confundir, na infância, atitudes afetivas com condutas sexuais. Não está ausente, no entanto, uma desconfiança em relação às filhas, o que as leva a duvidar da veracidade de suas mensagens e a uma cumplicidade inconsciente no encobrimento da situação.

"Por sua história de vida, essas mulheres acreditam que as relações mãe-filha são necessariamente competitivas, ambivalentes e hostis (essa crença é transmitida como algum tipo de legado). As próprias necessidades insatisfeitas e a baixa auto-estima levam a que as intensas demandas de seus filhos provoquem nelas ansiedade e rejeição." (Fuks, 2000)

Sobrevivência e elaboração

No contexto do trabalho com mulheres adultas vítimas de violências sexuais, fala-se em *mecanismos de sobrevivência* para referir-se ao processo que compreende os diversos momentos de elaboração e reabilitação que realiza a mulher vitimizada.

O impacto do abuso exige uma reformulação da vida dessas pessoas, quando entrar em ação o "sobreviver apesar de". Já assinalamos um momento de esvaziamento subjetivo, de um aprender a "não se defender" profundamente empobrecedor, mas que não consegue aniquilar de vez a tendência, com graus diversos de consciência, a inscrever esse padecimento no contexto mais amplo da própria vida.

A elaboração do traumatismo sofrido atravessará um longo processo durante o qual a mulher deverá se desprender daquela cena que captura sua subjetividade: os fatos, a pessoa do agressor, seus mandatos, o medo, a vergonha, a humilhação, a dor, o ódio, o desejo de vingança.

O sujeito, além de contar com as forças que possa resgatar de seu próprio interior, mesmo que enfraquecido, necessitará também dos incentivos que possa encontrar no mundo externo. Pode-se configurar, dessa forma, um horizonte possível de experiências intersubjetivas, que poderíamos denominar "situações de restituição-reparação", remontando em contracorrente às situações traumáticas.

A denúncia quebra o pacto de silêncio e abre possibilidades de elaboração

Atualmente, considera-se uma questão fundamental o ato da *denúncia*, que significa o rompimento do *pacto de silêncio* ao qual o abusador submete sua vítima. Da recepção que essa denúncia obtiver e da ajuda que se puder oferecer à criança abusada vai depender, em grande medida, a inscrição que esse ato terá no psiquismo. Se o abuso é reconhecido como um delito dentro do discurso social e castigado pela lei, então seu processamento no psiquismo da vítima terá possibilidades de superar o bloqueio ao trabalho de representação.

A resposta das pessoas próximas (família, escola, profissionais da área da saúde) frente às denúncias de abuso feitas por uma criança terão, assim, grande importância. Daí também a ênfase que temos dado ao trabalho com a mãe, pela relevância do papel que ela desempenha a favor da recusa ou a favor da aceitação simbolizante.

A denúncia de um abuso retira a vítima do isolamento e abre espaço para um terceiro que possibilita emergência de outro relato. Surge assim uma narrativa, que torna acessível um lugar antes dominado pelo terror, que levava à impossibilidade do pensamento. Para vários autores, só a confissão dos delitos, o juízo e a condenação permitem que a memória se recupere e as redes simbólicas da história se recriem, recuperando a subjetividade. O processo consistirá em fazer o luto pelo pai perdido e, através da reconstrução do incesto cometido, abrir a possibilidade de reconstituir sua própria subjetividade fragmentada.

Isso nos remete novamente à importância do trabalho de simbolização historicizante já mencionado. Será no tratamento psicanalítico que se tentará reaver uma história cujas partes, até então, não puderam formar uma figura. A recuperação e a reconstrução do passado se produzem dentro do processo de análise, sendo importante que o analista abra espaço para essa reconstrução histórica que permitirá o trabalho simbólico, no lugar onde só se encontrava o sinistro.

Trata-se da historicização do passado, que poderá levar, no trabalho transferencial, à transmutação do sintoma em relato. A história se constrói no presente, mas a verdade histórica se elabora a partir das inscrições do passado. E é pela via do trabalho compartilhado por paciente e analista que novas simbologias poderão ser geradas.

Um dos recursos utilizados nessa reconstrução é o trabalho com os sonhos traumáticos. Estes tentam recuperar o domínio sobre o estímulo pela via de um desenvolvimento de angústia, cuja omissão foi a causadora da neurose traumática. A repetição é historicizada, tornando-a, até onde seja possível, lembrança. Elaboramos construções que, promovendo outras, abrem o espaço psíquico para a produção de sentido.

É importante conhecer a modalidade em que historicamente se inscreveu o abuso sexual na infância, porque acreditamos em uma história subjetiva na qual os pontos de vista do historiador se constituem como verdade, em contraposição à versão "objetiva" que sustenta a reprodução fiel de acontecimentos.

16 Pedofilia: considerações atuais[26]

Do ponto de vista psicanalítico, a pedofilia tem sido considerada uma perversão sexual que envolve fantasias sexuais da primeira infância abrigadas no complexo de Édipo, período da intensa ambivalência da criança em relação aos pais. O ato pedófilo caracteriza-se pela atitude de desafiar a lei simbólica da interdição do incesto. O adulto seduz e impõe um tipo de ligação sigilosa sobre a criança, na tentativa de mascarar o abuso sexual.

O corpo infantil é o objeto erótico de desejo e, nesse sentido, a pornografia infantil eletrônica preconiza a erotização precoce nas imagens evocadas da cena sexual. Segundo Serge André (1999), o discurso do pedófilo afirma uma tese segundo a qual a criança consente ou participa das relações sexuais propostas, de modo que ambos vivam o verdadeiro amor.

26 Publicado originalmente no livro *Tramas da perversão: a violência sexual intrafamiliar*, organizado por Cassandra Pereira França (São Paulo: Escuta, 2014; pp. 223-234).

Sem defesa, a criança reage até onde pode, mas, uma vez submetida ao gozo do pedófilo, cumpre a fantasia inconsciente da cena primária, isto é, da participação da criança na relação dos pais. Com isso, o ato pedófilo tenta anular as diferenças geracionais da espécie humana, da mesma forma que, por meio da pedofilia virtual, pretende converter a proibição do incesto em permissividade.

Ao tornar artificial a sexualidade infantil, a pornografia faz questão de expor uma realidade fantasmática, mental e narcísica. Em geral, os pedófilos não procuram ajuda terapêutica por várias razões. A primeira delas é o risco de sanções legais. Como sabem que os profissionais da saúde têm o dever de denunciar esses casos,[27] veem-se receosos de denunciar a si mesmos. Trata-se, então, de um segredo que se guarda até que seja descoberto.[28]

A popularização da internet, a partir da década de 1990, aumentou a distribuição da pornografia *online*. As imagens veiculadas, além de elevar o desejo dos pedófilos, representam o meio mais eficaz de seduzir as próprias crianças, da mesma forma que despertam a curiosidade de alguns jovens e adultos. Em uma definição de Hélia Barbosa (1990), "o abuso sexual se caracteriza pela utilização pelo adulto do corpo da criança ou do adolescente para fins sexuais sem o consentimento da vítima, que sofre coação física, emocional ou psicológica" (p. 90).

Na internet, a disseminação das imagens pornográficas de crianças em atividade sexual revelou o mundo imaginário do ato pedófilo. A circulação desse material ampliou-se,

27 Conforme o artigo 13 do *Estatuto da Criança e do Adolescente*, de 1990.

28 Fani Hisgail (2007) tem trabalhado amplamente esta temática, enfatizando a análise da pedofilia virtual.

tomando proporções que extrapolam o controle social. O Brasil fica em 10º lugar no *ranking* dos países hospedeiros de sites de pornografia infantil. A produção e a difusão são atividades praticadas por homens, entre 25 e 40 anos, de razoável nível socioeconômico.

A pornografia infantil desponta como um sintoma da cultura, envolvendo redes internacionais que atuam em territórios nacionais, o que exige de todos uma ação conjunta de combate. A vulnerabilidade das crianças no contexto real e virtual da pornografia deve servir de alerta para a sociedade, os educadores e os pais. Cabe trabalhar também formas de prevenção, porque se sabe que as vítimas de abuso sexual na infância podem mais tarde perpetrar os mesmos crimes aos quais foram submetidas, e em maior grau, caso a pornografia infantil represente para o ator a possibilidade dele se desatar das amarras da inibição sexual.

Entre as várias maneiras de abordar os conceitos de exploração comercial e sexual da infância, vale distinguir a *pedofilia real*, que se estende a partir do contato carnal com a criança, da *pedofilia virtual*, como forma de representação da sexualidade perversa polimorfa na pornografia infantil. O ato pedófilo constitui uma parte visível desse iceberg, de modo que não devemos nos restringir à atuação dos pedófilos como seus únicos exploradores. A pedofilia real e virtual engloba, também, os molestadores de crianças, cuja intenção seria a de fomentar a exploração sexual, além de tornar pornográficas as "representações" da "inocência" infantil, o que varia segundo o uso da imagem. A utilização desse material (fotos, vídeos, etc.) tem a finalidade de abolir a inibição e desencadear a expressão artificial do desejo sexual infantil.

Em relação ao passado de abuso, existe a hipótese diagnóstica de que uma lembrança, a recordação de alguma imagem ou a figuração de agressão sexual, evocada pela difusão pornográfica, tenha efeito sobre o pedófilo. Desse modo, a lembrança deixaria de ser apenas mental, fantasmática, narcísica e virtual quando o sujeito se identifica com o personagem atuante da pornografia. Assim, a pornografia infantil registra no imaginário o ato pedófilo legitimado e legalizado. A perniciosidade da pornografia afeta e põe em movimento o desejo sexual por menores, situando a criança no campo das formas rudimentares de satisfação do autoerotismo.

Isso significa que, para o adulto, a pornografia infantil funciona como detonador de processos recalcados, mal resolvidos e, às vezes, insolúveis. Existe uma identificação narcísica com a criança, como também uma dominação sobre a criança ao escolhê-la como parceira sexual.

Dunaigre (1999) propõe pensar a pedofilia na perspectiva da realidade psíquica especular, das imagens que se confrontam entre uma criança interna e a outra externa. A criança interna

> representa o lado infantil do adulto que permaneceu no limbo, uma carta que ainda não chegou ao destino. Uma criança que, no passado, foi atormentada por desejos contraditórios e ambíguos em relação à figura dos pais. Uma criança que decidiu calar para sempre sobre uma angústia. Quando se torna adulta, espera que a criança externa dê voz ao silêncio que fora sepultado na infância (p. 99).

Veremos mais adiante que Serge André (1999) postula algo ligeiramente distinto, afirmando que o pedófilo concebe uma rivalidade profunda com o amor maternal, como se a mãe tivesse roubado do pai a parte erótica do amor que ele tinha com a criança.

No que se refere à lei, tudo indica que o sujeito – ao mesmo tempo em que reconhece o ato ilícito – procura extrair uma legalidade ímpar e unânime. Como consequência daquele desejo, sente-se rejeitado por todos, exceto pelas crianças, merecedoras de atenção e de auxílio contra as maldades do mundo. Ele as vê como capazes de decidir o que fazem, lançando-as em uma precocidade erótica que não condiz com a experiência da infância.

Não se sabe ao certo quanto os usuários de pornografia infantil progridem do "só olhar" para o "praticar", mas, sob diferentes aspectos, o corpo infantil pressupõe uma mina de sensações e tentações. Na pedofilia, o adulto não recua e realiza em ato as propriedades singulares da fantasia sexual, até ser, eventualmente, denunciado e preso.

Pedofilia, perversão e pulsão

A noção de *pulsão* é um elemento de destaque na economia psíquica característica das perversões: por um lado, a pulsão é uma peça chave constitutiva da evolução da sexualidade infantil; por outro, é o vetor psíquico que vai atualizar o processo perverso.

No primeiro dos três ensaios em que Freud (1905) inicia sua teoria da sexualidade, a noção de pulsão lhe permite definir o lugar das "aberrações sexuais" de acordo com uma dupla determinação: como desvio relativo ao objeto da pulsão sexual e como desvio relativo a seu objetivo.

A perversão é considerada por Freud (1905) não apenas um processo que se manifesta por um desvio do objetivo da pulsão, mas também como a *expressão aumentada de algo presente na sexualidade normal*:

> A experiência mostra que a maioria destes desvios, nos casos menos graves, estão raramente ausentes da vida sexual dos sujeitos normais, que os veem simplesmente como particularidades de sua vida íntima. Pode-se dizer que em nenhum indivíduo normal falta um elemento que se pode designar como perverso, acrescentando-se ao objetivo sexual normal. (p. 166)

E ele prossegue afirmando que, nas neuroses,

> os sintomas mórbidos não se desenvolvem em detrimento da pulsão sexual normal, mas representam uma conversão de pulsões que deveriam ser denominadas perversas, se pudessem, sem ser descartadas da consciência, encontrar uma expressão em atos imaginários ou reais. Os sintomas formam-se então em parte a expensas da sexualidade anormal; a neurose é dessa forma o negativo da perversão (p. 168).

O estudo das perversões conduz Freud à ideia de *pulsão parcial*, depois da diferenciação metapsicológica entre neurose e perversão. Nos neuróticos, como na criança, as pulsões parciais dialetizam o conjunto da dinâmica sexual (Dor, 1991). É porque a sexualidade perversa está sujeita à influência das pulsões parciais que a famosa "perversidade polimorfa" se institui diretamente no centro da organização sexual infantil.

Devido ao funcionamento de seus componentes parciais, a sexualidade da criança é necessariamente perversa, já que o jogo das atividades sexuais parcelares impõe outros objetos e outros objetivos que não o objeto e o objetivo sexual "normal". Essas pulsões parciais podem, todavia, persistir como "tendências perversas" no ato sexual normal sob a forma de prazer preliminar. A organização das perversões no adulto encontra então sua explicação na reaparição de um ou de vários componentes da sexualidade infantil. Isso quer dizer que as perversões resultam de uma regressão a um estágio anterior da evolução libidinal, estado em que o sujeito permaneceria eletivamente fixado.

Na perspectiva freudiana, a sexualidade perversa é, portanto, menos algo que se encontra à margem do processo sexual que uma disposição inevitável no desenvolvimento psicossexual de todo sujeito, parte do próprio fundamento da sexualidade normal. A perversão subtrai-se assim às apreciações ideológicas na medida em que não é mais considerada um desvio ou uma aberração desse processo sexual.

Em "Pulsões e destinos das pulsões", Freud (1915) define o objetivo e o objeto da pulsão. Estas novas considerações permitem uma melhor compreensão das manifestações perversas da sexualidade, especialmente do ponto de vista da "elasticidade dos modos de satisfação pulsionais":

> O objetivo de uma pulsão é sempre a satisfação que só pode ser obtida suprimindo o estado de excitação à fonte da pulsão. Mas ainda que esse objetivo final permaneça invariável para cada pulsão, diversos caminhos podem levar ao mesmo objetivo final, de modo que diferentes objetivos mais próximos ou intermediários podem oferecer-se para uma pulsão; esses objetivos combinam-se ou permutam-se uns pelos outros. (p. 137)

Freud introduz também outra precisão fundamental a propósito do objeto da pulsão sexual – tal objeto é totalmente variável e não é, portanto, eleito como objeto da satisfação possível senão em função da história do sujeito. "Quando a ligação da pulsão ao objeto é particularmente íntima, distingue-se pelo termo *fixação* e se realiza nos períodos iniciais de desenvolvimento da pulsão, dando fim à mobilidade desta e resistindo intensamente a toda dissolução."

Na proximidade dos anos 1920, Freud introduz os conceitos de fase fálica e complexo de castração, derivando este último da experiência de confronto, por parte da criança, com as diferenças sexuais anatômicas, seguida da tentativa de elaboração psíquica através das teorias sexuais infantis. Isso implica uma reformulação fundamental nas teorias freudianas relativas ao desenvolvimento da sexualidade infantil, o devir do complexo de Édipo e suas diferenças em cada sexo assim como a importância de sua elaboração para o processo de sexuação e a estruturação definitiva do aparelho psíquico.

Seguindo esta trilha teórica em "O fetichismo", Freud (1927) propõe uma concepção mais elaborada da psicopatologia da perversão, segundo a qual, no confronto com a diferença sexual, o ego fetichista fixado à crença na existência de um pênis na mãe, dotado de um valor superlativo que se corresponde com seu próprio narcisismo fálico, se defende do pânico gerado pela possibilidade de sua ausência através de um mecanismo complexo. *Recusa* a percepção da realidade de sua falta e as consequências para o próprio narcisismo, estabelecendo uma *clivagem* de sua vida psíquica em duas partes: em uma delas o falo materno perdura imaginariamente como significação inconsciente do fetiche; na outra, a relação com a realidade factual se mantém sem ser afetada como no caso da psicose.

Da recusa da realidade da castração à clivagem do eu, tudo se passa então como se, nas perversões, os sujeitos mantivessem este paradoxo psíquico que consiste em saber alguma coisa da castração, querendo ao mesmo tempo nada saber. Nesse sentido, as perversões introduzem-nos não somente nas teorias sexuais infantis, mas ainda mais geralmente na questão da diferença dos sexos que elas colocam. Do ponto de vista freudiano, a organização perversa enraíza-se, assim, na angústia de castração e na mobilização permanente de dispositivos defensivos destinados a contorná-la.

Nos termos das conceituações de Lacan sobre o complexo de Édipo, obstrui-se, para o futuro perverso, a possibilidade de aceitar facilmente a castração simbólica que não tem outra função senão fazer advir o real da diferença dos sexos como causa do desejo para o sujeito.

O pai não pode ser despojado de sua investidura de rival fálico sem a intersecção desse significante da falta do Outro que incita a criança a abandonar o registro do ser (ser o falo) em benefício do registro do ter (ter o falo). A passagem do ser ao ter se efetua na medida em que o pai aparece à criança como aquele que supostamente detém o falo que a mãe deseja. Esta atribuição fálica que investe o pai na posição de *pai simbólico* confere-lhe a autoridade de representante da lei. Por essa razão, a mediação da interdição do incesto institui uma função estruturante para a criança.

Não é porque a criança *sabe* que o pai é possuidor do pênis que irá considerar necessariamente que o pai detém o falo. Além do atributo anatômico, a criança só pode supor a atribuição fálica se descobrir, como diz Lacan (1958), que o pai soube se fazer preferir pela mãe, tornando-se objeto de seu desejo.

É na medida deste investimento libidinal do pai, que a criança descobre que o lugar do gozo materno não mais se situa junto a ela. Reconhecer que a negação do perverso baseia-se essencialmente na questão do desejo da mãe pelo pai é enunciar, de maneira implícita, que esta recusa é fundamentalmente aquela da diferença dos sexos.

Uma metapsicologia da perversão pedófila

Não é fácil, na pesquisa bibliográfica, encontrar trabalhos que contenham uma hipótese psicopatológica sobre a pedofilia. Nessa perspectiva, a conferência ministrada por Serge André (1999) em Lausanne realiza uma articulação bastante feliz em que se delineia uma metapsicologia ou uma psicopatologia psicanalítica do pedófilo muito produtiva. Cabe salientar que, para ele, "a perversão é perfeitamente estrutural, mesmo se incomoda o mundo, ou todo mundo" (p. 4). Assim, a existência das perversões coloca, com uma evidente provocação, uma questão que aponta à essência mesma da sociedade humana.

André (1999) propõe diferenciar quatro eixos principais da organização da perversão, para todas as suas variantes. Nos parágrafos que se seguem, tentarei definir cada um desses eixos e elucidar algumas questões que suscitam.

1. A lógica da recusa:

Na perversão, o mecanismo fundante do inconsciente é diferente ao da neurose. Nesta última, a denegação (*Verneinung*) determina e sustenta o recalque (*Verdrängung*). Quando um neurótico declara, por exemplo, no artigo de Freud intitulado "A negativa", que "essa mulher que aparece no sonho não é minha mãe", na realidade quer dizer que essa mulher é sua mãe. Mas só pode reconhecê-lo ou confessá-lo afetando esse enunciado com uma negação: "não é". Para o perverso o mecanismo é mais complexo e mais sutil. O que Freud chamou de recusa (*Verleugnung*) consiste em postular simultaneamente duas afirmações contraditórias: a) sim, a mãe está castrada; b) não, a mãe não está castrada.

Basicamente, a recusa refere-se à castração da mãe. A castração da mãe significa que ela não possui o objeto de seu desejo, que este só pode se inscrever como falta e que essa falta é estrutural. Em outros termos, na recusa que o perverso opõe à castração existe uma face que reconhece a falta estrutural do objeto do desejo, mas também, e simultaneamente, outra fase que afirma a existência positiva desse objeto. Agora bem, afirma Serge André, se o objeto do desejo existe concretamente, se é possível pegá-lo e designá-lo através do sentido, deduz-se que o sujeito só pode querer possuí-lo e consumi-lo absolutamente – e repetir infinitamente esse movimento.

2. No que se refere ao Édipo:

O perverso se caracteriza por atribuir ao pai um lugar especial em cada um dos níveis em que é chamado a cumprir sua função. Enquanto instância simbólica, como o perverso não é psicótico, o pai é reconhecido como depositário da lei, da proibição e da autoridade. Igualmente, os atributos do pai imaginário, herói ou covarde, dominador ou distante, mostram-se presentes no sujeito. É no nível do pai real que a perversão se manifesta mais claramente. No triângulo edipiano, o pai é sistematicamente deixado de lado pelo discurso materno que envolve o sujeito. Convertido assim em um personagem irrisório, uma pura ficção, um faz de conta, o pai se vê reduzido a ser unicamente uma espécie de ator de comédia a quem se solicita atuar como pai, mas sem que esse papel implique a menor consequência: é um pai "para a cena". O resultado para o filho é que a lei, a autoridade e a proibição estão presentes e são reconhecidas teoricamente, mas ficando reduzidas a puras convenções formais. Se a comédia humana é para o neurótico uma verdade em que ele só pode estar como um participante entre outros, sem sabê-lo (situação com a qual lhe é difícil se resignar), para o perverso essa comédia é revelada desde o início, desmascarada em sua facticidade, e ele ocupa seu lugar com plena consciência. Consciência que poderíamos considerar como cínica, mais do que lúcida.

O universo subjetivo do perverso se encontra desdobrado em dois lugares e dois discursos cuja contradição não impede sua coexistência. De um lado, a cena pública; do outro, a cena privada. A primeira, o mundo em que leis, usos e convenções sociais são respeitados e celebrados com um zelo caricatural. A cena privada, pelo contrário, lugar da verdade escondida, do segredo compartilhado com a mãe, acaba por desmentir a anterior. Entre a mãe e a criança, depois entre o perverso e seu *partenaire*, realiza-se o ritual (sempre teatral) que demonstra que o sujeito tem suas razões para se eximir das leis comuns porque atribui a si conhecimentos privilegiados sobre os quais funda sua singularidade.

3. O uso do fantasma:

No nível do conteúdo, pode-se afirmar que todo fantasma é essencialmente perverso. O cenário imaginário no qual o neurótico conjuga seu desejo e seu gozo não é nada mais, afinal, que o modo no qual ele secretamente se imagina perverso. Não é, portanto, o conteúdo do fantasma o que permite diferenciar o perverso do neurótico, mas seu uso. Tesouro secreto, estritamente privado no neurótico (de tal modo que são precisos anos de análise para que consinta em começar a falar disso), o fantasma é para o perverso, pelo contrário, uma construção que só toma sentido quando se faz pública. Para o neurótico, o fantasma é uma atividade solitária: é a parte de sua vida que se subtrai ao laço social. Inversamente, o perverso se serve do fantasma para criar um laço social em que sua singularidade possa se realizar. Para o perverso, o fantasma só tem sentido e função se é colocado em ato o enunciado de tal modo que consiga incluir um outro, com ou sem seu consentimento, em seu cenário. É o que aparece, visto de fora, como uma tentativa de sedução, de manipulação ou de corrupção do *partenaire*. Por exemplo, o sádico exigirá de sua vítima que ela mesma lhe peça, acusando-se de uma ou outra falta, o castigo que vai lhe infligir – castigo que aparecerá então como "merecido".

Por que essa necessidade de obter a cumplicidade forçada do outro? Porque na perversão o fantasma tem uma função demonstrativa. O perverso só pode se assegurar de sua subjetividade com a condição de se fazer aparecer como sujeito positivado no outro (manobra na qual não é mais que o agente). Trata-se de um sujeito para o qual é essencial, vital, afirmar que há continuidade entre desejo e gozo. Sendo que, para o perverso, um desejo que não termina em gozo não é mais que uma mentira, uma estafa ou uma covardia. Essa mentira e essa covardia é o que ele denuncia incansavelmente como constitutivas da realidade do neurótico e da ordem social: se proíbe o gozo (em todo caso, a partir de certo ponto), é porque o neurótico não se atreve a gozar verdadeiramente. O gozo constitui o valor supremo do universo perverso, enquanto na neurose esse valor é o desejo. Por isso é que o neurótico se sustenta perfeitamente em um desejo insatisfeito (na histeria), em um desejo impossível (na neurose obsessiva) ou em um desejo prevenido (na fobia). O neurótico encontra seu apoio em um desejo cujo objeto sempre falta; cada vez que acredita tê-lo alcançado, desilude-se rapidamente: não, não era "isso". Por essa razão, na neurose, o gozo vai sempre acompanhado de culpabilidade. O que o perverso quer demonstrar, aquilo que ele tanto se esforça em convencer o outro (se necessário pela força) não é somente a existência do gozo, mas sua predominância sobre o desejo. Para ele, o desejo não pode ser outra coisa que desejo de gozar, e não desejo de desejo ou desejo de desejar, como para o neurótico.

4. A relação com a lei e o gozo:

A necessidade de tal demonstração fica tão premente que cabe perguntar se a perversão conhece a dialética do desejo ou se a escamoteia pura e simplesmente. Em todo caso, sua compreensão reclama uma teoria do desejo e do gozo diferente da teoria a que nos referimos no contexto da clínica das neuroses. Para entrar nessa teoria, é preciso aproximar-se da relação subjetiva que o perverso mantém com a Lei. A opinião comum tende a confundir perversão e transgressão. Entretanto, seria errôneo assimilar o perverso a um fora da lei, mesmo se a interrogação cínica, o desafio e a provocação das instâncias que representam a lei constituem dados constantes da vida dos perversos. Se o perverso desafia a lei, e mais frequentemente ainda a julga, não é porque se considere anarquista.

Pelo contrário, quando critica ou quando infringe a lei positiva e os bons costumes, é em nome de outra lei, lei suprema e bastante mais tirânica que a da sociedade. Pois essa outra lei não admite nenhuma faculdade de transgressão, nenhum desfalecimento, nenhuma debilidade humana, nenhum perdão. Essa lei superior que se inscreve no coração da estrutura perversa não é, por essência, uma lei humana.

É uma lei natural cuja existência o perverso é capaz de sustentar e de argumentar com uma grande força de persuasão. Seu texto não escrito não promulga mais que um único preceito: a obrigação de gozar. Resumindo, quando o perverso "transgride", como diz a linguagem comum, na realidade só obedece.[29] Não é um revolucionário, mas um servidor modelo, um funcionário zeloso. Segundo sua lógica, não é ele quem deseja, não é sequer o outro: é a Lei (do gozo). Mais ainda: esta lei não deseja, exige. Empurre-se o sujeito perverso até seus últimos redutos e, se ele é sincero e aceita confiar-se, será possível escutar seu discurso transformando-se em uma verdadeira lição moral.

Não há nada mais sensível para o perverso que o conceito de "virtude". A perversão conduz a una apologia paradoxal da virtude. Estranha virtude, sem dúvida. Aqui de novo a oposição entre o mundo do neurótico e o do perverso é diametral. Para o primeiro a lei é por definição uma proibição dirigida ao gozo, e a virtude é o respeito dos tabus que dela resultam, enquanto que, para o perverso, a lei governa o gozo de uma maneira absoluta (o que está proibido, em certo modo, é não gozar). Assim, a virtude consiste neste caso em se mostrar à altura das exigências de tal imperativo absoluto – até o mal supremo.

* * *

O ponto de mira da perversão pedófila é a criança que não está definida sexualmente. O que significa que o pedófilo procura nessa criança a encarnação da recusa da castração

29 Lembra o que dizia Hanna Arendt (1999), referindo-se a Eichmann, em seu livro *Eichmann em Jerusalém*: um relato sobre a banalidade do mal.

e a diferença dos sexos. Ele procura achar a si mesmo, fazer-se aparecer na figura infantil. Nisso se evidencia como ele permaneceu fixado (ou convertido) em uma eterna criança imaginária, sujeito a ser o objeto que poderia preencher a falta do/no desejo de sua mãe.

Na lógica pedófila, a criança constitui a recusa à divisão do sujeito, porque encarna o mito de uma completude em que o desejo e o gozo não se separam.

17
A formação do sintoma: modelos teóricos[30]

Freud construiu diferentes formulações, referidas ao sintoma, para representar o funcionamento do aparelho psíquico, pondo a ênfase na questão do "lugar" em que se desenvolvem os processos inconscientes. Para tanto, podemos delimitar três períodos em sua obra.

O primeiro é o que compreende o pensamento freudiano entre 1890 e 1897, que se poderia denominar, segundo Ernest Jones, historiador da vida e da obra de Freud, período da "psicopatologia primitiva". Naquele momento, Freud almejava formular uma teoria das manifestações neuróticas que lhe permitisse esclarecer o funcionamento psíquico em geral. Considerava que os sintomas neuróticos são indicadores

30 Aula inaugural dos trabalhos do ano de 2004 do curso "Clínica Psicanalítica: Conflito e Sintoma", do Departamento de Psicanálise do Instituto Sedes Sapientiae, São Paulo.

de um processo patológico, mas que representam também uma variante do funcionamento psíquico.

As primeiras considerações teóricas a respeito dos processos psíquicos subjacentes aos sintomas histéricos aparecem nos trabalhos realizados com J. Breuer (Breuer & Freud, 1895), nas cartas a W. Fliess (Freud, 1892-1899) e nas suas publicações sobre as "neuropsicoses de defesa" (Freud, 1894 e 1896).

A noção de *defesa* marca a confluência entre as ideias de Freud neurologista e as investigações provenientes de Janet e Charcot, abrindo o caminho para sua futura teoria do *recalque*.

Freud centra sua atenção, nesse período, na clínica das neuropsicoses de defesa – histeria, neurose obsessiva, fobias e quadros de confusão alucinatória – e na elaboração da *teoria da sedução* como causa etiológica da doença. O *conflito* é a expressão das exigências inconciliáveis entre os interesses do ego e os da sexualidade. Assinala a importância da defesa implementada pelo ego frente a ideias que geram conflito e não podem ser aceitas.

A concepção de Freud do aparelho psíquico, seguindo as ideias do "Projeto de uma psicologia para neurólogos" (Freud, 1895), delimita uma primeira tópica psíquica muito influenciada por uma terminologia neurofisiológica. Uma espécie de rede de neurônios cuja função consiste em descarregar uma quantidade de excitação pela via da *ação específica*. A excitação transita de um polo perceptivo a um polo motor. A região perceptiva deve estar disponível e permeável para os estímulos novos que lhe chegam. Portanto, a memória, que conserva o registro dos estímulos ou percepções anteriores, deve estar em outro lugar, em outra região do sistema neuronal. Consciência e memória, diz Freud, não podem coincidir.

O segundo período é uma continuação do anterior, iniciando em 1900. É o período em que o eixo das suas concepções se desenvolve na obra "A interpretação dos sonhos" (Freud, 1900). Inicia-se aqui o pensamento da "primeira tópica". O conhecido "Capítulo 7" abre a perspectiva de uma nova teoria do aparelho psíquico, na qual, ainda que o arco-reflexo continue sendo o modelo subjacente da produção psíquica, já se trata de uma tópica especificamente psíquica.

Freud propõe que a tópica seja pensada como se fosse um aparelho ótico com seus lugares virtuais: as representações, os pensamentos e as formações psíquicas em geral deixam de ser localizadas em elementos orgânicos do sistema nervoso. Considera um aparelho composto por vários sistemas: inconsciente, pré-consciente, consciente, com suas leis e regimes diferenciados. Este período inicia a estruturação da psicanálise como uma nova disciplina, construída em seu momento inicial sobre a clínica da histeria. Assim começa a teoria do *inconsciente* e a diferença entre os processos *primário* e *secundário*. Sua articulação com a teoria da sexualidade lhe permitirá abrir questões e pensar a relação entre *perversão* e *neuroses*.

Nasce assim uma nova teoria do psiquismo, no início do século passado, que explica os princípios psicológicos gerais a partir do estudo dos sonhos. Estes se constituem como uma via régia para aceder ao inconsciente, abrindo, também, o caminho para o esclarecimento dos sintomas: tanto sonho como sintoma passam a ser considerados formações do inconsciente. Esta perspectiva nos permite registrar os mecanismos de *substituição* e *deformação*, *condensação* e *deslocamento*, tal como foram explicitados na *Interpretação dos sonhos*. Aqui, o *conflito* é considerado em termos da oposição dos sistemas *inconsciente* e *pré-consciente/consciente*.

As pulsões sexuais são controladas por uma instância repressiva e aparecem deformadas, também, nas outras formações do inconsciente, como os atos falhos, sonhos e chistes. Por este caminho, Freud vai se aproximando da "Psicopatologia da vida cotidiana" (Freud, 1901).

Freud faz uma correlação entre o mecanismo de formação do *sonho* e o mecanismo de formação do *sintoma*, estabelecendo analogias e diferenças. Assim como os sonhos, os sintomas são realizações de desejos. O sintoma só aparece quando dois desejos opostos, provenientes cada um de um sistema psíquico diferente, podem coincidir em uma mesma expressão. O sintoma mostrará realizados, ao mesmo tempo e de maneira encoberta, tanto o desejo inaceitável como o conseguinte castigo que o sujeito deseja se impor. Os sintomas são, para Freud, formações *substitutivas* de satisfações sexuais e produtos transacionais entre sistemas em conflito, como acabamos de ver.

Normalmente, durante o estado de vigília, os desejos inconscientes estão sob controle pelo império do sistema pré-consciente. Durante o sono, o pré-consciente recolhe suas cargas e se entrega ao desejo de dormir, afrouxando o controle dos desejos inconscientes. Por meio dos sonhos, a realização de desejos é autorizada à medida que se acate a deformação ou desfiguração necessária, para que o pré-consciente possa manter o estado de recolhimento e dormir. Por isso, Freud afirmou que os sonhos são o guardião do sono, o guardião do dormir.

Freud afirma que, no sintoma, não se cria nenhum mecanismo novo e diferente que seja determinante dessa formação patológica. Será o mesmo aparelho psíquico que dará conta de um ou outro caminho; apenas a dinâmica é diferente. No sonho, como vimos, estando o pré-consciente entregue ao desejo de dormir, o desejo inconsciente se encaminha para sua realização alucinatória, expressando-se em uma linguagem imagética resultante dos processos de condensação e deslocamento que deformam o conteúdo inicial e permitem driblar a censura. Quando esse processamento fracassa, o que se produz é um sonho de angústia.

Existe uma característica que diferencia sonho e sintoma, que é a persistência. Lapso, chiste e sonho são fugazes. O sintoma tem certa inércia – certa durabilidade – que provém da pulsão, dessa exigência que o alimenta de forma constante.

Por último, a partir de 1914 e até 1923, encontramos um período de novas e importantes produções teóricas, que levam à constituição da *segunda tópica*. A elaboração teórica dos problemas que aparecem na clínica das psicoses culmina com a introdução do conceito de *narcisismo* (Freud, 1914), o que leva a uma inovação dentro da teoria das pulsões concernente ao antagonismo entre as pulsões do ego e as pulsões de objeto (Freud, 1915). Em outra via, o estudo da clínica da neurose obsessiva e da melancolia dá lugar a conceitos como *ambivalência* e *identificação narcísica*, que esclarecem o problema da formação da consciência moral e as instâncias ideais que haviam começado a desenvolver-se a partir da "Introdução ao narcisismo" (Freud, 1914).

Ao fim desse período, tanto o artigo "Além do princípio do prazer" (Freud, 1920), em que se ressalta o papel da compulsão de repetição e a pulsão de morte, como "O ego e o id" (Freud, 1923), abrem novas vias a partir da *segunda tópica*. Entre esses novos desenvolvimentos, ganhará importância o problema econômico colocado pelo masoquismo.

Freud propõe aqui uma modificação na noção de conflito psíquico, articulando o *recalcado* com as dimensões inconscientes do ego. Nasce assim o conceito de *id*. As forças pulsionais *Eros* e *Thanatos* passam a ser o núcleo do conflito. A combinação e o enfrentamento entre pulsões de vida e pulsões de morte produzem a dinâmica subjetiva. A *segunda tópica* não anula o valor da *primeira*, mas apresenta novos espaços clínicos e teóricos que Freud continuará desenvolvendo até o fim de sua obra.[31]

31 No próximo capítulo vamos nos aprofundar no conceito freudiano de *sintoma*, trazendo também a contribuição de Lacan, para, por fim, articulá-lo com o processo analítico e os critérios de fim de análise.

18 Sintoma e fim de análise[32]

Para entender o conceito de sintoma, é preciso considerá-lo em suas duas dimensões. Por um lado, o sintoma é um símbolo mnêmico e, como tal, um substituto ligado à linguagem. Por outro, é um mecanismo que torna possível uma satisfação pulsional, implicando uma dimensão de gozo.

Para Freud, o sintoma aparece como retorno do recalcado. Trata-se de uma substituição do recalcado, cujo sentido é inconsciente. É o tempo de decifrar. O analista decifra. Para Lacan, o sintoma é, também, uma mensagem a se decifrar e, quando isso se dá, consegue-se a "liberação do sentido aprisionado".

Quando um sujeito, no dispositivo analítico, decifra seu sintoma, produz um saber que está articulado no sintoma.

32 Publicado originalmente no livro O *sintoma e suas faces*, organizado por Lucía Barbero Fuks & Flávio Carvalho Ferraz (São Paulo: Escuta / Fapesp, 2006, pp. 237-246).

Do deciframento desse saber inconsciente particular a cada sujeito emergirá esse mundo de equívocos que é o sintoma.

Lacan (1974-75) diz que é necessário fazer um esforço a mais do pensamento: o gozo *do corpo* é o gozar do inconsciente, à medida que o gozo *no corpo* devolve o gozo ao inconsciente; e aí estaria o valor operativo do sintoma, já que o sintoma é a forma que cada um tem de gozar do inconsciente.

Para Freud, o sintoma, tomado como uma das manifestações do inconsciente, pode ser interpretado a partir das operações de condensação e deslocamento. Em seus estudos e em sua clínica, quando observava, no decorrer do tratamento, uma resistência oposta à interpretação, ele a entendia como relacionada aos fenômenos de transferência negativa e, de uma forma ainda mais radical, como reação terapêutica negativa e compulsão à repetição. Freud, como podemos compreender, tentava sempre articular uma perspectiva econômica, vinculada ao prazer-desprazer, com o problema de sua transcrição simbólica.

Em Lacan, adiantando em algumas décadas a história, inicialmente a ênfase está colocada na articulação significante do sintoma, que considera uma metáfora. Em um segundo tempo, ele seria também uma forma de gozo. Como vemos, e aproveitando para demarcar uma primeira síntese, tanto para Freud como para Lacan o sintoma é, por um lado, substituto, e, por outro, gozo.

Aprofundando na metapsicologia do sintoma, Freud sustenta, nos diversos momentos de sua teoria, algumas constantes: por exemplo, o sintoma é sempre considerado uma expressão do inconsciente e pode ser reinserido dentro de uma trama que lhe dá sentido, da mesma maneira que os sonhos, os atos falhos e o chiste. É uma formação de compromisso, produto de uma transação entre os conteúdos inconscientes e a ação do recalque; um retorno do recalcado de forma deformada servindo de via de expressão tanto para o recalcado quanto para a defesa. Será, assim, o cumprimento deformado de um desejo inconsciente e também uma satisfação sexual substitutiva: "a prática sexual dos doentes". O sintoma é parte da trama de representações às quais está ligado e a partir das quais adquire sentido. É uma forma de memória, substituto de um processo que, para o paciente e para o analista, é preciso encontrar. Como analistas, podemos dar ao analisando os caminhos necessários para reexaminar e mudar sua posição.

Freud sempre deu atenção à determinação do sintoma, corretamente diferenciado da sua motivação, ou causalidade, e de seu mecanismo. Na determinação do material do sintoma, ele supõe que a substituição patógena é, em primeiro lugar, permitida por um efeito de contiguidade e, em segundo lugar, orientada ou determinada por um significado que tem um valor universal, referente ao sofrimento e ao corpo.

No entanto, permanece uma margem de indeterminação na particularidade da eleição da representação sintomática. Por que uma dor e não outra, por que um órgão e não outro, pergunta-se Freud, cogitando também se os transtornos orgânicos existentes na história do sujeito podem também ser utilizados da mesma maneira.

Isso, para além de seu conteúdo autônomo, nos leva a pensar em algo que não é da ordem da eleição, e sim da imposição. Essa perspectiva de um sintoma imposto coloca em questão a causalidade particular de uma eleição subjetiva. Freud considera que o sujeito, de maneira figurada ou metafórica, pode converter em incidências corporais sintomáticas algumas locuções. Isso supõe que o sujeito pode fazer do seu corpo o suporte que encarna determinado significante.

O sujeito não aparece aqui como passivo e entregue às evidencias da contiguidade ("coincidência fortuita") e da semelhança ("comunidade pelo conceito"). Trata-se agora de um sujeito ativo, com intencionalidade e a resposta do sintoma vem de uma "escolha subjetiva".

Nas entrevistas preliminares de uma análise coloca-se a conformação do sintoma, entendido como a forma em que cada um goza do inconsciente na medida em que este o determina.

O sintoma por si mesmo não conduz à análise se não tem implicação subjetiva, isto é, se não se o reconhece como portador de um sentido obscuro que implica um sujeito desconhecido de si mesmo.

Nos "Estudos sobre a histeria" (Breuer & Freud, 1893-95), o que determina o sujeito é uma certa objetivação da sexualidade, aí incluída a do outro, e o que vai emergir depois é o registro do desejo do sujeito. O sintoma, dessa forma, tinha uma função de representação da situação traumática, só depois adquirindo uma função de representação do sujeito. Isso considerando que é seu desejo particular o que está em jogo na intencionalidade, encontrando sua representação no significante sintomático.

Freud diz que o ego se apropria do sintoma, isto é, que aprende a lidar com seu sintoma. Isto pode ter uma conotação positiva para o sujeito, pois é obvio que, para ele, o sintoma tem uma utilidade. Mas também tem a conotação negativa quando o ego se apropria do sintoma para fazer resistência a partir desse lugar. O ego não quer renunciar à satisfação presente no sintoma em si, o que nos remete à satisfação pulsional, tomado do contexto do longo caminho do neurótico para alcançar a satisfação.

Existe uma passagem da queixa – aquilo do qual o sujeito quer se desvencilhar – ao sintoma analítico, isto é, a implicação, o reconhecimento da verdade, o consentimento onde o sintoma dá as coordenadas do sujeito, premissas necessárias para a direção da cura.

Assim, pode-se fazer valer a dupla função do sintoma, sendo que no ato analítico opera uma transferência que substitui a função de repetição pela função de representação que comporta um efeito de sentido e transforma o sintoma em algo susceptível de ser interpretado. Mas o sintoma comporta um valor de gozo. Entretanto, a via do sentido é antinômica à do gozo, e não pode resolvê-lo.

Fazer análise, levando tudo isso em consideração, seria refazer uma história. Há, no entanto, pacientes que não querem refazer sua história, ficando presos ao que já se contaram e tornando mais difíceis e raros quaisquer questionamentos. O efeito terapêutico, nesses casos, cura o sintoma, mas não o sujeito. Somos levados a pensar, então, no limite do efeito terapêutico. Pois é preciso diferenciar: o fim da neurose não é o fim de um sintoma.

Essas questões concernem à concepção e à abordagem do sintoma ao longo de todo o processo analítico, mas tornam-se mais prementes e centrais quando começamos a considerar o fim da análise. A partir desse ponto de vista, o analista não poderia posicionar-se a favor da satisfação pulsional presente no sintoma. A análise questiona essa satisfação pulsional e o paciente sabe disso, o que, em alguns casos, leva a transferência a se configurar como reação terapêutica negativa.

Em "O ego e o id", Freud (1923) considera a integração do sintoma no ego, ou seja, o fato de que o ego se associa com o sintoma para seguir gozando dessa satisfação pulsional que está presente no sintoma. A reação terapêutica negativa aparece também vinculada à consciência de culpabilidade. Persistindo a necessidade de castigo, que em "Inibições, sintomas e angústia" (Freud, 1926) é trabalhada como resistência do superego, o sintoma torna-se irredutível, e somos conduzidos a considerar a relação entre sofrimento, sintoma e gozo.

Em diversos momentos e a partir de diversas perspectivas, Freud afirma que, no sintoma, o sofrimento "traz" certa satisfação. Lembremos, antes de analisar a ideia mais detidamente, que ele atribui o sofrimento a três origens: o próprio corpo, a relação com os outros e o mundo exterior. O conceito de gozo criado por Lacan (1972-73), por sua vez, relaciona e combina os conceitos freudianos de "satisfação", "libido" e "pulsão de morte". O sintoma expressa certo gozo que adquire uma forma simbólica no que foi chamado de "envoltório formal do sintoma".

Há uma relação entre sintoma e verdade. A verdade nunca é totalmente dita. Há, isto sim, um conceito de verdade que não se entrega em uma formulação única e definitiva, e que entra no terreno da interpretação.

Essa sua proximidade com a verdade assinala que o sintoma goza da verdade. Analisar o sintoma até o limite do interpretável equivale a descobrir o ponto de gozo do sintoma, que seria, em última instância, seu sentido verdadeiro. O sentido do sintoma, nesse ponto de vista, seria o real do gozo, ou seja, aquilo que não pode ser inscrito.

No início de uma análise, o sintoma está dizendo algo que não foi desvendado, e é importante que o paciente dê crédito a ele. Que considere que seu sintoma representa ou exprime, se não toda ao menos algo de sua verdade. Apesar de que, no longo processo da análise, terá que se haver com a limitação de que o sintoma, mesmo decifrado, vale lembrar, não revela toda a verdade do sujeito, já que é outra via de entrada para os conteúdos do inconsciente.

Lacan (1976) propõe, para o fim da análise, "que o paciente saiba lidar com seu sintoma".[33] Ele diz que não encontramos a verdade, e sim a variedade do sintoma. Isso nos indica a passagem do sintoma-verdade à variedade do sintoma de cada um, à singularidade do seu sintoma.

O real, em Lacan, é aquilo que no sintoma resiste à interpretação, ou seja, o que não é do reino do sentido, como o que resta do sintoma após o fim da análise depois de ter se esgotado o campo da interpretação. Trata-se, então, do gozo do sintoma. Ele enfatiza ainda que, quando se fala da subjetivação da história, não se trata de uma anamnese, e sim da verdade que emerge na palavra plena. A verdade do sintoma é um sentido que se constrói retroativamente. Supõe-se que, no fim da análise, deverá ter-se atingido um ponto avançado dessa construção.

Para tornar a questão mais complexa, ao menos do ponto de vista linguístico, seguindo a trilha aberta por Colette Soler (1991a) na consideração dessas questões, dizer "fim da análise" é uma expressão equívoca porque designa simultaneamente um momento e uma finalidade. As questões que se levantam consequentemente poderiam ser: como termina a análise? Ou ainda: como deve terminar a análise?

Na psicanálise, temos sem dúvida uma clínica da entrada em análise, que é essencialmente uma clínica do sintoma e de seu processamento na transferência. Não está tão descrita ou trabalhada a clínica do fim da análise. Isso talvez

33 *Apud* Quinet (2003), p. 144.

se deva a que, na entrada, por meio de sua fala, o paciente apresenta sua queixa e o analista fundamentalmente a recebe, mas, na saída, o analista deverá "dar" uma palavra, ao menos quando se coloca a questão de seu assentimento.

O que muda em uma análise além dos sintomas, no fim do processo? Qual é o mecanismo dessa mudança? É a interpretação? É a transferência? O paciente pode-se perguntar e também perguntar a seu analista se está em condições de terminar e se se trata de um fim verdadeiro e não, por exemplo, de uma atuação ou de uma fuga para a saúde. O que implica mais ainda o analista, porque exige que ele pense qual é o fim desejável ou legítimo.

Freud não se estendeu muito sobre o tema do fim da análise. Em "Análise terminável e interminável" (1937) ele o encara como um problema "prático" que se decide caso a caso e define o analista como responsável por pensar se o prosseguimento da análise acrescentará algo mais para o paciente. Não descreveu uma fase final da análise, com exceção do que ressaltou do "escolho" final, a rocha da castração, que analisaremos mais adiante.

Ele fala de dois tempos em uma análise: no primeiro tenta-se tratar o sintoma, e no segundo, que parece mais interessante, o que prevalece é a relação de objeto, isto é, a transferência ou a relação com o analista como objeto. Em relação ao momento da transferência, o fim da análise seria aquele no qual a relação de transferência se desfaz. Seria necessário precisar qual é a operação que intervém nesse momento.

Na história da psicanálise, dependendo da teoria com que se trabalha, encontramos elementos para codificar como o paciente está no início da experiência e como está em seu término. Considerando-se a teoria da Psicologia do Ego, podemos ver que esta, como todas as escolas, concorda que no início está o sintoma – a neurose –, destacando a presença, nesse momento, de um *ego fraco*. Logicamente, espera-se, no fim, a presença de um ego mais forte. Mas como se produz esta transformação? Para os analistas da Psicologia do Ego, trata-se de uma *identificação*, por cujo viés o ego é reforçado.

Já os kleinianos, seria possível dizer, consideram o sujeito dissociado na entrada e, na saída, reunificado ou com uma clivagem, em parte compensada, o que implica uma operação de integração.

Na teoria do *self*, e em especial para Winnicott, considera-se o paciente um falso *self* no início e, na saída, um *self* verdadeiro, não produzido, mas reencontrado. Durante o tratamento produzir-se-ia uma operação de revelação ou de despertar.

Para Lacan, o paciente entra e sai do processo dividido. Ele considera uma mutação que não faz desaparecer a divisão do sujeito, que a trata sem reduzi-la. Algo muda na posição do sujeito em relação ao saber. A psicanálise desloca o sintoma, mas não poderíamos dizer que o cura. Desloca-o e, nesse sentido, o reduz: é o efeito terapêutico.

Qual é, então, o ganho da análise segundo tais teorias?

Resumindo, para a Psicologia do Ego, o benefício é de domínio, de controle. Para os kleinianos, existe um ganho de unidade em relação à clivagem representada pela neurose. Para Winnicott, ao passar do falso *self* ao *self* verdadeiro ganha-se em autenticidade, passa-se a ter-se como si-mesmo, saindo de um *como si*.

Uma das questões que Freud (1937) se coloca em "Análise terminável e interminável" é se existe um fim natural para cada análise, e se é possível levar uma análise a esse término.

O que significa o fim de uma análise? Na prática, significa o óbvio: o momento em que cessam as sessões.

Para isso, devem-se cumprir duas condições: a primeira, que o paciente já não sofra por causa dos seus sintomas e que tenha superado suas angústias e inibições; a segunda, que o analista considere que se conseguiu fazer consciente um tanto do conteúdo recalcado, esclarecido suficientemente o incompreensível, eliminada parte da resistência interior, esperando-se como resultado que não se repitam os processos patológicos em questão.

Um outro significado relacionado com o fim da análise é ainda mais ambicioso: a pergunta quanto a se, mediante a análise, se poderia alcançar a "normalidade psíquica" e a capacidade para manter-se estável nesse lugar.

Freud pensava que quase todos os analistas teriam alguns pacientes com essa evolução, mas esclarece que esse resultado favorável é mais fácil quando a origem da perturbação é essencialmente traumática. A etiologia traumática oferece para a análise a possibilidade mais favorável para tentar o fortalecimento do ego e chegar a uma tramitação da situação traumática que remete a outros conteúdos recalcados da infância.

A análise faz com que o ego amadurecido e fortalecido comece ou encare uma revisão dos antigos recalques, alguns sendo eliminados e outros reconhecidos, mas estes se reconstruindo sobre bases mais sólidas. Essas defesas, assim, terão mais força que as anteriores.

Como fatores desfavoráveis teríamos a intensidade pulsional de origem constitucional e a alteração patológica do ego adquirida na luta defensiva, no sentido de um desequilíbrio e uma limitação. Tais elementos são desfavoráveis ao processo de análise e poderiam prolongar sua duração ou até torná-la interminável.

Existem, dessa forma, três fatores importantes para as possibilidades da terapia analítica:

1. a influência dos traumas;
2. a intensidade constitucional das pulsões;
3. as alterações do ego.

Podemos dizer, em teoria, que a análise cura a neurose afirmando o governo do pulsional, o que, no entanto, nem sempre se consegue na prática.

O ego trata de evitar os perigos que vêm do mundo externo e do mundo pulsional. Assim, tenta evitar, através dos mecanismos de defesa, o perigo, a angústia e o desprazer. Esses mecanismos de defesa frente a antigos perigos retornam no trabalho analítico como *resistências*, o que quer dizer que a cura, em si mesma, é tratada pelo ego como um novo perigo.

As *resistências* mais intensas contra a cura, que demonstram a necessidade de ficar apegado à doença e ao sofrimento, provêm do superego que submete o ego e que aparece no sentimento de culpa e na necessidade de castigo. Laplanche (1970) diz que a dificuldade maior que se encontra fora de toda possibilidade de controle é a pulsão de morte, que é a responsável pela resistência na análise e, também, causa do conflito.

Existem dois temas que, para Freud, nunca faltam em uma análise e oferecem forte resistência, a saber: a *inveja do pênis* na mulher e a *revolta* contra a *atitude passiva ou feminina* do homem frente a outro homem.

Ferenczi (1928), em "O problema do fim da análise", sustenta que, para que uma análise possa se considerar exitosa, esses dois complexos teriam que estar dominados. Freud (1937), entretanto, considera a expectativa de Ferenczi uma exigência impossível de cumprir, sendo que essas duas temáticas que levam implícita a aceitação da castração são a "rocha" na qual qualquer análise encontra seu limite.

Freud não se ancorou nos ideais para definir algo da operação analítica. Por exemplo, levantar a repressão tem uma referência à estrutura. Outra conotação estrutural é a castração e sua impossibilidade, assim como a forma como o sujeito responde a elas. Freud nos dá na *Spaltung* (divisão) do sujeito a solução da análise infinita. Levantar a divisão do sujeito é impossível.

Segundo Antonio Quinet (2003), por fim, "o analista não desvela inteiramente a verdade do sintoma, não porque esta esteja recalcada, mas por ser impossível dizer toda a verdade" (p. 127).

Em síntese, dando um fim a este trabalho um tanto mais simples do que qualquer fim de análise, poderíamos dizer que o sintoma está sempre vazando, escapando, pois não há um sentido final. Sempre é possível a atribuição de sentido, pois, ao se chegar a ele, percebe-se que é furado.

19 Formação e supervisão[34]

A supervisão é considerada um dos elementos essenciais da transmissão da psicanálise. Ela faz parte, ao lado da análise pessoal e do estudo da teoria, do que é conhecido como o tripé básico ou fundamental do processo formativo do psicanalista.

Ninguém duvida da necessidade e da pertinência da supervisão, já que o trabalho analítico caracteriza-se pela solidão e, dificilmente, a análise pessoal poderia dar conta de toda a necessidade de intercâmbio. No entanto, as dificuldades aparecem quando se configura uma situação de aprendizagem em que a supervisão passa a ter um caráter avaliativo e onde o supervisor, e, por trás dele, a instituição

34 Publicado originalmente na revista *Psicanálise e Universidade* (do Núcleo de Estudos e Pesquisas em Psicanálise do Programa de Estudos Pós-Graduados em Psicologia Clínica da Pontifícia Universidade Católica de São Paulo), nº 16, abril de 2002, pp. 79-91.

em que esta situação se desenvolve, passa a ter uma função de "controle" do trabalho do analista em formação.

O supervisor é habilitado, assim, para a posição de mestre, validado pela instituição por seu saber e sua experiência clínica, em condições, por sua vez, de validar o trabalho do outro.

No entanto, se considerarmos esse trabalho do analista desde o ponto de vista da estrutura ou da lógica própria da situação analítica, veremos que o que habilita o supervisor para realizar sua tarefa ou cumprir sua função não é seu saber da teoria nem seu conhecimento da técnica, mas a sua posição *estratégica*, poder-se-ia dizer, é que o situa melhor para ver os escolhos nos quais tropeça o analista em supervisão.

Isso vale não só para aquele que está começando, como para quem já tem uma experiência razoável. Não se quer valorizar, com isso, a ideia de uma *formação permanente* – esta tem indubitavelmente seu valor –, mas enfatizar aquela outra segundo a qual a psicanálise deve considerar-se como uma *prática com escolhos, permanentemente* e na qual outros analistas podem, sempre, ter um papel significativo.

Deparamo-nos aqui com diversas questões, derivadas da colocação de um analista ou de um conjunto deles, em um lugar de saber. Há que se esperar, por simples dedução, que se estabeleçam fenômenos de transferência.

Em torno desta última, se abrem múltiplos aspectos a considerar. Estes vão desde o enriquecimento e eficácia da supervisão, a partir, justamente, do desenvolvimento de uma transferência, que pode chamar-se *de trabalho*, pela qual se facilita a emergência de efeitos de inconsciente no discurso do supervisando que possibilita *insights* significativos com relação à sua contratransferência, até a presença de uma transferência em função resistencial de consequências negativas.

Uma destas consequências eu chamaria de a configuração de um *superego psicanalítico* dos supervisionandos, tomados pela preocupação do dever ser analistas e deixando de lado, muitas vezes, suas próprias percepções. Em um trabalho anterior (Fuks & Berezin, 1990), dizíamos, nesse sentido, que "o psiquismo humano – nosso e de nosso paciente – tende à busca de uma certeza amparadora, chegando ao risco de desejar a submissão, com a ilusão de proteção e garantia de um outro idealizado. Isso pode chamar-se a 'teoria' ou 'o Mestre' ou 'na clínica acontece'. Também sabemos que a teoria, a clínica, nossa análise e aqueles que alguma coisa ou muito nos ensinaram são nossas referências, nossos pontos de certezas provisórias, a partir dos quais perguntar, duvidar e recriar nossa prática" (p. 32).

História da supervisão

Desde o início da prática psicanalítica precisou-se falar dela. O modo de fazê-lo, o perfil e papel dos partícipes e o contexto da interlocução foi variando com o tempo.

De um ponto de partida espontâneo, motivado pela necessidade de intercâmbio, se chega, através de um processo de *institucionalização* da psicanálise, que tem seus acontecimentos marcantes na fundação de Associação Psicanalítica Internacional, em 1910, e do Instituto de Berlim na década seguinte, a um predomínio da supervisão como requisito regulamentado do processo formativo e habilitador do analista.

Vejamos como Alain de Mijolla descreve esta evolução, traçando alguns quadros representativos de seus diversos momentos:

1ª fase (1883, Breuer e Freud): um mestre conta um caso exemplar a um aluno que o escuta e se instrui, não sem julgá-lo;

2ª fase (1900, Freud e Fliess): dois profissionais trocam suas experiências clínicas, suas descobertas e suas andanças;

3ª fase (Steckel e Freud): o aluno confia seus problemas clínicos a um mestre idealizado, de quem espera, não sem ambivalência, auxílio;

4ª fase (Jung e Freud): um aluno psicanalista pede auxílio contratransferencial a um mestre psicanalista;

5ª fase (era institucional; criação da Policlínica Psicanalítica de Berlim): estabelece-se a exigência de supervisão considerada como uma etapa da formação e como uma condição necessária "à reprodução da espécie analítica" (Max Eitingon). Acrescenta-se à "análise didática" a problemática da "análise de supervisão" (ou "de controle"), que vai transformando-se pouco a pouco em peça-mestra da passagem do estado de aluno-psicanalista ao de Psicanalista, com "P" maiúsculo (Mijolla, 1992, p. 116-117).

Esse processo de institucionalização gerou questionamentos desde o início. Hans Sachs (1997) afirmava que ali onde há organização, a investigação se ressente. Toda organização aponta à perpetuação de sua própria existência. É essencialmente conservadora. Consequentemente, ela tolera mal as mentes criadoras e a pesquisa, que levam sempre ao novo. Para Eitingon (1997), no entanto, compete ao instituto psicanalítico não somente garantir que a prática de tal analista se deva à sua formação, como dizer quem é psicanalista e quem não o é. O instituto é responsável pelo analista perante o público, o qual deve proteger. Trata-se de uma concepção de instituto que se preocupa não com a existência da psicanálise, mas com seu estatuto profissional e com a defesa (corporativa) desse estatuto perante os não qualificados e os impostores.

Esta posição se estende a todas as filiais da IPA que vão sendo criadas nos diversos países, ao longo do século. De fato, tanto nelas como em outras organizações de psicanalistas, a supervisão continua sendo algo aceito como necessário na formação dos analistas, mas não é sempre nem em toda parte que se pensa e se discute com liberdade quais são as variantes possíveis ou qual é o melhor modo de inseri-las no processo formativo.

Cabe perguntar-se, por exemplo, como foi afetado o modelo instituído de supervisão pelas mudanças resultantes dos fortes processos de crítica institucional, reforma, cisão, reagrupamentos, etc., que vêm atravessando o movimento psicanalítico nas últimas décadas.

De fato, uma das características dessa época consiste, inclusive, no desenvolvimento de processos de formação não institucionalizados, cujo caráter informal não implica necessariamente na ausência de critérios e, especialmente, de filiações. Poderíamos acrescentar, assim, uma nova fase àquelas postuladas por Mijolla, em que as configurações e contextos são variáveis.

Em alguns casos, por exemplo, em que a crítica político-institucional conduziu à abolição da análise didática, liberando assim a análise do analista do controle e administração pela instituição, incompatíveis com a lógica e a ética do processo analítico, as atividades regulamentares de supervisão, entre outras, parecem ter sofrido uma hipertrofia vicariante em funções de controle e autorização, que conspira, às vezes, contra a soltura e a criatividade de que poderiam usufruir.

Um quadro da situação atual das sociedades psicanalíticas da Federação Europeia, elaborado por Simone Decobert e Gilbert Diatkine (*apud* Saphouan & Julien, 1997), demonstra que todas elas concordam nos seguintes pontos referidos ao caminho a percorrer para ser psicanalista:

1. necessidade de uma prática profissional anterior;
2. necessidade de uma análise pessoal de longa duração;
3. possibilidade de uma avaliação analítica dessa análise;
4. necessidade de várias supervisões e inúmeros seminários;
5. possibilidade de uma avaliação analítica das primeiras;
6. necessidade de um seguimento analítico do conjunto da formação.

A análise didática do candidato descreve-se como privada ou pessoal; ao mesmo tempo que se define como suscetível de "avaliação analítica", ficando, no fundo, indefinido o que isso pode querer dizer e o que se deveria fazer a esse respeito. O que acaba sendo feito, por deslocamento, é introduzir a supervisão como uma função menos pessoal, mas externa ao sujeito, mais definida e passível de categorização pelos parâmetros psicanalíticos da instituição. A partir daí, um objetivo ilusório fica colocado: fazer um seguimento analítico – uma espécie de análise de controle total, ironiza Saphouan – do conjunto da formação (Saphouan & Julien, 1997, p. 97).

Sem dúvida, a relação instituição-supervisão é o ponto de partida para uma considerável quantidade de problemas e, também, de elaborações interessantes a esse respeito.

Concepções da supervisão

Dentro da atividade de supervisão podem perfilar-se posições ou modalidades diferentes, que configuram tendências ou predomínios mais do que tipos puros.

1. Dar prioridade ao aspecto formativo, em que o supervisor, a partir do relato dos sintomas, discurso e história do paciente, visualiza a abordagem clínica que o psicanalista está fazendo, tentando delimitar e transmitir os elementos característicos do método analítico, que permitem diferenciá-lo de outros modos de ação psicoterapêutica (aconselhamento, esclarecimento, apoio, etc.). Segundo Grinberg (1975), centrar-se excessivamente no paciente, prescindindo do analista, como desvio possível desta posição, poderia conduzir a um apagamento da produtividade do analista – o analista sempre tem uma teoria implícita sobre o paciente – fomentando, assim, uma aprendizagem por imitação. O supervisor, prevenido com respeito a esta possibilidade, pode complementar ou redirecionar suas intervenções. Considerando este problema, Maud Manonni (1992) afirma que "o supervisor deve ajudar o analista a tomar consciência das referências com que ele funciona, a colocá-las em confronto com outras referências, ajudando-o a encontrar um estilo próprio que não seja pura imitação da habilidade de um outro" (p. 37). Mas é recomendável, também, fazer várias supervisões com diferentes analistas para evitar uma identificação demasiada com o estilo de um só analista.

2. Dar prioridade à contratransferência, já que a análise não pode ser concebida como uma técnica em si mesma, como uma sucessão de atos preestabelecidos, mas como um processo cuja direção depende da contratransferência do

analista. O supervisor centra sua atenção nas intervenções do mesmo, nas suas interpretações, no manejo do enquadre, etc., tentando entender o que se passa no inconsciente do analista, seus pontos cegos e as características e vicissitudes da sua contratransferência. O desvio a que está exposta esta segunda posição consistiria em entrar em demasia nos conflitos do analista supervisionado, ocupando um lugar que estaria reservado à análise pessoal. É possível que esta linha se inspire, de fato, no que Manonni (1992) designa como "a posição húngara, que visa acentuar primordialmente a análise da contratransferência do candidato, *sendo a supervisão conduzida pelo analista didata do mesmo*" (p. 37). Neste caso, o inconveniente, para ela, residiria no fato de o candidato depender totalmente de um único mestre. Como sabemos, a corrente psicanalítica lacaniana tem reatualizado essa prática da supervisão pelo analista do analista; cabe se perguntar como contornam ou enfrentam o problema do único mestre, entre outros.

Na história da supervisão, segundo esta autora, a posição que se lhe contrapõe é a berlinense: a supervisão-controle, em que "o supervisor se sente responsável pelo paciente, exerce uma função de vigilância". Reencontramos aqui a problemática da relação supervisão-instituição, que consideramos anteriormente.

Lacan articula a posição a respeito da supervisão com a questão da autorização. Em outubro de 1967, ele sustenta que o analista só se autoriza por si mesmo, no fim da sua análise. Quem houver terminado sua própria análise pode se autorizar e, em consequência, não precisaria uma análise de controle. No caso deste ser pedido, o analista demandado convidaria o demandante a prosseguir sua análise interrompida, para não ser cúmplice de uma cegueira resistencial.

Existe dentro da corrente lacaniana uma discussão entre posições favoráveis e contrárias à supervisão. Julien (Saphouan & Julien, 1997) relata que, nas supervisões, Lacan evitava transmitir um saber constituído, não indicando uma maneira adequada de proceder. "Ele tratava de descobrir o meu próprio estilo" (p. 61). Brincando, seguramente, com a palavra supervisão (que ele mesmo tinha proposto para substituir a palavra "controle"), Lacan propunha chamar esta atividade de "superaudição" e isto não porque o analista supervisor viesse a realizar uma auditoria do que o analista em supervisão dizia ter escutado do paciente.

Muito do que vem sendo pensado no esforço de conceitualização da supervisão gira em torno do papel e da qualidade da transferência que aí se estabelece, como apontamos no início deste artigo, colocando-se em questão as semelhanças, diferenças e conexões com o trabalho realizado na cura psicanalítica.

Se as diversas interações transferenciais que entram em jogo são concebidas como sendo do mesmo tipo, a supervisão não se diferencia de uma análise senão pela posição que ocupa em relação às outras interações transferenciais (com o paciente, com o analista). No fundo, o efeito analítico derivaria da posição de *terceiro* em todos os casos, o que nos leva a pensar que o escolho principal sobre o qual se operaria seriam justamente os pontos de cristalização dual narcísica dessas transferências.

Mas pode-se pensar, como já foi visto, em uma transferência *de trabalho* do tipo que se desenvolve em outras situações de aprendizagem, que possibilita, no entanto, o recurso ao método psicanalítico para pesquisar elementos contratransferenciais, hipóteses ou construções em estado nascente, etc. Diferentemente da situação analítica, há uma mobilidade que não conduz ao estabelecimento de uma neurose de transferência, nem se realiza, obviamente, a partir dos elementos sintomáticos emergentes, um trabalho de ressignificação e de ligação com a neurose infantil nem com as conjunturas significativas da história. Mas não deixa de ter, por momentos, um efeito de implicação que faz levar questões para a análise pessoal.

Antes de concluir este ponto, farei o relato de uma situação que pode ilustrar um dos modos de operar na supervisão:

Trata-se de uma paciente de 40 anos, de classe média baixa, atendida no consultório particular por um preço menor para a analista, mas ainda alto para a paciente, que paga por sessão. O vínculo de trabalho já dura três anos.

Tem dois filhos, de 12 e 15 anos, tidos com um homem mais velho, casado e de condição socioeconômica superior à sua. Nunca mais teve contato com ele e, até agora, mantém a ilusão de reencontro e de recuperação do romance, apesar de ele estar chegando aos 70 anos.

Não trabalha regularmente, sendo sempre ajudada por diferentes pessoas ligadas a espaços comunitários (igreja, evangélicos, etc.). Morava, ultimamente, com um taxista homossexual, com quem não mantinha relações para além das de conveniência. Para ele, provar que não era homossexual; para ela, a quantia de 10 reais ao dia e certa proteção, porque o bairro onde moram é muito violento.

Sempre tenta tirar alguma vantagem da terapeuta: água, café, bolachas ou balas que leva, da sala de espera, para os filhos. Em outros momentos, diz estar sem dinheiro para o ônibus. Algumas vezes a analista teve que ajudá-la de forma concreta.

A situação que me parece importante, como exemplo do trabalho de supervisão, refere-se à mudança de endereço do consultório da analista. É a primeira sessão após a mudança. A explicação geográfica dada para a paciente seria apropriada para quem fosse de carro para o novo endereço. Consequentemente, indo de ônibus, a paciente erra nas indicações e perde uma parte da sessão. Entra afobada, apressada e dizendo que na casa dela estão trabalhando várias pessoas do bairro, em mutirão, para fazer algumas reformas. Diz, também, que trabalhou intensamente no dia anterior fazendo comida para eles e que hoje deveria voltar logo para lá, pela mesma razão. Está muito incomodada com a poeira – continua a paciente – que a perturba constantemente e a deixa com a "vista enevoada".

A analista, que havia pensado várias vezes, antes de a paciente chegar, qual seria o efeito que o novo consultório produziria nela, surpreende-se um pouco com o fluir dos acontecimentos, mas não diz nada. A paciente encurta ainda mais a sessão, justificando-se com a necessidade de preparar a comida.

Como supervisora, também fico surpresa percebendo o quanto tinha acontecido de cada lado e quão pouco contato foi feito. A imagem que passou para mim é que a paciente chegou envolvida na sua "poeira", expressando algumas críticas (como a referida explicação quanto à localização do consultório), e saiu como entrou: tentando não tomar contato com a realidade da mudança da sua analista. O recado pareceria ser: "você espere, esta é a minha vez". A analista, por sua vez, ficou frustrada, não achando brechas para se colocar interpretativamente.

Foi trabalhada, em cima desse material, a "surdez" complementar ao não querer "ver" da paciente e quanto, para essa mulher, fazer análise cumpria uma função emblemática de *status*, equivalente a estudar inglês (coisa que faz há anos sem que tenha nenhuma relação de utilidade às suas possibilidades futuras de trabalho).

Vimos como nessa sessão foi estabelecido um acordo tácito de não-encontro; por parte da paciente, para não se haver com sentimentos de inveja (que, no entanto, não deixam de manifestarem-se como sensações de "vista enevoada") e, por parte da analista, para não ter que enfrentar mais pedidos e exigências da paciente cuja significação ronda, provavelmente, os pontos cegos dela.

A paciente tem uma atitude frente ao mundo, segundo a qual, todos estão lhe devendo algo. Esta atitude perpassa a relação analítica, sendo que a analista se sente mais bem situada que a paciente, experimentando a dor de vê-la enfrentando certas situações.

O problema a ser encarado na supervisão, consiste em encontrar uma via de reflexão em relação a essa repetição que, ainda sendo necessária, pode paralisar a produção de um trabalho elaborativo entre as duas, impedindo que cada uma fique envolvida em sua própria poeira.

Formação e supervisão em um projeto singular

O projeto psicanalítico formativo e associativo que se desenvolve no Instituto Sedes Sapientiae desde 1976, com a criação do Curso de Psicanálise, seguida da fundação do Departamento de Psicanálise, em 1985, tem características que testemunham o impacto dessa época de questionamento e reformulação institucional a nível mundial, associada ao plano local com o impulso dado pelos ideais antiautoritários e de justiça e transformação social que acompanharam e sustentaram ideologicamente a luta pela redemocratização do país e o avanço da cidadania.

A psicanálise do analista em formação se mantém como condição fundamental, mas eximida de qualquer regulamentação administrativa ou função avaliativa, sendo a escolha do analista totalmente livre, podendo dirigir-se ou não a membros da instituição.

Na organização das outras atividades prevalece uma *concepção grupal* tanto de supervisões como de seminários teóricos, uma distribuição igualitária de funções, e uma estratificação formal mínima (alunos e professores), que desaparece na estrutura organizacional do departamento. Este, por outro lado, inclui entre seus objetivos prioritários o de ser um espaço de formação permanente.

Nesse projeto, conotado como sistemático ao mesmo tempo que inovador, as supervisões ocuparam um lugar numericamente importante no planejamento das atividades, sendo reformuladas várias vezes ao longo do tempo. Sem entrar nos detalhes dessas reformulações, cabe assinalar que essa atividade recebeu – e continua a receber – um forte investimento por parte de seus protagonistas, sendo fonte de enriquecimento, satisfações, aprendizagem e reconhecimento para todas as partes envolvidas. Este é o elemento básico que compensa o esforço de processar as demandas de avaliação, autorização e certezas que, sem serem incessantes, não deixam de aparecer periodicamente.

Inicialmente, e por um longo tempo, programaram-se supervisões grupais de duração anual ao longo de todo o curso, inserindo-se posteriormente supervisões individuais regulares.

Algumas características

Esta conformação grupal da supervisão lhe conferiu características peculiares. Em razão de suas diferenças em relação ao modelo individual, alguns chegaram a propor que fosse considerada como seminário teórico-clínico, grupo de discussão clínica, etc. Entretanto, a experiência e as elaborações conseguintes, os efeitos na clínica, as discussões teóricas e a qualidade da aprendizagem realizada levam-nos a ratificar sua condição de supervisões psicanalíticas.

No contexto deste trabalho, os traços que dão forma prática e conceitual à supervisão psicanalítica, em sua articulação com a formação e a instituição, fazem-se presentes em graus e proporções variáveis. Pensamos que a grupalidade confere a essa atividade uma dinâmica e, também, um dinamismo, bastante especiais.

Seria errôneo, em consequência, pensar que a programação de supervisões, assim como de outras atividades, em forma grupal, deveu-se exclusivamente a razões práticas motivadas pelo propósito de torná-las economicamente acessíveis, em função de um modelo menos elitista.

A psicanálise na América Latina tem uma forte marca do grupal, proveniente das experiências terapêuticas grupais, do desenvolvimento da metodologia de grupos operativos, dos grupos de pesquisa e das intervenções de análise institucional, etc. Uma parte importante do que se processou como crítica institucional e reformulação das relações de poder no interior das instituições psicanalíticas e no desenvolvimento de projetos alternativos teve como ponto de partida e impulso a ampliação e a criação de espaços coletivos. A consideração destes aspectos e o exame da produção escrita respectiva excedem os objetivos deste artigo. Mas importa observar que não se trata de um fenômeno regional nem é nova a questão no interior da psicanálise. "Psicologia de massas e a análise do eu", escrito por Freud em 1921, não só abriu o horizonte para um estudo psicanalítico profundo dos fenômenos grupais, como também recolheu muito, apesar de não o explicitar, do que ele aprendeu na experiência do movimento psicanalítico.

É difícil situar o momento em que apareceu a supervisão grupal como parte da prática regular dos analistas. Podemos perguntar-nos, seguindo o modelo dos "momentos representativos" de Mijolla (1992), se teriam as reuniões das quartas feiras na antessala do gabinete de Freud, uma função deste tipo.

Supervisões grupais e individuais

A supervisão grupal tem vários aspectos positivos, desde escutar a apresentação de diversos pacientes até ver o supervisor atuar em diversos casos. Existe a possibilidade de receber, em um tempo relativamente curto, toda essa variedade de material e de ver uma pluralidade de modos de abordagem. Quando o grupo não é muito numeroso, a possibilidade de conhecer os integrantes da supervisão e seu trabalho aumenta em forma considerável. Pessoas com menor tempo de experiência podem aproximar-se e configurar um espírito de grupo que facilite as participações dos integrantes e a realização do trabalho.

Podem manifestar-se fenômenos que apontamos como obstáculos de tipo resistencial na forma de idealizações do supervisor pelo grupo, sobreinvestimentos normativos do enquadre terapêutico com condenação aos "infratores", intolerância frente às diferenças teóricas ou técnicas ou fetichização das linhas e dialetos teóricos. Fenômenos, enfim, a partir dos quais as questões que fomos delineando nas diversas concepções da supervisão em psicanálise podem passar a ser pensadas com os conceitos da "psicologia de massas", ampliando, assim, sua perspectiva.

Ao optar por incluir a supervisão individual como atividade regular do percurso formativo do Curso de Psicanálise, pensamos que esta modalidade permite captar, de um modo mais próximo, os problemas da contratransferência, o que fica mais difícil no grupo, onde cabe ao supervisor um trabalho de delicado equilíbrio nesse sentido. Ademais, possibilita o acompanhamento por períodos maiores de um único paciente, permitindo aprofundar a compreensão do conceito de processo analítico.

Mas não estão ausentes, também, em ambas as partes, as expectativas de avaliação a partir de um conhecimento e seguimento mais de perto do trabalho do analista em formação, o que implica a necessidade de elaboração e reelaboração das questões relativas a poder, autorização, reconhecimento, responsabilidades, etc., que os processos de institucionalização da psicanálise, tendem, como vimos, a suscitar.

Para finalizar, gostaria de marcar um aspecto do que é possível concluir a partir do caminho percorrido neste artigo. A vivência de solidão que consideramos na introdução, como algo inerente à prática psicanalítica pode dever-se, pelo menos em parte, a uma tendência a abordar seus fundamentos, e os do processo que conduz à formação do analista, em um plano de abstração e de isolamento, que acabam privando-o de perspectiva.

Referi-los a um contexto relacional e a uma história permite que o compromisso subjetivo e a responsabilidade individual que, sem dúvida, esta prática implica, não sejam uma experiência de solidão, mas a realização singular de uma empresa compartilhada.

20 Atualidade da supervisão[35]

Com o objetivo de tecer considerações em relação à atualidade da supervisão, talvez seja pertinente começar citando os chamados *impasses da psicanálise*. Em um trabalho a esse respeito, Joel Birman (1991) propõe considerar esses impasses a partir de dois pontos de vista: o registro das estruturas psíquicas e o registro da experiência analítica.

Na primeira perspectiva, os impasses são representados teoricamente, uma vez que a psicanálise se defronta com o suposto campo de objetividade das estruturas psíquicas e com seus limites técnicos para lidar com elas. Assim, estes podem ser chamados de impasses *da* psicanálise.

Na segunda perspectiva – a do registro da experiência analítica – é o agenciamento do espaço analítico que se impõe como problemática fundamental para que se possa

35 Apresentado na Jornada Temática *Psicanálise hoje: caminhos da formação e da transmissão*, promovida pelo Departamento de Psicanálise do Instituto Sedes Sapientiae, São Paulo, no dia 27 de abril de 2008

tematizar qualquer questão a respeito das dificuldades na escuta e na intervenção sobre as estruturas psíquicas. Esses outros podemos chamar de impasses *na* psicanálise.

No primeiro caso, o que se apresenta são os impasses *da* psicanálise diante do desafio de certas estruturas mentais. No segundo, o que se destaca são as condições de produção e de reprodução do espaço psicanalítico face às diferentes estruturas psíquicas.

Tudo isso apresentou-se de maneira evidente na interpretação dos obstáculos surgidos na experiência analítica com as perversões, as psicoses e as enfermidades psicossomáticas. Durante todo um período, os anos 1960, a problemática da analisabilidade foi construída tendo como suporte teórico a suposta objetividade das estruturas psíquicas.

Entretanto, se transportamos a questão do confronto com a postulada objetividade das estruturas subjetivas para o contexto concreto e vivo da experiência da análise, veremos que o paradoxo da situação do analista é a dificuldade em que se encontra para achar uma posição cujo equilíbrio entre a observação e a participação não seja a todo instante ameaçado. Ciência de observação alguma sobreviveria às condições em que está posicionado o analista. Ele deve, ao mesmo tempo, observar e saber utilizar os meios do raciocínio científico para tirar proveito de sua observação. Deve participar, estar implicado emocionalmente, mas também permanecer neutro. Às associações livres do paciente tem de juntar sua atenção flutuante que lhes é complementar, para deixar surgir, diante do material inconsciente trazido pelas associações do paciente, seu próprio fundo inconsciente.

A psicanálise constitui uma modalidade especial de experiência clínica centrada na transferência e na linguagem e, desse modo, a escuta é o instrumento fundamental do ato psicanalítico. A experiência analítica tem na figura do analista – e naquilo que designamos como o *lugar do analista* – a condição necessária para o estabelecimento do espaço analítico.

Contudo, se afirmamos que o analista não detém qualquer saber absoluto sobre o analisando, assim como nenhum poder igualmente absoluto sobre as vicissitudes da experiência analítica, isso se deve ao reconhecimento de que o analista está submetido, como acabamos de ver, ao impacto do processo analítico no seu psiquismo.

Há um desequilíbrio no encontro dos dois inconscientes na situação analítica: um se deixa estruturar livremente na transferência, enquanto ao outro se impõem as limitações estritas da contratransferência – sem que este possa sequer pensar seriamente tê-la eliminado, nem mesmo estar certo de ganhar algo ao conseguir fazê-lo. Tal encontro demonstra bem qual é o coeficiente de incerteza a que está sujeita a descoberta do sentido na situação analítica, ainda que não estejamos em condições de imaginar uma demonstração eficaz. Então, para o analista, a experiência analítica é, também, uma aventura subjetiva marcada pela incerteza e pela reabertura de enigmas.

Podemos afirmar a importância e/ou a necessidade, na trajetória de formação de um psicanalista, de que outros analistas – além do que ele próprio procurou para analisar-se – participem desse percurso de formação. Como mostramos em um trabalho anterior (Fuks, 2002),[36] a diversidade de estilos e de escuta, os diferentes cruzamentos transferenciais, possibilitam *uma formação em que a identificação não seja com o analista ou com o supervisor, mas com a psicanálise.*

36 Ver Capítulo 19 deste livro.

Isso supõe uma posição em relação aos princípios, à teoria e à ética psicanalítica na qual o sujeito se inclui e se diferencia ao mesmo tempo, construindo seu próprio estilo. Inclui-se porque faz parte de uma série, herda um legado e uma dívida de transmissão, e se diferencia porque está desde o início responsabilizado pelo ponto em que se encontra em seu percurso de formação. A forma como sustentará e dará mostras desse percurso será necessariamente única, singular.

A supervisão, para chegar enfim ao tema em questão, se constitui como instrumento fundamental para preservar o lugar do terceiro no processo de análise. Essa necessidade fica clara na situação do par analisando/analista, não só pela escuta de impasses que percebemos em determinada situação ou caso clínico, mas principalmente pela escuta de impasses despercebidos por nós, os quais nos escapam quando a transferência nos envolve. O lugar do terceiro é importante em relação a esse par e também em relação à tendência à identificação com seu próprio analista.

Na experiência de supervisão, algo da nossa clínica nos interroga, através do que falamos conscientemente do caso – *e o caso em questão não é o paciente, e sim o próprio tratamento* (Silva, 2005). Algo nos interroga, também, através dos lapsos, das repetições inadvertidas, dos "brancos" da angústia ou da emoção que nos atinge naquele momento: *tudo isso é trabalhado no espaço da supervisão no nível da relação transferencial*, mas não deixa de provocar desdobramentos na própria análise do supervisionando, produzindo efeitos de formação.

Em supervisão, falamos da clínica, e, ao falar dela, é nossa análise que fala ali. Não que falemos como analisandos: o caso é que não falamos na posição de analistas, e sim *em uma posição de deixar falar o analisando através de nós*, através de nossa transferência. Trata-se de uma tripla transferência com o analisando, com o supervisor e com nosso próprio analista. Falamos a partir de um ponto de ignorância em relação ao saber inconsciente, e é justamente aí que o processo de análise e a prática de supervisão confluem, produzindo efeitos de formação analítica.

Esse entrecruzamento necessário de espaços e essa multiplicidade de transferências nos remetem, de alguma maneira, à problemática dos marcos institucionais operantes na formação e no desenvolvimento de um analista. Lacan (*apud* Vegh, 2005) já dizia: "Que a prática da supervisão ou análise de controle não seja obrigatória não quer dizer que não seja necessária" (p. 19).

Urânia T. Peres (1999, p. 173) aporta para essa questão um pensamento interessante:

> A psicanálise – *diz ela* – é uma prática do singular, e a instituição psicanalítica, assim como o espaço da supervisão, deve ser um lugar para abrigar essa singularidade. Como o psicanalista, a instituição também deve manter um estilo e, por isso mesmo, é fundamental que ela não se universalize e que possamos, cada um, fazer o percurso solitário do encontro consigo próprio. Porém, é pelo reconhecimento do terceiro que esse encontro se materializa em descoberta.

A que se refere o relato do analista? Refere-se ao dizer, ao fazer e ao sentir de seu paciente – e talvez até pudéssemos acrescentar aí que se refere também ao pensar; Lacan dizia, afinal, que pensar é um dizer interiorizado. O analista relata o dizer, o fazer e o sentir de seu analisando possivelmente para formular sua própria pergunta, algo que no relato lhe chega como interrogação. À medida que avança em sua experiência, a formulação de sua pergunta vai se tornando mais acessível, mais realizável. Quando se é iniciante isso é mais difícil, e nesses casos em vez da pergunta enunciada irrompe uma pergunta em ato, sob a forma de um tropeço.

Durante a supervisão, é prudente que o supervisor, ainda que o supervisionando traga ou evoque algum fragmento de sua própria história, intervenha pondo o foco no relato do analisando, como uma manifestação transferencial que não vai ser denunciada em função da história nem das marcas do analista, mas situada no relato do analisando.

A melhor resposta é ajudar o supervisionando a descobrir que, na medida em que é sensível ao discurso do analisando, traz nele as respostas que custa a reconhecer. É bom convidar o analista, *ali* no ponto em que possui uma teoria de seu paciente, a exercitar-se na flexibilidade de sua certeza – "será assim?" – para que possa, dessa maneira, revisar suas teorias sobre o paciente.

Se a supervisão propõe respostas e receitas, só obterá o fracasso. Porque não se trata de transmissão do conhecimento, e tampouco de um ensino artesanal de um *savoir-faire*, mas sim de um *saber fazer ali*.

Daniela Ropa (1991) considera que existem várias dimensões na supervisão, não sendo possível reduzi-la a alguma delas isoladamente. Cada uma desdobra efeitos específicos que, conforme sua incidência e utilização, poderão facilitar ou bloquear o andamento do processo – seja o analítico com o paciente, o da formação do analista ou o da transmissão e a reelaboração de uma teoria. O êxito de uma supervisão dependerá da capacidade que terão os protagonistas de circular por entre essas três dimensões.

A análise do analista é o eixo privilegiado dessa formação, devendo permitir, como Freud (1912) afirmou, "que o analista seja capaz de se servir de seu próprio inconsciente como de um instrumento" (p. 115). Mas a supervisão é também *um espaço propício para despertar efeitos analíticos de abertura do inconsciente.*

Esse espaço de uma terceira escuta em que, por meio de um relato clínico, o analista tem a possibilidade de se *ouvir escutando* o seu paciente, coloca-o em situação privilegiada para perceber seus próprios movimentos defensivos, pontos cegos e resistências. Pode-se dizer que os analistas em supervisão colocam mais ou menos em evidência suas questões, seja sua indecisão diagnóstica, sua desconfiança quanto à eficácia terapêutica, a sensação de impotência ou várias outras.

Qual seria, por sua vez, o ponto cego da supervisão? Podem aparecer questões referidas à formação ou decorrências da própria análise. Pode acabar por firmar-se uma *inibição do ato* – já que se trata de analistas excessivamente prudentes, neutros, distantes, o que, aparentemente, os preserva de um desejo próprio. E apesar de evidenciar esses efeitos, a supervisão, como vimos antes, não é o lugar onde essas questões podem ser aprofundadas. O trabalho de sensibilização ao processo analítico propiciado pela supervisão é bem diferente daquele de uma análise.

Cabe reiterar, então, que o foco da supervisão deve se debruçar sobre o ato analítico com o paciente, e não sobre o questionamento da posição do supervisionando em sua experiência de análise pessoal. Ainda assim, não se pode deixar fora de consideração o fato de que o espaço da supervisão é frequentemente atravessado por alguma forma de demanda analítica.

A experiência de um espaço próprio e separado para a supervisão é fundamental no processo de formação de um analista. Pelas múltiplas transferências que pressupõe, ajuda a desfazer idealizações e possíveis sequelas transferenciais. Também neste caso (e não somente na relação do analista com seu paciente) o supervisor funciona como um *terceiro*, permitindo que o analista em formação se apoie na experiência da supervisão para empreender o complexo processo de desidentificação em relação ao seu analista e a elaboração do término de sua análise. É nesse sentido que falávamos da *busca por um estilo*, por uma técnica e uma interpretação da teoria que lhe sejam verdadeiramente próprias.

Não existe mestre que possa ensinar o que é, ou como ser um psicanalista, pois jamais o mesmo material interpelará dois analistas da mesma maneira, variando segundo a história pessoal e a análise de cada um. Cada análise é um processo singular, único, impossível de se repetir, e que transcorrerá de modo inteiramente diferente conforme cada analista e cada paciente. O analista – esteja ele em formação, em análise ou em supervisão – está de fato sozinho com o seu paciente.

A solidão do ato, as incertezas diante da incessante mobilidade enigmática do inconsciente e o fugidio mal-entendido das palavras submetem a duras provas o narcisismo do analista. Isso pode levar à busca de certezas ou garantias, seja em um saber técnico, seja em um outro que mascare sua própria angústia. Uma das funções do supervisor seria, então, ajudar o analista a suportar a angústia de não saber e a sustentar a espera necessária para que haja revelação ou elaboração dos processos inconscientes.

Por meio de sua dupla escuta, das associações do paciente e das do analista, o supervisor deve poder indicar os momentos em que se deu um fechamento do processo inconsciente, ou seja, quando um saber foi colocado como barreira.

Devemos valorizar, finalmente, a dimensão de uma transmissão teórica que o supervisionando procura para ter uma melhor compreensão do diagnóstico, da estrutura, dos mecanismos e do funcionamento psíquico do paciente. O caminho da descoberta freudiana leva ao entrelaçamento da teoria com a clínica, em uma *teorização flutuante* (Ropa, 1991).

A supervisão é um lugar privilegiado na formação clínica do analista: se a análise pessoal é o que faz emergir o desejo do analista, a supervisão contribui para o seu amadurecimento. Constitui-se, assim, como um elo fundamental na corrente de transmissão da psicanálise e um dispositivo relevante para a ampliação da sensibilidade à escuta, promovendo no supervisionando uma relação mais responsável com sua formação.

21
Os ideais do analista:
Uma discussão sobre os valores e critérios que modelam a prática dos analistas e a presença de seus ideais na análise[37]

Como em qualquer tarefa humana, em especial se houve a possibilidade de escolhê-la, os ideais também sustentam a prática dos analistas. Estes ideais modelam-se por meio de uma série de valores e critérios. Segundo nossa consideração, eles seriam:

1. a busca da verdade;
2. a liberdade de que cada homem possa escolher sua vida, até onde lhe seja possível;
3. a empresa de modificação da problemática intrapsíquica e a aplicação libidinal desta modificação a outras formas de encontro intersubjetivos e transubjetivos;
4. o reconhecimento da alteridade e da diferença;

37 Este texto tem como ponto de partida o artigo "Os ideais do analista", da própria autora em parceria com Ana N. Berezin, publicado na revista *Percurso* (Ano II, nº 4, 1990, pp. 32-34).

5. a apropriação ativa do conflito presente na subjetividade, de um modo ou de outro, pelo simples fato de existir;
6. o conhecimento dos limites e das possibilidades do desejo e sua satisfação;
7. a possibilidade de questionar e recolocar os ideais;
8. o não absolutismo de certeza alguma que conduza à abertura do pensamento e da criação.

Em certo sentido, esses ideais coincidem com outras práticas. Em outro, coincidem com nossa concepção geral da cura, ainda que entendamos que estes critérios gerais se especifiquem a cada singularidade clínica, de modo que cada situação singular se ancora nos critérios gerais éticos e científicos de cada analista. Assim marcam ou, pode-se dizer, percorrem o trabalho do pensamento e da ação da qualidade "práxis psicanalítica". A problemática coloca-se no excesso que aliena e/ou submete a produtividade do paciente e do analista.

Em tal excesso, produz-se, no analista, uma fratura do narcisismo (regressão do ideal do ego ao ego ideal) que propõe uma posição alienada ao paciente, assumindo um lugar onipotente de poder e de saber que enclausura a busca de uma verdade que poderiam encontrar em conjunto. Ao invés de recriar o desejo, ampliar o marco imaginário e inserir-se no interjogo relacional, o ideal se sobreinveste, esvaziando-se de toda a sustentação vivencial, afetiva e corporal. Simples adequação à proposta de um outro dominador que se postula como porta-voz absoluto do ideal.

Ainda que o analista deva propor-se a escutar e intervir sem teoria, sem juízos prévios e sem vontade alienadora, não deve renunciar ao reconhecimento e à implementação de seu saber e de sua experiência. Não pode renunciar a seguir pensando, indagando e apelando para sua "caixa de ferramentas" (Foucault). É certo que não pode abusar de seu poder, mas nem tampouco iludir-se como se não tivesse poder algum. Neste reconhecimento encontramos o melhor alerta frente a qualquer afã de domínio sobre o outro.

Sabemos que o psiquismo humano – nosso e de nosso paciente – tende à busca de uma certeza amparadora, chegando ao risco de desejar a submissão com a ilusão de proteção e garantia de um outro idealizado. Isso pode chamar-se "a teoria" ou "meu analista disse" ou "o Mestre" ou "na clínica acontece"... Também sabemos que a teoria, a clínica, nossa análise e aqueles que alguma coisa ou muito nos ensinaram são nossas referências, nossos pontos de certezas provisórias a partir das quais perguntar, duvidar e recriar nossa prática.

Assim também no próprio saber psicanalítico encontra-se uma conceitualização acerca da pulsão de domínio, dos modos em que os enlaçamentos se estabelecem na submissão e na alienação. Marco conceitual que cada analista incluirá ou não em seu campo representacional e vivencial.

O não dito por um paciente, o indizível – até porque não estão problematizados por ele certos aspectos de seu acontecer, nem incluídos como possíveis determinantes de seus sofrimentos – coloca para cada analista uma decisão que sempre haverá de tomar acerca do quê, como e quando dizê-lo e, ainda antes disso, se vai ou não fazê-lo. De modo que o dizível e o pensável de um paciente estão ligados à potencialidade de pensamento e de elucidação do terapeuta, assim como a uma decisão acerca dos limites de sua intervenção.

Aqui não nos referimos somente ao reprimido, ao não ligado intrapsíquico, ao lacunar, que está por ser re-historiado no apelo ao recordado e ao reconstruído dos núcleos de verdade histórica. Referimo-nos também a outras ordens de determinação que atravessam a subjetividade e que interpelam cotidianamente a cada sujeito, sendo isso parte da constituição do princípio de realidade. Reconhecimento de uma multiplicidade da realidade que afeta a realidade do inconsciente. Desse modo, o inconsciente é produtivo e produzido em um constante movimento de encadeamento ao longo da história de cada sujeito, só separável ou encadeado quando realizamos uma análise descritiva.

Estas questões colocam-se para os analistas à medida que se reconheçam intervindo ao mesmo tempo em um campo individual e coletivo frente a cada sujeito. E que não estejam dispostos a simplificar este árduo problema com uma declaração de incompetência ou não pertinência. Ou melhor, seria desejável não eludir estas múltiplas articulações que fazem a existência de cada sujeito. Ficariam assim fixados os limites do que concerne à nossa tarefa.

Certa interpretação ambígua da neutralidade do analista pode fazer com que os ideais do analista se tornem um "inconfessável". Como se, desse modo, se conseguisse apagá-los. Diz Rosolato (1986): "a força da hipocrisia também está em que é importante que um ideal inconfessável permaneça insuspeito ou encoberto por outros projetos enganadores que servem mais facilmente como fachada". Muitas vezes, a proposta de neutralidade é colocada como ideal ou, na verdade, como normatividade e idealidade. Os ideais são referenciais com os quais mantemos uma distância questionadora, que promovem diversos caminhos de busca e de realização. Algumas normas estão mais próximas da moral do que da ética. Podem assim tornar estático o ideal, desvirtuando seu caráter ético. Nesse caso, tratar-se-ia mais de uma espécie de religiosidade estática – e supostamente ascética – do que de um movimento de busca de alternativas.

Na necessidade de corroboração de nossos ideais individuais – necessidade intrínseca ao funcionamento do ideal – encontramo-nos, em diferentes épocas, com predomínios teóricos e técnicos que derivam em diversas concepções do processo e da cura psicanalítica, mais ou menos institucionalizados, sempre tendentes a homogeneizar o modo de compreender a psicanálise. Isso problematiza os graus de liberdade do pensamento, provoca autocensuras em certas ocasiões e até pode levar a que estas autocensuras atuem sem a possibilidade de reconhecimento consciente de cada analista. Ao mesmo tempo o ideal de ego psicanalítico proposto reiteradamente em diferentes marcos históricos e institucionais é um referencial necessário e decisivo com o qual entabular um diálogo produtivo. Pergunta-se J. Puget (1987): "Quem de nós não brigou com seu superego – ideal do ego psicanalítico e institucional – ao intervir no campo terapêutico, sem o respaldo de uma hipótese tradicional?" (p. 32). Novamente no limite: espaços de confrontação e busca ou homogeneização alienante. Sempre pode sobrar a renúncia a enfrentar esses temas.

Também, nesse sentido, chamamos a atenção para a pequena quantidade de trabalhos psicanalíticos que elaboram acerca do ideal do ego. Bem menos que os realizados para a intelecção do desejo ou da fantasia, por exemplo. No entanto, uma das primeiras pontuações clínicas na hora de escutar um paciente é a relação mais ou menos distante entre a enunciação de seus desejos e seus ideais. A distância maior ou menor nos comunica os graus de sofrimento e começa a nos informar sobre o processo de narcisização do paciente. Representa um ponto de ancoragem importante para compreender as vicissitudes do narcisismo. Este leve sussurrar sobre a relação do sujeito como o ideal e os ideais enunciados não seria um modo de silenciar o quão problemático seria pensar no que fazemos e o que se passa conosco tanto quando coincidimos como quando nos opomos aos ideais do paciente?

Colocaremos uma pequena situação clínica: João conta que sua mãe recebeu de seu pai (avô do paciente) uma herança considerável, entregue em vida. Algum tempo depois, o avô vem a atravessar um período de dificuldades materiais e pede à filha que lhe entregue algo do que recebeu. Esta se nega terminantemente a fazê-lo. O pai de João não era consultado em situações difíceis, que antes eram resolvidas em geral pela mãe e pelo avô.

O paciente refere-se a isto só depois de bastante tempo de análise, pois sentia-se, em certa medida, cúmplice da mãe. Esta vivia dizendo: "eu faço tudo por vocês".

A analista sente rejeição e desagrado frente ao que crê ser desonesto por parte da mãe de seu paciente. Poderia ter sido capturada por esta rejeição e deixar transparecer isto para João. Ao contrário, a partir da rejeição, começa a pensar os modelos identificatórios presentes na história edípica de João. Modelos que expressam a exclusão dos homens, assim como o relegar e o renunciar deles em intervir ativamente nas decisões. Expressam também como se repete ou não esta modalidade de enlaçamento, e como esta situação interveio na identidade de João, etc.

Assim os ideais, tanto a respeito da honestidade como da linha sucessória do lugar do homem e do pai, estão em jogo de modo divergente entre a analista e seu paciente. Entretanto, eles coincidem quanto à existência de um conflito a respeito dessas questões.

Esse exemplo reduzido tenta encarar o problema dos ideais do analista, nunca ausentes no processo de análise do paciente. Início de verdade que o paciente, no melhor dos casos, perceberia.

Seria interessante que o analista não fosse o último a reconhecer e a elaborar isso. Frente aos ideais que se misturam nos enunciados do paciente sobre o que fazer ou sobre seus projetos – que podem tanto coincidir como divergir dos do analista – seria oportuno que ele se mantivesse na posição sugerida por Freud no respeito pelas diferenças, ainda que, insistimos, exista convergência.

Assim, também, reconhecer que a escolha de um certo analista pelo paciente não é um fato aleatório e nem dissociado dos efeitos que nossa cultura possa nele produzir em relação à valoração da psicanálise.

Para terminar, desejamos recordar que qualquer tarefa, mas em especial a de lidar com as problemáticas psíquicas, se vê atravessada por ordenações muito diversas, que se expressam, ainda que não percebamos, no modo de abordá-la.

Concebemos o conhecimento psicanalítico como um modo de inteligir o psiquismo humano. Porém, nosso conhecimento contém, em seu próprio interior, os diversos modos de produção de conhecimento presentes no conjunto dos campos científico, filosófico e artístico. Além disso, inclui os fatos históricos deste século, as maneiras com que os mesmos abalaram algumas certezas filosóficas e puseram entre parênteses a ciência em seu caráter experimental. Desde o início do século, alguns movimentos como o expressionismo e o surrealismo, os críticos do liberalismo e o marxismo, por diferentes ângulos, comovem e avançam com suas vozes, não suficientemente escutadas.

Alertam sobre modos de representações totalizantes da realidade e da história, fechadas e explicadas a partir de uma ou de várias categorias colocadas fora dessa totalidade, previamente recortada, que "ilumina" e centraliza toda a compreensão. Trata-se de uma redução causal que tenta explicar as crises e os "sem sentidos" evidenciados por determinados acontecimentos, como se tivesse de sustentar à risca uma ideia de coerência previamente estabelecida ou de uma totalidade coerente pré-formada. Perde-se, desse modo, a possibilidade de ir-se dando significação no momento mesmo do devir humano, em uma construção permanente do saber e do conhecimento a partir do passado determinante, do novo, às vezes casual,[38] do presente não pensado – mais aberto ou não teleológico – desde alguma suposta vontade. Completude faltante, verdade, estrutura ou razão que antecipa um futuro plenamente previsível, quer caótico ou glorioso.

38 "Se não houvesse acaso, a história seria magia." (Karl Marx)

Referências

ALONSO, S. L. & LEAL, A. M. S. (Org.) *Freud*: um ciclo de leituras. São Paulo: Escuta / Fapesp, 1997.

ALONSO, S. L., GURFINKEL, A.C. & BREYTON, D. M. (Org.) *Figuras clínicas do feminino no mal-estar contemporâneo*. São Paulo: Escuta, 2002.

ALONSO, S. L., BREYTON, D. M. & ALBUQUERQUE, H. M. F. (Org.) *Interlocuções sobre o feminino na clínica, na teoria, na cultura*. São Paulo: Escuta / Instituto Sedes Sapientiae, 2008.

ALLOUCH, J. *Erótica del duelo en el tiempo de la muerte seca*. Buenos Aires: Edelp, 1996.

ANDRÉ, S. *La significación de la pedofilia* (Conferência em Lausanne, 1999). Disponível em: <http://users.skynet.be/polis/index.html>. Acesso em: 20 jan. 2014.

ARENDT. H. *Eichmann em Jerusalem*: um relato sobre a banalidade do mal. São Paulo: Companhia das Letras, 1999.

AZEVEDO, M. A. & GUERRA, V. N. A. Vitimação e vitimização: questões conceituais. In: AZEVEDO, M. A. & GUERRA, V. N. A. (Org.) *Crianças vitimizadas*: a síndrome do pequeno poder. São Paulo: Iglu, 1989.

BARANGER, W., BARANGER, M. & MOM, J. El trauma psíquico infantil, de nosotros a Freud. *Revista de Psicoanálisis de la Asociación Psicoanalítica Argentina*, v. 44, n. 4, pp. 745-774, 1998.

BARBOSA, H. Abuso e exploração sexual de crianças: origens, causas, prevenção e atendimento no Brasil. In: *Inocência em perigo*. Rio de Janeiro: Garamond, 1999.

BAUMAN, Z. *Vida líquida*. Buenos Aires: Paidós, 2006.

BIRMAN, J. Entre a cura e o estilo. *Cadernos de Psicanálise SPCRJ*, n. 12, 1991.

BLEICHMAR, E. D. *O feminismo espontâneo da histérica*. Porto Alegre: Artes Médicas, Porto Alegre, 1988.

BLEICHMAR, H. *Avances em psicoterapia psicoanalítica*. Barcelona: Paidós, 1997.

BLEICHMAR, S. *Traumatismo y simbolizaciones*: los modos del sufrimiento infantil. Seminário (03/04/2000). Disponível em: <www.silviableichmar.com./framesilvia.htm>. Acesso em: 22 mai. 2008.

BOURDIEU, P. Espacio social y génesis de las clases. *Espacios*, nº 2, 1985.

__________. *La domination masculine*. Paris: Seuil, 1998.

BREUER, J. & FREUD, S. (1893-95) Estudios sobre la histería. *Obras completas de Sigmund Freud*. Buenos Aires: Amorrortu, 1996; v.2.

BRIOLE, G. El trauma en psicoanálisis. *Revista Argentina de Psiquiatría*, v. 9, n. 31, pp. 24-29, 1998.

BUSTOS, D. Narcisismo e relação objetal. In: GOMES, P. B. (Org.) *Vínculos amorosos contemporâneos*. São Paulo: Callis, 2003.

CAMUS, A. (1942) *L'étranger*. Paris: Gallimard, 1957.

CHEMAMA, R. *Dicionário de psicanálise*. Porto Alegre: Artes Médicas, 1995.

COUTO, J. G. O jogo dos sete erros. *Folha de São Paulo*, 26/05/2007.

CYRULNIK, B et al. El sentimiento incestuoso. In: *Del incesto*. Buenos Aires: Nueva Visión, 1995.

DA VINCI, L. *Quaderni d'anatomia*. (Windsor: Royal Library). Cambrige: Catálogo de Sir K. Clark, 1935.

DEJOURS, C. *Repressão e subversão em psicossomática*: pesquisas psicanalíticas sobre o corpo. Rio de Janeiro: Jorge Zahar, 1991.

DOLTO, F. *A imagem inconsciente do corpo*. São Paulo: Perspectiva, 2001.

DOR, J. *Estrutura e perversões*. Porto Alegre: Artes Médicas, 1991.

DUNAIGRE, P. O ato pedófilo na história da sexualidade humana. In: *Inocência em peri-

go: abuso sexual de crianças, pornografia infantil e pedofilia na internet. Brasília: Garamond, 1999.

ESTATUTO DA CRIANÇA E DO ADOLESCENTE. Brasília: Presidência da República / Casa Civil / Subchefia para Assuntos Jurídicos, 1990. Disponível em: <http://www.planalto.gov.br>. Acesso em: 09 jun. 2014

EITINGON. M. Discurso pronunciado en el IX Congreso Psicoanalítico Internacional. In: SAPHOUAN, M. & JULIEN, P. (Org.) *Malestar en el psicoanálisis*. Buenos Aires: Nueva Visión, 1997.

FAURA, F. J. S. *Prevención y detección del maltrato infantil*. XIII Jornadas de Pediatría en Atención Primaria. Vitoria-Gasteiz, 2001.

FÉDIDA, P. *Dos benefícios da depressão:* elogio da psicoterapia. São Paulo: Escuta, 2002.

FERENCZI, S. (1928) O problema do fim da análise. *Obras completas*. São Paulo: Martins Fontes, 1992; v. IV.

__________. (1933) Confusão de língua entre os adultos e a criança. *Op. cit.*

FERRAZ, F. C. *Perversão*. São Paulo: Casa do Psicólogo, 2000.

__________. A tortuosa trajetória do corpo na psicanálise. *Revista Brasileira de Psicanálise*, v. 41, n. 4, pp. 66-76, 2007.

FERRAZ, F. C., FUKS, L. B. & ALONSO, S. L. (Org.) *Psicanálise em trabalho*. São Paulo: Escuta, 2012.

FRANÇA, C. P. (Org.) *Tramas da perversão*: a violência sexual intrafamiliar. São Paulo: Escuta, 2014.

FREUD, S. (1892-99) Fragmentos de la correspondencia com Fliess. *Obras completas de Sigmund Freud*. Buenos Aires: Amorrortu, 1993; v. I.

__________. (1894) Las neuropsicosis de defensa. *Op. cit.*, v. III.

__________. (1895) Proyecto de psicologia. *Op. cit.*, v. I.

__________. (1896) Nuevas puntalizaciones sobre las neuropsicosis de defensa. *Op. cit.*, v.3.

__________. (1900) La interpretación de los sueños. *Op. cit.*, v. IV.

__________. (1901) La psicopatología de la vida cotidiana. *Op. cit.*, v. VI.

__________. (1905) Tres ensayos de teoria sexual. *Op. cit.*, v. VII.

________. (1906) Personajes psicopáticos em el escenário. *Op. cit.*, v. VII.

________. (1908) Sobre las teorías sexuales infantiles. *Op. cit.*, v. IX.

________. (1909) A propósito de un caso de neurosis obsesiva. *Op. cit.*, v. X.

________. (1910) Un recuerdo infantil de Leonardo da Vinci. *Op. cit.*, v. XI.

________. (1912) Consejos al médico sobre el tratamiento psicoanalítico. *Op. cit*, v. XII.

________. (1914) Introducción al narcisismo. *Op. cit.*, v. XIV.

________. (1915) Pulsiones y destinos de pulsión. *Op. cit.*, v. XIVX.

________. (1917) Duelo y melancolía. *Op. cit*, v. XIV.

________. (1919) Lo ominoso. *Op. cit.*, v. XVII.

________. (1920) Más allá del principio del placer. *Op. cit.*, v. XVIII.

________. (1921) Psicologia de las masas y análisis del yo. *Op. cit.*, v. XIX.

________. (1923) El yo y el ello. *Op. cit.*, v. XIX.

________. (1924a) Neurosis y psicosis. *Op. cit.*, v. XIX

________. (1924b) La pérdida de la realidad en la neurosis y la psicosis. *Op. cit.*, v. XIX.

________. (1926) Inhibición, sintoma y angustia. *Op. cit.*, v. XX.

________. (1927) Fetichismo. *Op. cit.*, v. XXI.

________. (1930) El malestar en la cultura. *Op. cit.*, v. XXI.

________. (1932) Nuevas conferencias de introducción al psicoanálisis. *Op. cit.*, v. XXII.

________. (1937) Análisis terminable e interminable. *Op. cit.*, XXIII.

FUKS, L. B. Abuso sexual de crianças na família: reflexões psicanalíticas. *Percurso*, ano X, n. 20, pp. 120-126, 1998.

________. A insistência do traumático. In: FUKS, L. B. & FERRAZ, F. C. (Org.) *A clínica conta histórias*. São Paulo: Escuta, 2000.

________. Formação e supervisão. *Psicanálise e Universidade*, n. 16, pp. 79-91, 2002.

________. Narcisismo e vínculos na atualidade. In: FUKS, L. B. & FERRAZ, F. C. (Org.) *Desafios para a psicanálise contemporânea*. São Paulo: Escuta, 2003.

FUKS, L. B. & BEREZIN, A. N. Os ideais do analista. *Percurso*, ano II, n. 4, pp. 32-34, 1990.

FUKS, L. B. & FERRAZ, F. C. (Org.) *A clínica conta histórias*. São Paulo: Escuta, 2000.

__________. *Desafios para a psicanálise contemporânea*. São Paulo: Escuta, 2003.

__________. *O sintoma e suas faces*. São Paulo: Escuta / Fapesp, 2006.

GALENDE, E. Violencia, psicosis y alienación. In: *Teoria y clinica de las configuraciones vinculares*. Buenos Aires: Associación Argentina de Psicología y Psicoterapia de Grupo, 1991; v.1.

__________. *De un horizonte incierto*. Buenos Aires: Paidós, 1997.

__________. *Sexo y amor*. Buenos Aires: Paidós, 2001.

GARTNER, R.B. *Betrayed as boys, psychodynamic treatment of sexually abused men*. New York: The Guilford Press, 1999.

GIBERTI, E. Mujer, enfermedad y violencia en medicina. In: GIBERTI, E. & FERNANDEZ, A. M. (Org.) *La mujer y la violencia invisible*. Buenos Aires: Sudamericana, 1988.

GIDDENS, A. *Modernidad e identidad del yo*. Barcelona: Península, 1995.

GILMORE, D. *Hacerse hombre*: concepciones culturales de la masculinidad. Barcelona / Buenos Aires / México, 1994.

GLASER, D. & FROSH, S. *Abuso sexual de niños*. Buenos Aires: Paidós, 1997.

GOMES, P. B. (Org.) *Vínculos amorosos contemporâneos*. São Paulo: Callis, 2003.

GREEN, A. *Narcisismo de vida, narcisismo de morte*. São Paulo: Escuta, 1988.

__________. A. *Las cadenas de Eros*. Buenos Aires: Amorrortu, 1998

GRINBERG, L. *A supervisão psicanalítica*. Rio de Janeiro: Imago, 1975.

HISGAIL, F. *Pedofilia*: um estudo psicanalítico. São Paulo: Iluminuras, 2007.

HOOPER, C.-A. *Madres sobrevivientes al abuso sexual de sus niños*. Buenos Aires: Nueva Visión, 1994.

HORNSTEIN, L. *Cura psicanalítica e sublimação*. Porto Alegre: Artes Médicas, 1990.

JEAMMET, P. Violencia y narcisismo (Entrevista a A. Liberman). *Psicoanálisis 11 con niños y adolescentes*, 1998.

JULIEN, P. *A feminilidade velada*: aliança conjugal e modernidade.

Rio de Janeiro: Companhia de Freud, 1997.

KAUFMANN, P. (Org.) *Elementos para una enciclopedia del psicoanálisis*. Buenos Aires: Paidós, 1996.

KEHL, M. R. *O tempo e o cão*: a atualidade das depressões. São Paulo: Boitempo, 2009.

KERNBERG, O. *Borderline conditions and pathological narcissism*. New York: Jason Aronson, 1975.

__________. *Severe personality disorders*. New Haven: Yale University Press, 1986.

KHAN, M. M. R. O conceito de trauma cumulativo. In: *Psicanálise*: teoria, técnica e casos clínicos. São Paulo: Francisco Alves, 1963.

KLEIN, M. Contribuição ao estudo dos estados maníaco-depressivos. Rio de Janeiro: Imago, 1934.

KOHUT, H. *El análisis del self.* Buenos Aires: Amorrortu, 1971.

KRISTEVA, J. *Estrangeiros para nós mesmos*. Rio de Janeiro: Rocco, 1994.

__________. *As novas doenças da alma*. Rio de Janeiro: Rocco, 2002.

LACAN, J. (1958) A significação do falo. In: *Escritos*. Rio de Janeiro: Jorge Zahar, 1998.

__________. (1959-60) *O Seminário*. Livro 7: A ética da psicanálise. Rio de Janeiro: Jorge Zahar, 1988.

__________. (1962-63) *O Seminário*. Livro 10: A angústia. Rio de Janeiro: Jorge Zahar, 2005.

__________. (1972-73) *El Seminário*. Libro 20: Aún. Barcelona: Paidós, 1981.

__________. (1974-75) *O Seminário*. Livro 22: R.S.I. Inédito. Aula de 11/03/1975.

__________. *Escritos I*. México: Siglo XXI, 1976.

LAFONT, B. Clínica de la neurosis traumatica. *Vertex: Revista Argentina de Psiquiatria*, n. 9, pp. 18-23, 1998.

LAPLANCHE, J. *Vida y muerte en psicoanálisis*. Buenos Aires: Amorrortu, 1970.

__________. *La sublimación*. Buenos Aires: Amorrortu,1987.

__________. *Problemáticas I*: la angustia en las neurosis. Buenos Aires: Nueva Visión, 1979.

__________. *Problemáticas III*: a sublimação. São Paulo: Martins Fontes, 1989.

LEBIGOT, F. Oportunidades y formas de intervención terapeutica en el traumatismo psíquico. *Vertex: Revista Argentina de Psiquiatría*, n. 9, pp. 62-66, 1998.

LECLAIRE, S. *O corpo erógeno*. São Paulo: Escuta, 1992.

LEVKOWICZ, I. *Comunicación interna*. APPG, 1997.

LIPOVETTSKY, G. *A terceira mulher*: permanência e revolução do feminino. São Paulo: Companhia das Letras, 2000.

__________. *La era del vacío*: ensayos sobre el individualismo contemporaneo. Barcelona: Anagrama, 2002.

LISPECTOR, C. *Uma aprendizagem ou o livro dos prazeres*. Rio de Janeiro: Nova Fronteira, 1982.

__________. *A hora da estrela*. Rio de Janeiro: Rocco, 1998.

MANONNI, M. Risco e possibilidade da supervisão. In: STEIN, C. (Org.) *A supervisão na psicanálise*. São Paulo: Escuta, 1992.

MASSON, J. M. (ed.) *A correspondência completa de Sigmund Freud para Wilhelm Fliess 1887 – 1904*. Rio de Janeiro: Imago, 1986.

McDOUGALL, J. *Teatros do corpo*: o psicossoma em psicanálise. São Paulo: Martins Fontes, 1999.

__________. *As múltiplas faces de Eros*: uma exploração psicoanalítica da sexualidade humana. São Paulo: Martins Fontes, 2001.

MARX, K. *Manuscritos económico-filosóficos*. São Paulo: Boitempo, 2007.

MIJOLLA, A. Algumas ilustrações da situação de "supervisão" em psicanálise. In: STEIN, C. (Org.) *A supervisão na psicanálise*. São Paulo: Escuta, 1992.

NASIO, J.-D. *Enseñanza de los siete conceptos cruciales del psicoanálisis*. Barcelona: Gedisa, 1990.

PERES, U.T. *Mosaico de letras*: ensaios de psicanálise. São Paulo: Escuta: 1999.

PUGET, J. *Qué es el material psicoanalítico para los psicoanalistas*: los espacios psíquicos. Panel Asociación Escuela Argentina de Psicoterapia para Graduados, 10° Encuentro y 15° Symposium, 1987.

QUINET, A. *A descoberta do inconsciente*. Rio de Janeiro: Jorge Zahar, 2003.

ROJAS, M. C. & STERNBACH, S. *Entre dos siglos*. Buenos Aires: Lugar, 1994.

ROPA, D. As três dimensões da supervisão. *Percurso*, ano III, n. 5/6, pp. 55-62, 1991.

ROSENFELD, H. (1964) Da psicopatologia do narcisismo: uma aproximação clínica. In: *Os estados psicóticos*. Rio de Janeiro: Zahar, 1968.

ROSOLATO, G. El psicoanálisis idealoducto. *Trabajo del psicoanálisis*, v. 3, n. 8, pp. 153-188, 1986.

ROUDINESCO, E. & PLON, M. *Dicionário de psicanálise*. Rio de Janeiro: Jorge Zahar, 1998.

SACHS, H. Las perspectivas del psicoanálisis. In: SAPHOUAN, M. & JULIEN, P. (Org.) *Malestar en el psicoanálisis*. Buenos Aires: Nueva Visión, 1997.

SAPHOUAN, M. & JULIEN, P. (Org.) *Malestar en el psicoanálisis*. Buenos Aires: Nueva Visión, 1997.

SARAMAGO, J. *Manual de pintura e caligrafia*. São Paulo: Companhia das Letras, 1983.

SILVA, I. P. O que nos importa na supervisão? *Revista da Associação Psicanalítica de Porto Alegre*, n 29, 2005.

SOLER, C. *Finales de análisis*. Buenos Aires: Manantial, 1991a.

__________. Pérdida y culpa en la melancolia. In: *Estudios sobre la psicosis*. Buenos Aires: Manantial, 1991b.

__________. *Variáveis do fim da análise*. Campinas: Papirus, 1995.

VASARI, G. (1550) *Vidas de los más excelentes pintores, escultores e arquitectos italianos*. Buenos Aires: Jackson, s/d.

VEGH, I. A análise de controle. *Revista da Associação Psicanalítica de Porto Alegre*, n. 29, 2005.

VELÁZQUEZ, S. *Violencias cotidianas, violencia de genero*. Buenos Aires: Paídós, 2003.

VERHAEGHE, P. *El amor en los tiempos de la soledad*. Buenos Aires: Paidós, 2001.

VOLICH, R. M., FERRAZ, F. C. & RANÑA, W. (Org.) *Psicossoma IV*: corpo, história, pensamento. São Paulo: Casa do Psicólogo, 2008.

WINNICOTT, D. (1963) O valor da depressão. In: *Tudo começa em casa*. São Paulo: Martins Fontes, 1989.

Coleção Clínica Psicanalítica
Títulos publicados

Perversão
Flávio Carvalho Ferraz

Psicossomática
Rubens Marcelo Volich

Emergências psiquiátricas
Alexandra Sterian

Borderline
Mauro Hegenberg

Depressão
Daniel Delouya

Paranoia
Renata Udler Cromberg

Psicopatia
Sidney Kiyoshi Shine

Problemáticas da identidade sexual
José Carlos Garcia

Anomia
Marilucia Melo Meireles

Distúrbios do sono
Nayra Cesaro Penha Ganhito

Neurose traumática
Myriam Uchitel

Autismo
Ana Elizabeth Cavalcanti, Paulina Schmidtbauer Rocha

Esquizofrenia
Alexandra Sterian

Morte
Maria Elisa Pessoa Labaki

Cena incestuosa
Renata Udler Cromberg

Fobia
Aline Camargo Gurfinkel

Estresse
Maria Auxiliadora de A. C. Arantes, Maria José Femenias Vieira

Normopatia
Flávio Carvalho Ferraz

Hipocondria
Rubens Marcelo Volich

Epistemopatia
Daniel Delouya

Tatuagem e marcas corporais
Ana Costa

Corpo
Maria Helena Fernandes

Adoção
Gina Khafif Levinzon

Transtornos da excreção
Marcia Porto Ferreira

Psicoterapia breve
Mauro Hegenberg

Infertilidade e reprodução assistida
Marina Ribeiro

Histeria
Silvia Leonor Alonso, Mario Pablo Fuks

Ressentimento
Maria Rita Kehl

Demências
Delia Catullo Goldfarb

Violência
Maria Laurinda Ribeiro de Souza

Clínica da exclusão
Maria Cristina Poli

Disfunções sexuais
Cassandra Pereira França

Tempo e ato na perversão
Flávio Carvalho Ferraz

Transtornos alimentares
Maria Helena Fernandes

Psicoterapia de casal
Purificacion Barcia Gomes, Ieda Porchat

Consultas terapêuticas
Maria Ivone Accioly Lins

Neurose obsessiva
Rubia Delorenzo

Adolescência
Tiago Corbisier Matheus

Complexo de Édipo hoje?
Nora B. Susmanscky de Miguelez

Trama do olhar
Edilene Freire de Queiroz

Desafios para a técnica psicanalítica
José Carlos Garcia

Linguagens e pensamento
Nelson da Silva Junior

Término de análise
Yeda Alcide Saigh

Problemas de linguagem
Maria Laura Wey Märtz

Desamparo
Lucianne Sant'Anna de Menezes

Transexualidades
Paulo Roberto Ceccarelli

Narcisismo e vínculos
Lucía Barbero Fuks

Psicanálise da família
Belinda Mandelbaum

Clínica do trabalho
Soraya Rodrigues Martins

Transtornos de pânico
Luciana Oliveira dos Santos

Escritos metapsicológicos e clínicos
Ana Maria Sigal

Famílias monoparentais
Lisette Weissmann

Neurose e não neurose
Marion Minerbo

Amor e fidelidade
Gisela Haddad

Acontecimento e linguagem
Alcimar Alves de Souza Lima

Imitação
Paulo de Carvalho Ribeiro e colaboradores

O tempo, a escuta, o feminino
Silvia Leonor Alonso

Crise pseudoepiléptica
Berta Hoffmann Azevedo

Violência e masculinidade
Susana Muszkat

Entrevistas preliminares em psicanálise
Fernando Rocha

Ensaios psicanalíticos
Flávio Carvalho Ferraz

Adicções
Decio Gurfinkel

Incestualidade
Sonia Thorstensen

Saúde do trabalhador
Carla Júlia Segre Faiman

Transferência e contratransferência
Marion Minerbo

Idealcoolismo
Antonio Alves Xavier, Emir Tomazelli

Tortura
Maria Auxiliadora de Almeida Cunha Arantes

Ecos da clínica
Isabel Mainetti de Vilutis

Pós-análise
Yeda Alcide Saigh

Clínica do continente
Beatriz Chacur Mano

Inconsciente social
Carla Penna

Psicanálise e música
Maria de Fátima Vicente

Autorização e angústia de influência em Winnicott
Wilson Franco

Trabalho do negativo
Vera Lamanno-Adamo

Crítica à normalização da psicanálise
Mara Caffé

Sintoma
Maria Cristina Ocariz

Cidade e subjetividade
Flávio Carvalho Ferraz

A cena hospitalar: psicologia médica e psicanálise
Alfredo Simonetti

Fairbairn
Teo Weingrill Araujo

Orientação profissional
Maria Stella Sampaio Leite

Acompanhamento terapêutico
Maurício Porto

Ferenczi
Teresa Pinheiro

Psicanálise e educação
Maria Regina Maciel

Psicoterapia breve de casal
Mauro Hegenberg

Vertentes da psicanálise
Maria Laurinda Ribeiro de Souza

Sublimação e *unheimliche*
Alessandra Martins Parente

Neuroses atuais e patologias da atualidade
Paulo Ritter

Este livro foi composto com tipografia Freight Text Pro
e impresso em papel Pólen Soft 70g. na Gráfica DelRey.